图书在版编目（CIP）数据

科技工作者法律实务手册 / 中国科协学会服务中心编著. —北京：知识产权出版社，2018.11

ISBN 978-7-5130-5962-6

Ⅰ.①科… Ⅱ.①中… Ⅲ.①知识产权法—中国—手册 Ⅳ.①D923.4-62

中国版本图书馆 CIP 数据核字（2018）第 271822 号

责任编辑：崔开丽　　**责任校对：**谷　洋

封面设计：SUN 工作室　韩建文　　**责任印制：**刘译文

科技工作者法律实务手册

中国科协学会服务中心　编著

出版发行：知识产权出版社有限责任公司　网　址：http://www.ipph.cn

社　址：北京市海淀区气象路 50 号院　邮　编：100081

责编电话：010-82000860 转 8377　责编邮箱：cui_kaili@sina.com

发行电话：010-82000860 转 8101/8102　发行传真：010-82000893/82005070/82000270

印　刷：北京嘉恒彩色印刷有限责任公司　经　销：各大网上书店、新华书店及相关专业书店

开　本：720mm × 1000mm　1/16　印　张：18

版　次：2018 年 11 月第 1 版　印　次：2018 年 11 月第 1 次印刷

字　数：260 千字　定　价：68.00 元

ISBN 978-7-5130-5962-6

科技工作者法律实务手册

中国科协学会服务中心　编著

知识产权出版社
全国百佳图书出版单位

课　题　组

课题主持人：

　　　　刘　瑛　中国政法大学教授、知识产权法研究所副所长

　　　　　　　　中国科学技术法学会执行秘书长

咨询顾问（按姓氏笔画排序）：

　　　　牛忠志　山东科技大学教授

　　　　李玉香　中国科学技术法学会常务副会长

　　　　夏君丽　最高人民法院知识产权庭审判长

课题组成员（按撰写章节排序）：

　　　　黄　敏　赵克南　卢秋羽　付继存　陈雄飞

前　言

改革开放40年来，我国科技战线改革与发展双轮驱动，取得了辉煌的成绩，实现了历史性跨越。伴随科技创新与发展的主旋律，我国科学技术法制建设迈出坚实步伐，初步建立了以《科学技术进步法》为基本法律，技术合同法律、知识产权法律、《促进科技成果转化法》《科学技术普及法》以及《国家科学技术奖励条例》等重要法律法规为四梁八柱的科技法律体系。新时期顺应国家创新驱动发展战略要求，相继对《科学技术进步法》《促进科技成果转化法》以及多部知识产权法律法规进行修订。中共中央、国务院就贯彻实施科技法律法规以及进一步加强科研诚信建设发布一系列重要指导意见，出台相应配套政策，推进我国科技法律政策体系落地生根，使之成为促进、引导、规范和保障创新驱动发展战略实施的重要支撑，成为我国科技部门、产学研单位和广大科技人员的根本遵循和行为准则。

法治是治国理政的基本方式，依法治国是中国共产党执政的庄严选择，全面依法治国是中国特色社会主义的本质要求和重要保障。以习近平同志为核心的党中央为落实全面依法治国基本方略，作出新的重大部署，提出一系列全面依法治国新理念新思想新战略。习近平总书记强调："在我国发展新的历史起点上，把科技创新摆在更加重要位置，吹响建设世界科技强国的号角。"这就要求我们科技战线不仅要做创新驱动发展的先锋，而且要做推进科技法治的模范，从新的历史起点出发，为加速我国创新与法治做出无愧于时代的贡献。

中国科协学会服务中心顺势而为，坚持以习近平新时代中国特色社会主义思想为指导，站在创新是引领发展的第一动力，是建设现代化经济体系战略支撑的历史方位，以服务科技工作者为本位组织编写《科技工作者法律实务手册》（以下简称《手册》），向科技工作者普及法律知识，提高科技工作者法律意识，培育科技工作者维护自身权益的法律能力。

《手册》本着突出重点、问题导向的原则，聚焦当前科技工作者所关心的重点、热点和重要政策要点，采用问答式，总共 138 道问题，每道题体例统一包括三部分：答案、释义、依据。各问题依据最新的法律文本和政策文件，力求满足科技工作者的切实需要。《手册》以科技活动开展顺序为主线，以科技工作者为读者对象，按类编为五章，分别是科技工作者关注的科技成果权利归属与保障，科技工作者的权利、责任与义务，科技管理与评价，科研活动纠纷解决，刑事责任风险防范。对科技工作者提供以下助益。

（一）能够帮助科技工作者提高法律意识、普及法律知识。《手册》比较全面地介绍了与科技工作者相关的法律和条文，如中华人民共和国《科学技术进步法》《促进科技成果转化法》《专利法》《著作权法》《商标法》《反不正当竞争法》《合同法》《民事诉讼法》及《刑法》等。科技工作者通过此书，不仅能提高法律意识，还能收获全面而系统的法律知识。

（二）有助于科技工作者了解并维护自身权益。《手册》比较系统地介绍了科技工作者作为创新者应当享有的知识产权、作为劳动者应当享有的劳动权利、作为被授予奖励者应当享有的利益，等等。科技工作者对于自己在科技工作中的创新成果，是申请专利保护，还是作为作品进行著作权登记，抑或进行商业秘密保护等，都能在该书中找到相应的权利类型和保护途径。

（三）能够增强科技工作者防控法律风险的能力。《手册》不仅介绍了科技工作者可能享有的各种权利，也介绍了科技工作者在科技活动中应当承担的法律义务，还介绍了科技活动有关事项的程序和标准，如，介绍了申请专利和作品登记的相关程序和需要具备的材料、介绍了实务中常见的知识产权合同类型、总结了技术委托开发合同的关键条款等。科技工作者可以将该书作为规避法律风险的利器。

（四）能够提高科技工作者解决法律纠纷的能力。《手册》第四章较系统地介绍了科技工作者可能涉及的法律纠纷的救济途径。科技工作者在科技实践活动中如果遇到相应纠纷，能够从该手册中找到相应的维权武器。

（五）能帮助科技工作者防范科技创新中的学术不端、腐败和犯罪行为，厚实科技工作者的品德。人以德为本，科技工作者也不例外。《手册》在第二章及最后一章着重梳理了科研伦理与诚信义务以及科研活动可能涉及的犯罪行为，一方面，旨在倡导科技工作者从事科技创新活动要以树德为本、以诚信为纲；另一方面，旨在防范科技工作者陷入这类违法违纪行为。

目 录

第一章　科技成果权利归属与保障

第一节　科技研究与开发

一、何为科技成果？为实现科技成果的顺利转化，科技工作者在从事科技研究与开发前需要做哪些准备工作？

答案

《中华人民共和国促进科技成果转化法》第二条规定："本法所称科技成果，是指通过科学研究与技术开发所产生的具有实用价值的成果。"

科技工作者在从事科技研发前建议先进行科技查新、对研发项目的市场前景进行可行性论证、对研发项目拟申请的专利进行检索、对研发项目采取商业秘密保护、与参与人员签订保密协议和竞业禁止协议等相关工作。

释义

1. 科技成果的概念由来

1949 年，中国科学院成立，近似"科研成果"的概念在我国科技界应运而生。1963 年，在聂荣臻元帅的主持下，中国制定了 1963—1972 年科学技术发展十年规划；同年 3 月，当时的"新技术局"制定了《中国科学院关于国防科研成果管理暂行办法（草案）》，提出"国防科研成果"的概念；1978 年 11 月，国家科学技术委员会颁布《关于科学技术研究成果的管理办法》；1986 年，中国科学院制定《中国科学院科学技术研究成果管理办法》，继续使用"科学技术研究成果"的概念；1993 年 7 月，《中华人民共和国科学技术进步法》第五条使用了“科学技术成果”的概念。

从上述国家政策、部委规章和法律对近似概念的规定可以看出，“科学技术成果”的概念其实早已广泛使用，学术界按其研究性质将其分为基础研究成果、应用研究成果和发展工作成果。我国加入WTO以后，科技界把科学技术成果又划分为“科学成果”和“技术成果”两部分，开始排除软科学成果；1996年10月1日，《中华人民共和国促进科技成果转化法》颁布，该基本法的标题使用了“科技成果”的概念，但是法条主文没有对何为“科技成果”进行解释，只是对“科技成果转化”的概念进行了规定。2015年8月29日，第十二届全国人民代表大会常务委员会第十六次会议《关于修改〈中华人民共和国促进科技成果转化法〉的决定》，其中新法第二条增加了“科技成果”和“职务科技成果”的概念，至此，“科技成果”的法律概念正式确定。

2. 科技工作者在从事研究开发活动前的准备工作

科技成果的研发是一项周期长、投入大、风险高的科研工程，启动前的准备工作尤为重要，需要做以下准备工作。

2.1 进行科技查新。科技查新，是指以查新点为依据，以计算机检索为主要手段，以获取相关文献为检索目标，运用综合分析和对比方法，对查新项目的新颖性作出文献评价的情报咨询服务；科技查新是我国科技体制改革进程中衍生的一项情报咨询工作，是科技信息服务业的传统业务。多年来，科技查新在科研立项、项目验收和专利申请等方面发挥了重要作用。

2.2 对研发项目的市场前景进行可行性论证。可行性论证，又称可行性研究或可行性分析，是指通过对拟立项项目的主要内容和配套条件进行调查研究和分析比较，从而提出该研发项目是否值得投资或建设或产业化，为决策提供参考和依据的一种综合性的系统分析方法。

2.3 对拟申请的专利进行检索。专利检索，是指根据一项或数项特征，从大量的专利文献或专利数据库中挑选符合某一特定要求的文献或信息的过程。拟研发项目，后期需要投入大量的人力、物力和财力，在项目正式启动前，为避免损失发生，对拟申请的专利进行检索非常必要。

2.4 对研发项目采取商业秘密制度保护。《中华人民共和国促进科技成果转化法》第四十二条已作出明确规定。

2.5 与参与人员签订保密协议和竞业禁止协议。《中华人民共和国促进科技成果转化法》第三十条第二款、第四十一条、第四十二条第二款已作出明确规定，法条内容不再赘述。

依 据

（1）2015 年修改、施行的《中华人民共和国促进科技成果转化法》第二条、第三十条、第四十一条、第四十二条；

（2）2008 年施行的《中华人民共和国科技进步法》第一条。

二、新技术、新工艺、新材料和新产品等科技成果是采用专利权保护还是商业秘密保护，或者二者结合起来保护？不同方式利弊如何？

答 案

对新技术、新工艺、新材料和新产品等科技成果，建议根据权利主体的战略定位和科技成果自身的属性，采用专利权加商业秘密二者相结合的手段进行综合保护。

专利权的最大优点是可以获取法律保护的市场垄断地位，但是，专利的申请意味着相关技术的公开，容易被竞争对手模仿或反向工程超越；商业秘密的最大优点是可以永远不公开，永远掌控核心技术，但是，商业秘密的权利界定、司法保护较难，市场排他性具有一定的局限性。

释 义

专利权，是指国家依法授予发明创造人对其作出的发明创造享有的独占权。发明专利的保护期为 20 年，实用新型和外观设计专利的保护期为 10 年，有期限限制。

商业秘密，是指不为公众所知悉、具有商业价值并经权利人采取相应保密措施的技术信息和经营信息。商业秘密具有秘密性、独特性、实用性和价值性四个主要特征，也是缺一不可的构成条件；商业秘密作为权利人的核心竞争力，其保护地域和期限不受限制，可以永久保密。

因此，如何选择保护方式，最大程度地维护自身合法权益至关重要。专利权的本质是以公开换垄断，商业秘密的本质是以不公开换核心竞争力。新技术、新工艺、新材料和新产品等科技成果研发出来以后，如何选择对自己更为有利的知识产权保护策略，取决于权利主体的战略定位和研发成果自身的属性。二者的具体利弊分析如下。

1. 专利权的利弊

1.1 专利权的优点。

1.1.1 专利权可以通过许可、运营获得长期的高额回报；

1.1.2 专利权可以为中小企业获得国家高企、双软企业等资质认定；

1.1.3 专利权可以获得国家和地方政府的财政支持和政策扶持；

1.1.4 专利权可以帮助权利人获取市场垄断地位，赢得市场和利润；

1.1.5 专利权可以利用专利国际保护制度，开拓国际市场，让企业走出去，做大做强；

1.1.6 专利制度可以促使企业对产品进行改良和创新，提高企业的核心竞争力。

1.2 专利权的弊端。

1.2.1 专利权具有时间性，到期后进入公知领域，成为现有技术，无法获得长期保护；

1.2.2 专利权具有地域性，若开拓国际市场，还需进行专利的专利合作协定（PCT）申请，时间长、成本高；

1.2.3 专利技术具有公开性，容易被竞争对手通过反向工程和专利检索分析后模仿、规避、超越；

1.2.4 专利权的侵权成本低，司法保护相对较弱。

2. 商业秘密的利弊

2.1 商业秘密的优点。

2.1.1 具有保密优势，权利人可以通过自己的保密制度和保密措施不让外界知晓；

2.1.2 具有地域优势，不限于国内，可以获得全球保护；

2.1.3 具有无期限保密优势，可以永远不公开，获得永久保密。

2.2 商业秘密的弊端。

2.2.1 商业秘密的权利认定难，不同于专利权、注册商标专用权等其他知识产权；

2.2.2 商业秘密不具有排他性，不能对抗非接触第三人自行研发的相同或相近的商业秘密；

2.2.3 商业秘密的司法认定和司法鉴定存在一定难度，维权具有高风险性；

2.2.4 商业秘密司法保护力度相对较弱，权利人举证难；

2.2.5 商业秘密的管理难度大，容易泄露。

权利人在知晓专利权与商业秘密二者的利弊以后，可以利用各自的属性及特征，采用单独、交叉或综合保护。譬如：对新技术、新工艺、新材料和新产品等科技成果的研制方法、工艺程序，可以申请方法发明专利进行保护；对于可以产品化的产品，可以申请产品发明专利进行保护；对于新技术、新工艺、新材料和新产品的设计图纸、工艺流程、实验报告等可以采取商业秘密进行保护；另，对产品或方法专利还可以通过申请产品商标、服务商标进行保护；对专利的设计图纸、工作底稿、使用说明书、各种报告等，还可以采用著作权进行保护。

依据

（1）2018 年施行的《中华人民共和国反不正当竞争法》第九条；

（2）2015 年修改施行的《中华人民共和国促进科技成果转化法》第二十二条；

（3）2008 年修改的《中华人民共和国专利法》第二条、第四十二条；

（4）1998 年国家工商行政管理局发布的《国家工商行政管理局关于商业秘密构成要件问题的答复》（工商公字〔1998〕109 号）；

（5）1997 年国家经济贸易委员会颁布施行的《关于加强国有企业商业秘密保护工作的通知》（国经贸法〔1997〕419 号）。

三、如何确定研究开发成果是职务科技成果还是非职务科技成果？

答 案

《中华人民共和国促进科技成果转化法》第二条规定：“职务科技成果，是指执行研究开发机构、高等院校和企业等单位的工作任务，或者主要是利用上述单位的物质技术条件所完成的科技成果”。反之，即非职务科技成果。

释 义

1. 相关概念的法律规定

在阐述“职务科技成果”的含义之前，需要先了解“职务成果”的概念。职务成果，是指单位工作人员基于职务行为或职务便利，为了完成本职工作或主要利用了本单位的物质技术条件所产生的智力成果，单位依法对之享有专有权利。《中华人民共和国专利法》规定了“职务发明创造”的概念；《中华人民共和国著作权法》规定了“职务作品”的概念；《中华人民共和国合同法》规定了“职务技术成果”的概念；之后，《计算机软件保护条例》《集成电路布图设计保护条例》和《植物新品种保护条例》等规定均有类似“职务成果”的规定，此处不再一一列举。2015 年，第十二届全国人大常委会第十六次会议对《中华人民共和国促进科技成果转化法》进行了修改，其中第二条规定了“职务科技成果”的法律概念。但是，实务中如何判断“职务科技成果”和“非职务科技成果”却存在一定难度。因此，准确掌握二者的内涵和相应的判断标准，有助于科技工作者更好地进行实务操作。

2. 判断标准及注意事项

2.1 科技工作者的单位，是指研究开发机构、高等院校和企业等。这里的单位，可以是国有单位，也可以是民营单位。其他民间机构或单位或个人投资者设立的研究开发机构、高等院校、企业等单位也包含在其中。

2.2 准确判断科技工作者是否是执行本单位的工作任务完成的科技成果。

2.3 科技工作者主要是利用本单位的物质技术条件完成的科技成果，这里强调“主要利用”。如不是主要利用本单位的物质技术条件完成的，则不能认定为职务科技成果。

2.4 执行研究开发机构、高等院校和企业等单位的工作任务主要是利用上述单位的物质技术条件所完成的科技成果。这两句话是独立的、选择性的，不是并列关系。

3. 区别职务科技成果与非职务科技成果的意义

3.1 有利于科技成果完成人和科技工作者对科技成果所有权归属的判定；

3.2 有利于明晰科技成果完成人和科技工作者对科技成果知识产权权利的取得及运用；

3.3 有利于科技成果持有人等单位，对科技成果实施和完成作出重要贡献的担任领导职务的科技人员和有关科技成果的完成人、参加人进行奖励；

3.4 有利于促进科技成果持有单位、科技成果完成人和科技工作者更好地进行科技成果转化。

依据

（1）2015 年修改施行的《中华人民共和国促进科技成果转化法》第二条；

（2）2014 年修改施行的《植物新品种保护条例》第七条；

（3）2013 年修改施行的《计算机软件保护条例》第十三条、第十五条；

（4）2010 年修改施行的《中华人民共和国著作权法》第十六条；

（5）2008 年修改的《中华人民共和国专利法》第六条、第七条、第八条；

（6）2001 年施行的《集成电路布图设计保护条例》第九条；

（7）1999 年施行的《中华人民共和国合同法》第三百二十六条、第三百二十七条。

四、在促进科技成果转化实践中，拟将科技成果申请专利权进行保护的，什么阶段申请更有利？

答案

采用专利权进行保护的，科技成果在研发阶段申请比在实施转化过程中申请更有利。

释 义

1. 专利权的特征

专利权的三个基本特征，即新颖性、创造性、实用性。

《中华人民共和国专利法》第二十二条规定，授予专利权的发明和实用新型，应当具备新颖性、创造性和实用性；第二十三条规定："授予专利权的外观设计，应当不属于现有设计；也没有任何单位或者个人就同样的外观设计在申请日以前向国务院专利行政部门提出过申请，并记载在申请日以后公告的专利文件中。"根据上述法律规定可见，专利权的申请，前提是该专利需具备新颖性、创造性、实用性。司法实务中，常见原告用于主张权利的专利被被告申请无效，导致败诉，究其原因，是原告的专利权在申请前已丧失了新颖性或创造性，实用新型专利和外观设计专利尤为突出。若用于科技成果转化的专利技术或产品，其权利状态不稳定，在后期产业化实施过程中，很难转化为现实生产力，核心竞争力也就无从谈起。

2. 研发阶段申请的意义

专利授权审查严格、周期长、难度大，特别是发明专利，若用专利技术或专利产品进行成果转化的，研发阶段的申请就显得意义重大。

2.1 可以防止后期科技成果转化实施过程中，因技术或产品无专利权保护而丧失市场竞争力和垄断地位。

2.2 可以防止科技成果转化实施后，因公开丧失新颖性无法获得专利授权。

2.3 可以防止侥幸授权后，却被竞争对手无效或模仿，导致无法进行知识产权保护或打击竞争对手。

2.4 研发前通过检索分析后进行专利申请，可以确保授权概率和授权后权利的稳定性，有利于科技成果转化的顺利实施。

2.5 有利于科技成果所有人或持有人，对科技成果进行知识产权的战略布局与管理。

依 据

（1）2016 年施行的《最高人民法院关于审理侵犯专利权纠纷案件应用法律若干问题的解释（二）》第三条；

（2）2010年施行的《最高人民法院关于审理侵犯专利权纠纷案件应用法律若干问题的解释》第十五条；

（3）2008年修改的《中华人民共和国专利法》第二条、第二十二条、第二十三条、第二十四条、第二十九条、第三十条。

五、采用委托开发、合作开发或者产学研协同开发的科技成果，如何确定其知识产权的归属与分享？

答案

委托开发完成的发明创造，除当事人另有约定的以外，申请专利的权利属于研究开发人。研究开发人取得专利权的，委托人可以免费实施该专利。研究开发人转让专利申请权的，委托人享有以同等条件优先受让的权利。

合作开发完成的发明创造，除当事人另有约定的以外，申请专利的权利属于合作开发的当事人共有。当事人一方转让其共有的专利申请权的，其他各方享有以同等条件优先受让的权利。合作开发的当事人一方声明放弃其共有的专利申请权的，可以由另一方单独申请或者由其他各方共同申请。申请人取得专利权的，放弃专利申请权的一方可以免费实施该专利。合作开发的当事人一方不同意申请专利的，另一方或者其他各方不得申请专利。

委托开发或者合作开发完成的技术秘密成果的使用权、转让权以及利益的分配办法，由当事人约定。没有约定或者约定不明确，可以协议补充；不能达成补充协议的，按照合同有关条款或者交易习惯确定。仍不能确定的，当事人均有使用和转让的权利，但委托开发的研究开发人不得在向委托人交付研究开发成果之前，将研究开发成果转让给第三人。

采用产学研合作方式，共同开展研究开发、成果应用与推广、标准研究与制定等活动的，合作各方应当签订协议，依法约定合作的组织形式、任务分工、资金投入、知识产权归属、权益分配、风险分担和违约责任等事项。

释义

1. 知识产权归属政策的发展

我国财政资助科研项目的知识产权归属政策，经历了由“收权政策”到

“放权政策”的发展过程。《中华人民共和国科学技术进步法》第二十条规定：“利用财政性资金设立的科学技术基金项目或者科学技术计划项目所形成的发明专利权、计算机软件著作权、集成电路布图设计专有权和植物新品种权，除涉及国家安全、国家利益和重大社会公共利益的外，授权项目承担者依法取得。”“项目承担者因实施本条第一款规定的知识产权所产生的利益分配，依照有关法律、行政法规的规定执行；法律、行政法规没有规定的，按照约定执行。”对国家资助科研项目的知识产权归属作了更为明确的规定，有利于促进我国财政资助科研成果的转化和利用。但是规定还比较原则化，没有相应配套的知识产权归属措施进一步明确和细化。

《中华人民共和国促进科技成果转化法》第二十六条规定：“国家鼓励企业与研究开发机构、高等院校及其他组织采取联合建立研究开发平台、技术转移机构或者技术创新联盟等产学研合作方式，共同开展研究开发、成果应用与推广、标准研究与制定等活动。合作各方应当签订协议，依法约定合作的组织形式、任务分工、资金投入、知识产权归属、权益分配、风险分担和违约责任等事项。”从上述法律规定可以看出，产学研合作过程中产生的知识产权归属问题，法律授权合作方可以通过协议约定，此乃立法一大进步，具有重要的历史意义。

2. 明确科技成果知识产权归属的意义

2.1 可以促进我国科技成果转化的有效实施，提高科技成果转化水平。

2.2 可以更好地规定科技成果所有人、持有人和完成人的权利义务，避免国有资产或单位资产流失。

2.3 可以更好地制定科技成果转化运行模式，大胆进行机制改革和制度创新。

2.4 可以更好地制定对科技成果完成人以及科技工作者的奖励、报酬等激励机制。

2.5 可以避免科技成果转化实施过程中产生不必要的争议。

2.6 可以更好地调动科技成果持有单位和科技工作者的工作积极性和创新性。

依据

（1）2015 年修改施行的《中华人民共和国促进科技成果转化法》第十

六条、第十八条、第十九条、第二十三条、第二十六条；

（2）2013 年施行的《计算机软件保护条例》第十三条；

（3）2010 年修改施行的《中华人民共和国著作权法》第十三条、第十六条；

（4）2008 年修改的《中华人民共和国专利法》第六条；

（5）2007 年修改的《中华人民共和国科学技术进步法》第二十条；

（6）1999 年施行的《中华人民共和国合同法》第三百三十九条、第三百四十一条、第三百四十五条。

第二节　科技成果的转化

六、技术转移与成果转化有什么区别，怎样理解技术转移与成果转化的关系？

答案

《国家技术转移示范机构管理办法》第二条第一款规定："本办法所指的技术转移是指制造某种产品、应用某种工艺或提供某种服务的系统知识，通过各种途径从技术供给方向技术需求方转移的过程。"《中华人民共和国促进科技成果转化法》第二条规定："本法所称科技成果转化，是指为提高生产力水平而对科技成果所进行的后续试验、开发、应用、推广直至形成新技术、新工艺、新材料、新产品，发展新产业等活动。"

技术转移与成果转化是两个不同层面的概念。成果转化往往是先进行技术转移，再对该成果进行转化。技术转移是手段，成果转化是目的，但有时，技术转移是目的，成果转化是手段，所以说，二者既相互交叉，又相互包含，但又有区别。

释义

1. 实务中对技术转移与成果转化的不同理解

中华人民共和国成立以来，我国科技成果转化水平明显提升，国家科学技术事业取得了巨大的成就，特别是2015年《中华人民共和国促进科技成果转化法》修改施行后，国家对科技成果的转化高度重视，不断出台新的政策、措施鼓励、扶持科技成果的转化，科研院所和科技工作者工作热情高涨，理论界、实务界对科技成果转化的理论研究也呈现出良好的发展势头。“科技成果转移”“技术成果转化”“科技成果的转移转化”等词语屡屡出现在媒体报端、学术会议、理论专著上，如此表述起码不够严谨。事实上，技术转移与成果转化是有一定区别的。《中华人民共和国促进科技成果转化法》第二条对“科技成果转化”的概念作了明确规定，但未界定“科技成果转移”的概念。实务中，涉及技术的，一般叫转移，即技术转移；涉及成果的，一般叫转化，即成果转化。

2. 技术转移与成果转化的相互关系①

正确界定二者的概念和区别，有助于指导科技工作者进行科技体制改革和制度创新。

2.1 技术转移和成果转化是两种不同的运行模式。

有学者认为：“技术转移仅指技术在不同主体或区域之间的流转，仅是一种动态的流转过程，运行模式是通过简单的协议来完成；科技成果转化，在研发阶段是一个不断发展的过程，在实施阶段又是一个不断接近产业化的过程，不仅体现动态的流转，还体现动态的实施，运行模式也呈现多样化发展，可以是产学研模式，也可以是普通的合作模式，还可以是产学研政运行模式。”

2.2 技术转移和成果转化对促进科技成果转化的作用不同。

科技成果转化本质上是对科技成果不断改进或提升的过程，其作用是对先进技术、先进产品、先进工艺等进行系统化和产业化，而技术转移没有这种功能。

2.3 技术转移和成果转化的实施主体不同。

技术转移一般是技术在不同利益主体之间的流转，同一利益主体的内部流转不能叫技术转移；成果转化可以是同一利益主体内进行转化实施的过程，

① 黄楠. 促进科技成果转化的机制研究——产学研合作的模式与问题分析［D］. 复旦大学，2009.

也可以是不同利益主体之间转化实施的过程。

当然，二者虽有一定区别，但又相辅相成。实践中，如产学研的实践运用既有技术转移的过程，又有成果转化的实施；国家设立的科技研发机构和高等院校，将自身研发的先进技术转移出去是手段，转化为现实生产力是目的，但有时转移是目的，转化是手段。[①] 所以说，技术转移和成果转化，二者相互交叉、相互包容。

依据

（1）2017 年国务院印发的《国家技术转移体系建设方案》（国发〔2017〕44 号）；

（2）2015 年施行的《中华人民共和国促进科技成果转化法》第二条、第十七条；

（3）1985 年联合国贸易和发展委员会发布的《联合国国际技术转让行动守则草案》第一章第一条、第二条。

七、科技成果转化主体有哪些？可以采用哪些方式进行科技成果转化？

答案

根据《中华人民共和国促进科技成果转化法》的相关规定，参与科技成果转化主体有：（1）政府；（2）国家设立的研究开发机构与高等院校；（3）非国家设立的研究开发机构和高等院校；（4）境内外企业；（5）第三方技术服务机构和中介机构；（6）其他组织及其个人。

《中华人民共和国促进科技成果转化法》第十六条规定，科技成果持有者可以采用下列方式进行科技成果转化：（1）自行投资实施转化；（2）向他人转让该科技成果；（3）许可他人使用该科技成果；（4）以该科技成果作为合作条件，与他人共同实施转化；（5）以该科技成果作价投资，折算股份或者出资比例；（6）其他协商确定的方式。

---

① 杨善林，郑丽，冯南平，等．技术转移与科技成果转化的认识及比较［J］．中国科技论坛，2013，1（12）：116－122.

释义

1. 科技成果转化主体

科技成果转化主体，是指在科技成果转化实施过程中，为促进科技成果转化为现实生产力，担负主要角色、主要工作，全面负责和实施的单位或其他组织及其个人。科技成果转化的实施一般涉及四方主体：一是科技成果所有人；二是科技成果持有人；三是科技成果完成人；四是科技工作者。在四方主体中，科技成果转化主要围绕科技成果经济价值的实现，多方联动，共同发力。根据《中华人民共和国促进科技成果转化法》的规定，科技成果转化的参与主体主要有以下几方。

1.1 政府。

科技成果转化是一项重大、复杂的系统工程，没有政府的参与引导、制度保障、政策支持，任何组织或个人都很难完成这项系统工程。

1.2 国家设立的研究开发机构与高等院校。

国家设立的研究开发机构、高等院校等单位是科技成果转化的供给主体。在国家科教兴国战略指导下，国家制订了一大批科技攻关计划，如“863 计划”“973 计划”“211 工程”“985 工程”“教育振兴行动计划”“双一流工程”等，上述计划及工程产生出了大量的科技成果。近年来，国家设立的研究开发机构、高等院校的科技研发能力取得了历史性的跨越，科技创新事业取得了卓越的成果，早已成为我国科技成果转化的强大实施主体。

1.3 非国家设立的研究开发机构、高等院校和联合实验室。

改革开放四十多年以来，国内政策环境、法治环境不断完善和提升，外商投资机构、民间投资者纷纷开始投资设立研究开发机构、高等院校和联合实验室。这些机构设立后，直接参与国家的科技成果转化工作，一定程度上促进了我国科技成果的转化实施。

1.4 境内外企业。

根据《中华人民共和国促进科技成果转化法》和国家相关法律法规及政策的规定，除了一些特定的领域外，法律法规鼓励、允许境内外企业参与我国科技成果的转化工作。当前，境内外企业已成为我国科技成果转化实施的重要主体，特别是境内企业，已成为我国促进科技成果转化的主力军。

中共中央、国务院《关于深化科技体制改革加快国家创新体系建设的意见》提出，要充分发挥企业在科技成果转化中的主体作用；《中华人民共和国促进科技成果转化法》第三条规定："科技成果转化活动应当尊重市场规律，发挥企业的主体作用。"2016 年 5 月 30 日，习近平总书记在全国科技创新大会、中国科学院第十八次院士大会、中国工程院第十三次院士大会、中国科学技术协会第九次全国代表大会上再一次指出："企业是科技和经济紧密结合的重要力量，应该成为技术创新决策、研发投入、科研组织、成果转化的主体。"因此，强化企业作为科技成果转化主体至关重要。

1.5 第三方技术服务机构和中介机构。

第三方技术服务机构拥有政策、科研、产业技术、法律等服务上的优势，可以为科技成果持有单位、科技成果转化实施主体和科技工作者提供良好的技术支持服务平台；另外，科技中介服务机构凭借多年的服务经验和平台，可以为科技成果的供给方与需求方建立桥梁和纽带，很好地对接各级政府的科技部门、大学科技园、创业园、双创中心、孵化平台。

1.6 其他组织及其个人。

现有法律法规及政策对从事科技成果转化工作的主体未作原则性禁止，只是对从事涉及国家安全、国家利益、重大社会公共利益的转化工作作了一些限制性规定。2015 年，《中华人民共和国促进科技成果转化法》修改实施以后，国务院、中科院、财政部、教育部、中共中央办公厅以及地方政府纷纷出台相应政策和文件，鼓励支持科技开发机构、高等院校从事科研工作者的职工，离职离岗、创办企业从事科技成果转化。

2. 科技成果转化方式

2.1 自行投资实施转化，又称科技成果持有人自行转化，是指科技研发机构、高等院校或企业等转化主体将其研发的科技成果应用于本单位的生产活动。此方式的特点是没有中间环节，降低了科技成果转化的交易成本。

2.2 向他人转让科技成果，是指科技成果持有人通过许可、转让等方式将科技成果的使用权或所有权转移给技术需求方，此方式是科技研发机构、高等院校实现科技成果转化的主要方式。

2.3 许可他人使用科技成果。此方式类似上述第2种方式，区别是转让方式是许可方式，可以是普通许可、排他许可或独占许可。

2.4 以科技成果作为合作条件，与他人共同实施转化，主要是指合作转化方式，如“政产学研”合作方式。

2.5 以该科技成果作价投资，折算股份或者出资比例，此方式类似于上述2.4，区别是合作的方式是用其所有或持有的科技成果作价投资、折算股份或出资比例。该种方式系当前实践中运用最多，也是相对超前的转化方式。

2.6 其他协商确定的方式。

依 据

（1）2016年国务院印发的《实施〈中华人民共和国促进科技成果转化法〉若干规定》（国发〔2016〕16号）第一条；

（2）2016年科技部、教育部联合下发的《关于加强高等学校科技成果转移转化工作的若干意见》（教技〔2016〕3号）第一条至第五条、第七条；

（3）2016年中国科学院和科技部联合下发的《关于新时期加快促进科技成果转移转化指导意见》（科发促字〔2016〕97号）第二条、第四条；

（4）2015年修改施行的《中华人民共和国促进科技成果转化法》第七条、第十六条、第十七条、第十九条、第二十条、第二十二条、第二十三条、第二十四条、第二十五条、第二十六条至第三十条、第三十一条、第三十二条；

（5）2007年修改施行的《中华人民共和国科学技术进步法》第五条、第六条、第二十一条、第二十三条、第二十七条、第三十条、第四十二条。

八、科技工作者可否在保留与原事业单位人事关系不变的情况下到第三方企业进行科技成果转化？

答 案

法律允许科技工作者在保留与原事业单位人事关系不变的情况下到第三方企业进行科技成果转化。

释义

1. 相关规定

2015年修改施行的《中华人民共和国促进科技成果转化法》第二十七条规定：“国家鼓励研究开发机构、高等院校与企业及其他组织开展科技人员交流，根据专业特点、行业领域技术发展需要，聘请企业及其他组织的科技人员兼职从事教学和科研工作，支持本单位的科技人员到企业及其他组织从事科技成果转化活动。”

2016年2月，国务院印发施行《实施〈中华人民共和国促进科技成果转化法〉若干规定》，其中第（七）条规定：“国家设立的研究开发机构、高等院校科技人员在履行岗位职责、完成本职工作的前提下，经征得单位同意，可以兼职到企业等从事科技成果转化活动，或者离岗创业，在原则上不超过3年时间内保留人事关系，从事科技成果转化活动。研究开发机构、高等院校应当建立制度规定或者与科技人员约定兼职、离岗从事科技成果转化活动期间和期满后的权利和义务。离岗创业期间，科技人员所承担的国家科技计划和基金项目原则上不得中止，确需中止的应当按照有关管理办法办理手续。”同年，科技部、教育部联合下发《关于加强高等学校科技成果转移转化工作的若干意见》，其中此意见第六条也作出了类似的规定，鼓励高等院校里的科技工作者创新创业，促进科技成果转化。

2. 科技工作者离职离岗进行科技成果转化注意事项

科技工作者在按照《中华人民共和国促进科技成果转化法》以及国务院、科技部、财政部、教育部、中科院出台的相关配套政策，离职离岗或兼职到企业从事科技成果转化活动的，有以下几点需要注意。

2.1 这里的“原事业单位”，是指国家设立的研究开发机构、高等院校等单位，而非民营机构设立的研究开发机构和高等院校。

2.2 科技工作者须在完成本单位本职工作的前提下，并征得原单位的同意后，方可到第三方企业从事科技成果转化。这里的“同意”，最好是获得原单位的书面批准同意。

2.3 须是兼职到企业从事科技成果转化活动，而不是到其他研究开发机构或高等院校从事科技成果转化活动。

2.4 人事关系原则上无特殊情况，最长保留 3 年。各研究开发机构、高等院校可以根据本单位的具体情况作出不超过 3 年的时间规定。

2.5 第三方企业可以与科技工作者签订保密协议和竞业禁止协议，约定科技工作者不得从事与原单位相同的科技成果转化活动。

2.6 离岗人员要遵守与原单位的约定，保守原单位的秘密，尊重原单位的知识产权，并与原单位签订保密协议；使用原单位或他人知识产权的，要获得原单位或他人的许可。离岗人员不得违反原单位规定或者协议的约定，从事与原单位相同的科技成果转化活动。

依 据

（1）2016 年科技部、教育部联合下发的《关于加强高等学校科技成果转移转化工作的若干意见》（教技〔2016〕3 号）第六条；

（2）2015 年修改施行的《中华人民共和国促进科技成果转化法》第二十七条、第四十二条。

九、科研事业单位或者个人能否向外资企业、境外组织、个人转让或许可实施科技成果？

答 案

《中华人民共和国促进科技成果转化法》第六条规定：“国家鼓励科技成果首先在中国境内实施。中国单位或者个人向境外的组织、个人转让或者许可其实施科技成果的，应当遵守相关法律、行政法规以及国家有关规定。”但是，没有禁止科研事业单位或个人向外资企业转让或许可实施科技成果。

释 义

1. 立法目的

国家为了加速科学技术进步，推动经济建设和社会发展，不断出台多项政策，大力鼓励社会主体参与促进科技成果转化活动。但是，由于某些领域的科技成果关系到国计民生、国家安全和重大社会公共利益，因此，《中华人民共和国促进科技成果转化法》规定，科技成果转化活动应当遵守法律法规，维护国家利益，不得损害社会公共利益和他人合法权益，国家鼓励科技成果首先在中国境内实施，中国单位或者个人向境外的组织、个人转让或者许可其实施科技成果的，应当遵守相关法律、行政法规以及国家有关规定。此处的规定涉及法律和行政法规层面，还涉及国家的有关规定，有关规定可以理解为诸多国家政策。

2. 注意事项

2.1 科技成果实施主体、转让主体或许可主体，本处法律采用扩大规定，泛指中国的单位或者个人，没有用组织、机构、事业单位、法人或非法人单位的概念，主体要求更宽泛。

2.2 科技成果实施主体、转让主体或许可主体，原则上首先鼓励在中国境内实施，不提倡到国外实施，目的是保障国家安全、国家利益、重大社会公共利益以及防止国有资产流失。

2.3 中国单位或者个人向境外的组织、个人转让或者许可实施科技成果的，应当遵守相关法律、行政法规以及国家有关规定。此处的法律不仅指《中华人民共和国促进科技成果转化法》，还指其他相关法律，如《中华人民共和国科学技术进步法》《中华人民共和国公司法》《中华人民共和国刑法》《中华人民共和国公务员法》《中华人民共和国对外贸易法》等；此处的法规仅指行政法规，不包括地方性法规和国务院部委规章和地方政府规章；国家有关规定，是指国家有关政策、文件和通知的规定，此处立法规定较为严格。

2.4 方式仅指转让或许可。科技成果的转让，是指科技成果的所有人或持有人将其所有或持有的科技成果的占有、使用、收益、处分四项权能全部有偿或无偿让与第二方所有的行为；科技成果的许可实施，是指科技成果的所有人或持有人将其科技成果，在保留所有权不变的情况下，有条件地许可第三方占有、使用、收益的行为，这里不含处分行为。许可实施包括普通许可实施、独占许可实施、排他许可实施三种方式。

2.5 科研事业单位或者个人向外资企业转让或许可实施科技成果，法律未作禁止性规定，原则上是可以的。这里的外资企业仅指中外合资企业、中外合作企业和外商独资企业。

依 据

（1）2015年修改施行的《中华人民共和国科技促进科技成果转化法》第六条、第二十三条、第五十一条；

（2）2007年修改施行的《中华人民共和国科学技术进步法》第二十一条。

十、科研院所、高校的教职工能否自己创办企业从事科技成果转化？

答 案

法律允许科研院所、高校的教职工在外创办企业从事科技成果转化活动。

释 义

1. 相关规定

科研院所、高校的教职工，首先，其不是公务员，属于事业单位编制，不受《中华人民共和国公务员法》关于禁止公务员从事营利活动的限制；其次，国家法律法规没有绝对禁止科研院所、高等院校从事科研工作的教职工从事科技成果转化活动。《中华人民共和国促进科技成果转化法》第十九条规定，“国家设立的研究开发机构、高等院校所取得的职务科技成果，完成人和参加人在不变更职务科技成果权属的前提下，可以根据与本单位的协议进行该项科技成果的转化”；第四十二条规定：“企业、事业单位可以与参与科技成果转化的有关人员签订在职期间或者离职、离休、退休后一定期限内保守本单位技术秘密的协议。”国务院印发的《〈实施中华人民共和国促进科技成果转化法〉若干规定》第（七）条规定：“国家设立的研究开发机构、高等院校科技人员在履行岗位职责、完成本职工作的前提下，经征得单位同意，可以兼职到企业等从事科技成果转化活动，或者离岗创业，在原则上不超过3年时间内保留人事关系，从事科技成果转化活动。研究开发机构、高等院校应当建立制度规定或者与科技人员约定兼职、离岗从事科技成果转化活动期间和期满后的权利和义务。离岗创业期间，科技人员所承担的国家科技计划和基金项目原则上不得中止，确需中止的应当按照有关管理办法办理手续。”

从上述法律规定可见，科研院所、高校的教职工可以自己创办企业从事科技成果转化活动，但是，在外创办企业从事科技成果转化活动的，应与原单位办理离职离岗手续，否则会涉及侵犯原单位的商业秘密，或者涉嫌与原单位进行不正当竞争，甚至涉及泄露国家秘密，触犯法律。

2016年，中国科学院发布《关于新时期加快促进科技成果转移转化指导意见》，其中第四条人员管理第（十一）项规定：“院研究制定科技人员离岗创业管理办法，鼓励科技人员带着科技成果离岗创业。科技人员离岗创业的，由所在单位合理确定其离岗创业时限，原则上在不超过3年时间内保留其人事关系。离岗创业期满确需延期的，经所在单位同意可适当延长，最多不超过2年。离岗创业期间，离岗创业人员与人事关系所在单位其他在岗人员同等享有参加岗位等级晋升、社会保险、住房、医疗等方面的权利，所在单位与离岗创业人员签订或变更聘用合同，约定离岗创业时限、工资待遇、社会保险、知识产权、技术秘密保护、研究生培养、返回所在单位工作相关事宜、违约责任处理、发生争议处理方式等。”

2. 注意事项

2.1 创办企业的教职工，一般是指在国家设立的研究开发机构或高等院校工作的科技工作者。

2.2 教职工须是在单位从事一定科学研究工作的科技工作者，而非普通的工作人员或从事普通教学岗位的工作人员。

2.3 创办的企业可以是由教职工个人单独出资创办，也可以是与原单位或原同事或原团队共同投资创办。

2.4 创办的企业从事的成果转化工作，可以是在原单位参与研发或实施的科技成果，但前提是须经原单位同意或许可。

2.5 创办企业前需与原单位办理离职或离岗等书面的工作交接手续。

2.6 教职工需解除与原单位之间签订的保密协议和竞业限制协议，并征得原单位的书面同意，不存在任何争议。

依据

（1）2016年国务院印发的《实施〈中华人民共和国促进科技成果转化法〉若干规定》（国发〔2016〕16号）第七条；

（2）2016年科技部、教育部联合制定发布的《关于加强高等学校科技成果转移转化工作的若干意见》（教技〔2016〕3号）第六条；

（3）2016年中国科学院发布的《关于新时期加快促进科技成果转移转化指导意见》（科发促字〔2016〕97号）第四条人员管理第（十一）项；

（4）2015年修改施行的《中华人民共和国促进科技成果转化法》第六条、第十六条、第十九条、第二十七条、第四十二条、第四十五条。

第三节　科技成果的评估

十一、以无形资产参与科技成果转化的，是否必须要进行无形资产的价值评估？

答案

《中华人民共和国促进科技成果转化法》第十八条规定："国家设立的研究开发机构、高等院校对其持有的科技成果，可以自主决定转让、许可或者作价投资，但应当通过协议定价、在技术交易市场挂牌交易、拍卖等方式确定价格。通过协议定价的，应当在本单位公示科技成果名称和拟交易价格。"简而言之，根据上述法律的规定，即不需要进行无形资产的价值评估。但是，在科技成果转化实践中，对科技成果的价值进行评估具有一定的现实意义，后期是否废除评估程序，将由新的法律法规作出具体规定。

释义

1. 法律适用问题

2005年国资委颁布实施的《企业国有资产评估管理暂行办法》第七条规定："经各级人民政府或其国有资产监督管理机构批准，对企业整体或部分资产实施无偿划拨以及国有独资企业与下属独资企业（事业单位）之间或其下属的独资企业（事业单位）之间的合并、置换、无偿划拨时不需要评估。”2015年修改的《中华人民共和国促进科技成果转化法》规定，国家设立的研究开发机构、高等院校对其持有的科技成果，可以自主决定转让、许可或者作价投资，但应当通过协议定价、在技术交易市场挂牌交易、拍卖等方式确定价格。通过协议定价的，应当在本单位公示科技成果名称和拟交易价格；2016年颁布实施的《中华人民共和国资产评估法》第三条规定，涉及国有资产或公共利益等事项，法律法规规定需要评估的，应当进行评估。

此时问题产生，科技成果转化涉及无形资产的价值，到底需不需要进行评估？实务当中一直存在困惑。根据国资委颁布实施的《企业国有资产评估管理暂行办法》第六条规定涉及的相关资产需要评估，根据《中华人民共和国促进科技成果转化法》的相关规定，不需要评估，根据《中华人民共和国资产评估法》的规定，法律法规规定需要评估的，应当进行评估。事实上，法律已经授权，对科技成果转化过程中涉及无形资产价值定价的，可以不进行评估。

2016年国务院印发实施《中华人民共和国促进科技成果转化法》若干规定的通知，即国发〔2016〕16号文件，其中第一条第（三）款规定：“国家设立的研究开发机构、高等院校对其持有的科技成果，应当通过协议定价、在技术交易市场挂牌交易、拍卖等市场化方式确定价格。协议定价的，科技成果持有单位应当在本单位公示科技成果名称和拟交易价格，公示时间不少于15日。单位应当明确并公开异议处理程序和办法；”第二条第（十）款规定：“科技成果转化过程中，通过技术交易市场挂牌交易、拍卖等方式确定价格的，或者通过协议定价并在本单位及技术交易市场公示拟交易价格的，单位领导在履行勤勉尽责义务、没有牟取非法利益的前提下，免除其在科技成果定价中因科技成果转化后续价值变化产生的决策责任。”当然，对无形资产进行价值评估，也具有一定的现实意义。

2. 科技成果价值评估的现实意义

以无形资产作价进行科技成果转化的，根据《中华人民共和国促进科技成果转化法》的规定，价值评估不是必然程序，但是，实践中进行评估具有重要的现实意义，主要表现在以下几个方面。

2.1 可以有效解决科技成果转化实践当中无形资产定价难的问题。

2.2 有利于提高以无形资产作为科技成果转化标的进行转化的效率。

2.3 可以防止国有资产或单位资产因无客观的价值评估导致资产流失。

2.4 有利于指导或帮助科技成果转化实施主体正确掌握其所有或持有的科技成果的真实价值。

2.5 可以降低科技研发机构、高等院校和企业的领导和科技工作者参与科技成果转化的法律责任或风险。

依 据

（1）2017 年由中国资产评估协会发布施行的《知识产权资产评估指南》（中评协〔2017〕44 号）第二条、第三条；

（2）2016 年施行的《中华人民共和国资产评估法》第二条、第三条；

（3）2016 年国务院印发的《实施〈中华人民共和国促进科技成果转化法〉若干规定》（国发〔2016〕16 号）第一条第（三）款、第二条第（十）款；

（4）2015 年修改施行的《中华人民共和国促进成果转化法》第十八条。

十二、科技成果转化过程中如何选定无形资产评估机构?

答 案

2017 年 11 月 8 日，财政部下发关于《国有资产评估项目备案管理办法》的补充通知第三条规定：“国家设立的研究开发机构、高等院校应规范科技成果资产评估机构的选聘工作，按要求如实提供科技成果资产评估所需各项资料，完善资产评估档案管理，配合主管部门做好科技成果资产评估备案相关工作。”因此，科技成果转化主体在实施科技成果转化过程中，若准备委托专业评估机构进行无形资产价值评估的，应根据评估机构的成立时间、单位性质、评估师的数量、经营规模、评估业绩等综合条件选定无形资产评估机构。

释义

1. 无形资产评估机构的条件

无形资产评估机构，是指组织专业人员依照有关规定和数据资料，按照特定的目的，遵循适当的原则、方法和计价标准，对无形资产价格进行评定估算的专门机构。从事无形资产评估业务的评估机构，应当持有财政部门颁发的资产评估资格证书。《中华人民共和国资产评估法》第十五条规定：评估机构应当依法采用合伙或者公司形式，聘用评估专业人员开展评估业务；合伙形式的评估机构，应当有两名以上评估师；其合伙人三分之二以上应当是具有三年以上从业经历且最近三年内未受停止从业处罚的评估师；公司形式的评估机构，应当有八名以上评估师和两名以上股东，其中三分之二以上股东应当是具有三年以上从业经历且最近三年内未受停止从业处罚的评估师；评估机构的合伙人或者股东为两名的，两名合伙人或者股东都应当是具有三年以上从业经历且最近三年内未受停止从业处罚的评估师。第十六条规定：设立评估机构，应当向工商行政管理部门申请办理登记。评估机构应当自领取营业执照之日起三十日内向有关评估行政管理部门备案。评估行政管理部门应当及时将评估机构备案情况向社会公告。从上述法律条文的规定可以看出，我国的无形资产评估机构有两类，一类是合伙制，一类是公司制。公司制的评估机构的设立一般严于合伙制的评估机构，采用公司制设立的评估机构，其运营能力、评估师的数量、经营规模等一般情况下优于合伙制的评估机构。

2. 优选无形资产评估机构的意义

近年来，无形资产评估业务已成为评估行业的重要业务方向，为提高服务质量，提升服务水平，规范行业秩序，中国资产评估协会为此专门制定了《无形资产评估准则》《专利资产评估指导意见》《商标资产评估指导意见》《著作权资产评估指导意见》和《知识产权资产评估指南》五个规定，有效解决了科技成果这一无形资产的价值评估问题，为促进我国科技成果的有效转化提供了大力帮助。但是，由于该行业的发展起步晚，服务机构的水平和能力良莠不齐，因此，正确选定专业、负责、有实力的无形资产评估机构，具有重要的意义。

2.1 可以更好地服务科技成果所有人或持有人加强对其无形资产的管理和保护。

2.2 可以更好地服务科技成果所有人或持有人加大对科技成果的有效转化。

2.3 可以更好地解决科技成果所有人或持有人对科技成果定价参数选择口径不统一、市场运用确定难等难点问题。

2.4 可以避免因专业性不够致使无形资产价值评估不客观，导致国有资产或单位资产的流失。

2.5 可以防止在无形资产评估过程中导致商业秘密的泄露，给国家或单位造成更大的经济损失。

依据

（1）2017 年财政部关于印发《资产评估基本准则》的通知，财资〔2017〕43 号；

（2）2017 年财政部关于《国有资产评估项目备案管理办法》的补充通知（财资〔2017〕70 号）；

（3）2017 年由中国资产评估协会发布的《知识产权资产评估指南》（中评协〔2017〕44 号）第六条至第十二条；

（4）2016 年施行的《中华人民共和国评估法》第十五条、第十六条；

（5）2017 年，中国资产评估协会关于印发修订《商标资产评估指导意见》的通知（中评协〔2017〕51 号）；

（6）2017 年，中国资产评估协会关于印发修订《著作权资产评估指导意见》的通知（中评协〔2017〕50 号）；

（7）2017 年，中国资产评估协会关于印发修订《专利资产评估指导意见》的通知（中评协〔2017〕49 号）；

（8）2018 年由中国资产评估协会发布的《中国资产评估协会关于印发〈资产评估执业准则——无形资产〉的通知》（中评协〔2017〕37 号）。

十三、科技成果价值评估的具体方法及流程是什么？

答案

科技成果价值评估的具体方法主要有：价值法、收益法和成本法三种及其相关衍生方法。另外，评估方法还可根据评估对象和需求采用专家咨询、指标评价、问卷调查、调研座谈、文献计量和案例研究等定性或定量方法。

《中华人民共和国资产评估法》以及行业评估规则规定了科技成果价值评估具体方法及主要流程。

释义

1. 科技成果价值评估的具体方法

正确使用科技成果的价值评估方法，会直接影响到科技成果的真实价值。在我国无形资产价值评估实践中，个别评估机构的评估师不能合理运用科学的评估方法，导致科技成果的价值判断存在误差。因此，深入研究各类科技成果的价值评估方法，借鉴国外无形资产的先进经验，综合我国无形资产评估工作的具体实践，对委托人的评估资产进行全面、客观的尽职调查，然后进行一定程度的评估创新，可以客观地评估科技成果的真实价值。目前，科技成果价值评估方法主要有价值法、收益法和成本法三种及其衍生方法，评估方法相对过少。

1.1 价值法，又叫市场价值法，是指根据市场交易确定科技成果的价值，适用于专利权、商标权和著作权等，一般根据交易双方达成的协议，以收入的百分比计算科技成果的许可使用费。该方法存在的主要问题有两个：一是大多数科技成果并没有进行市场定价，难以准确确定交易价格；二是科技成果一般是与其他资产一并交易，很难单独分离其价值。

1.2 收益法，是指根据科技成果的经济利益或未来现金流量的现值计算科技成果的价值。此方法关键是如何确定适当的折现率或资本化率，同样存在难以分离某种科技成果的经济收益问题，特别是在早期研发阶段，无法判断或预料其日后的收益价值，从而导致评估结果难以让人信服。

1.3 成本法，是指计算替代或重建某类科技成果所需的基本成本。该评估方法适用于能被替代的科技成果的价值计算，也可估算科技成果生产成本下降、原材料消耗减少或价格降低，以及有效利用设备等所带来的经济收益，从而评估出科技成果的价值。但是，由于受某种科技成果能否获得替代技术或开发替代技术的能力等综合因素的影响，科技成果最终评估出来的价值也不具有合理性。

2. 科技成果价值评估主要流程

科技部、财政部、发展改革委《关于印发〈科技评估工作规定（试行）〉的通知》第十七条对评估工作主要程序作了相关规定，可以参考。根据《中华人民共和国资产评估法》以及行业评估规则的规定，科技成果价值评估主要流程如下。

2.1 依法自主选择专业的评估机构。

2.2 委托人与评估机构签订委托评估合同、保密合同。

2.3 按照合同的约定支付评估服务费用。

2.4 委托人向评估机构提供评估所需要的权属证书、财务会计和其他资料等。

2.5 评估机构指定两名以上评估人员承办。

2.6 评估机构对委托人拟评估的资产及相关情况进行尽职调查。

2.7 评估机构确定评估方法，对资产进行客观评估，编制评估报告。

2.8 评估机构向委托人送达由两名以上评估师签字，并由评估机构盖章的评估报告。

2.9 委托人对评估报告有异议的，可以要求评估机构进行解释。

2.10 其他评估需要办理的事项。

依 据

（1）2017 年财政部《关于印发〈资产评估基本准则〉的通知》（财资〔2017〕43 号）第三条、第四条、第九条、第十六条；

（2）2016 年施行的《中华人民共和国资产评估法》第二十二条至第三十二条；

（3）2004 年中国资产评估协会《关于印发〈企业价值评估指导意见（试行）〉的通知》（中评协〔2004〕134 号）第十二条、第十四条、第二十三条、第二十四条、第二十五条、第二十六条、第二十七条；

（4）2001年财政部《关于印发〈资产评估准则——无形资产〉的通知》（财会〔2001〕1051号）第四条至第十一条；

（5）1992年国务院国有资产办公室颁布施行《资产评估管理办法实施细则》（国资办〔1992〕36号令）第三条、第十条、第十一条。

十四、科技成果价值评估是否需要履行资产评估项目备案程序？

答 案

2017年，财政部《关于〈国有资产评估项目备案管理办法〉的补充通知》，即财资〔2017〕70号文件，第一条规定：国家设立的研究开发机构、高等院校科技成果资产评估备案工作，原由财政部负责，现调整为由研究开发机构、高等院校的主管部门负责；第二条规定：研究开发机构、高等院校的主管部门要结合科技成果转化工作实际，制定科技成果资产评估项目备案工作操作细则，缩短备案流程，简化备案程序，提高备案工作效率。主管部门应自收齐备案材料日起，在5个工作日内完成备案手续，并于每年度终了30个工作日内，填写本年度本部门科技成果评估项目备案情况汇总表（附表），报送财政部门。

释 义

1. 备案的法律依据

为了防止国有资产的流失，早在1996年施行的《中华人民共和国促进科技成果转化法》中就明确规定，在科技成果转化实施过程中，只要涉及国有资产产权变动的，必须进行价值评估，同时还需履行评估备案手续。2001年，国家制定《国有资产评估项目备案管理办法》，其中第三条规定：本办法所称国有资产评估项目备案，是指国有资产占有单位按有关规定进行资产评估后，在相应经济行为发生前将评估项目的有关情况专题向财政部门或国有资产管理部门、集团公司、有关部门报告，并由后者受理的行为。强调一点，这里仅对国有资产评估项目备案作出要求，非国有资产未作评估备案要求。

实践当中，由于无形资产评估备案手续烦琐复杂、周期长，严重影响了科技成果转化效率和科技工作者的工作积极性，业界怨声载道多年，一直在呼吁国家要简化评估备案程序或取消。2015 年修改施行的《中华人民共和国促进科技成果转化法》仍没有对科技成果价值评估和备案作出明确规定，但实践中仍在执行 2001 年财政部制定的关于国有资产评估项目备案文件的规定。2017 年，财政部再次对关于《国有资产评估项目备案管理办法》作出补充通知，明确要求科技成果价值评估报告作出以后，仍需要履行相应的资产评估项目备案手续，仅是备案主体、备案程序、备案时间作了一定的调整。其中第三条规定：国家设立的研究开发机构、高等院校应规范科技成果资产评估机构的选聘工作，按要求如实提供科技成果资产评估所需各项资料，完善资产评估档案管理，配合主管部门做好科技成果资产评估备案相关工作；第四条规定：相关部门和单位在行政事业单位国有资产管理检查工作及资产评估行业监管工作中，要依法依规加强对科技成果资产评估项目备案情况的监督检查，切实防范国有资产流失。从上述最近的国家政策可以看出，目前，备案程序仍需履行，后期可能会作出修改或者废除，但是否会修改或废除，以新的法律法规及政策规定为准。

2. 备案工作程序及流程

根据财政部《国有资产评估项目备案管理办法》的规定，国有资产评估项目备案工作程序及流程如下。

2.1 聘请具有相应资质的评估机构。

2.2 资产评估项目开展过程中，委托人应当就工作情况及时通过中央企业资产评估管理信息系统向备案管理单位报告。

2.3 委托人初步审核备案材料，确保申报材料合法合理全面。

2.3.1 相关行为是否符合国家有关规定。

2.3.2 评估基准日的选择是否合理。

2.3.3 执业评估机构及人员是否具备相应资质。

2.3.4 评估范围是否与行为批准文件内容一致。

2.3.5 纳入评估范围的资产权属是否齐全。

2.3.6 被评估单位是否依法办理相关产权登记事宜。

2.3.7 评估报告、审计报告等资料是否齐全。

2.4 评估机构出具评估报告后，委托人应当在评估基准日起 9 个月内将备案申请材料逐级报送备案管理单位。

2.5 组织、审核评估项目基本情况、评估报告等工作。

2.6 备案管理单位收到备案申请材料后，及时出具审核意见，办理完成备案手续。

依 据

（1）2017 年财政部发布的《关于〈国有资产评估项目备案管理办法〉的补充通知》（财资〔2017〕70 号）第一条至第四条；

（2）2016 年施行的《中华人民共和国资产评估法》第三条、第二十三条、第二十四条、第二十五条的规定；

（3）2013 年国资委印发《企业国有资产评估项目备案工作指引》（国资发产权〔2013〕64 号）的通知第三条、第五条、第六条、第十条、第十六条、第二十二条；

（4）2011 年国资委印发《关于规范中央企业选聘评估机构工作的指导意见》（国资发产权〔2011〕68 号）第一条至第五条；

（5）2009 年施行的《中华人民共和国企业国有资产法》第二条、第十六条、第三十条、第三十六条、第四十一条、第四十二条、第四十七条、第四十八条、第四十九条、第五十条的规定；

（6）2005 年国资委制定施行的《企业国有资产评估管理暂行办法》（国资委令第 12 号）第一条、第三条、第四条、第六条、第八条、第九条、第十二条；

（7）2001 年财政部发布的《财政部关于印发〈国有资产评估项目备案管理办法〉的通知》（财企〔2001〕802 号）第四条至第十一条的规定；

（8）2001 年国务院办公厅转发财政部《关于改革国有资产评估行政管理方式加强资产评估监督管理工作意见的通知》（国办发〔2001〕102 号）第一条、第二条、第三条。

十五、进行科技成果价值评估，应注意的主要事项有哪些？

答 案

科技成果价值评估过程中应注意的主要事项有：（1）评估方法使用过程中的注意事项；（2）评估报告内容披露中的注意事项；（3）被评估的无形资产基本情况的主要注意事项等。

释 义

在2016年之前，由于国家一直未制定关于资产评估的基本法，导致实践中对无形资产的价值评估无法可依，一直依靠国家政策和行业协会制定的行业规则在操作执行。且现有的无形资产评估机构大部分是原先从事固定资产评估业务的机构，专门从事无形资产评估业务的机构很少，评估人才匮乏，实务中的无形资产价值的确定，大部分是根据委托人与评估机构约定产生，真正价值很难体现。事实上，科技成果的价值评估是一项专业性极强的工作，准确、客观地评价出科技成果的真实价值至关重要。所以，委托单位为选好评估机构，让评估机构出具一份真实可信的评估报告，除了遵守一般的原则、程序和规则外，还需特别注意对评估过程中评估方法的确定、各方法在使用过程中应注意的细节问题、评估报告的内容披露问题、被评估无形资产基本情况的审查问题等，具体事项如下。

1. 评估方法使用过程中的注意事项

1.1 价值法使用注意事项。

1.1.1 客观判断无形资产的市场影响。

1.1.2 客观判断无形资产的市场价值，如专利的市场价值。

1.1.3 重点判断无形资产在后期运用过程中的盈利能力和市场竞争能力。

1.1.4 其他与市场有关的注意事项。

1.2 收益法使用注意事项。

1.2.1 重点分析无形资产未来的可能性收益，适当考虑收益法的适用性。

1.2.2 合理估算无形资产未来预期收益与其他资产所获得收益的区别。

1.2.3 重点关注与收益有关的成本、配套资产、现金流、风险因素等。

1.2.4 重点关注预期收益口径与折现率口径是否一致。

1.2.5 区别其他资产折现率，合理估算无形资产的折现率。

1.2.6 严格审查无形资产的剩余权利期限。

1.2.7 其他与收益有关的注意事项。

1.3 成本法使用注意事项。

1.3.1 重点分析无形资产价值与成本的关联程度。

1.3.2 重点审查无形资产的重置成本，如合理的成本、相关税费等。

1.3.3 重点分析无形资产后期市场运用是会升值还是贬值。

1.3.4 其他与成本有关的注意事项。

2. 评估报告内容披露注意事项

根据中国资产评估协会印发的《资产评估执业准则——资产评估报告》通知的规定，评估报告内容应载明的事项如下。

2.1 无形资产的性质、权利状况及限制条件。

2.2 无形资产实施的地域限制、领域限制及法律法规限制条件。

2.3 宏观经济和行业的前景。

2.4 无形资产的历史、现实状况与发展前景。

2.5 无形资产的获利期限。

2.6 评估依据的信息来源。

2.7 评估报告中应明确说明无形资产评估的价值类型及其定义。

2.8 评估方法的选择及其理由。

2.9 各重要参数的来源、分析、比较与测算过程。

2.10 对初步评估结论进行分析，形成最终评估结论的过程。

2.11 评估结论成立的假设前提和限制条件。

2.12 其他必要信息。

3. 被评估的无形资产基本情况的主要注意事项

3.1 专利资产评估注意事项。

专利资产评估业务的评估对象是指专利资产权益，包括专利所有权和专利使用权。资产评估师参与专利资产评估业务，应当明确专利资产的权利属性。评估对象为专利所有权的，应当关注专利权是否已许可他人使用以及使用权的具体形式，并关注其对专利所有权价值的影响。评估对象为专利使用权的，应当明确专利使用权的具体形式。专利权的期限、专利权的类型以及专利技术特点、专利技术是否纳入标准等也应当注意。

3.2 商标资产评估注意事项。

商标资产，是指权利人所拥有或者控制的，能够持续发挥作用并且预期能带来经济利益的注册商标权益。评估对象为注册商标专用权的，应当关注注册商标是否已许可他人使用以及具体许可形式，注册商标是否驰名等。评估对象为商标许可权时，应当明确该权利的具体许可形式和内容、许可的范围。

3.3 著作权资产评估注意事项。

著作权资产，是指权利人所拥有或者控制的，能够持续发挥作用并且预期能带来经济利益的著作权的财产权益和与著作权有关权利的财产权益。著作权资产评估对象是指著作权中的财产权益以及与著作权有关权利的财产权益。

3.4 商业秘密资产评估注意事项。

资产评估师参与商业秘密资产评估业务，应当关注商业秘密的保密级别、应用范围等，同时应当考虑权利人对商业秘密采取的保护措施，如保密协议、竞业禁止协议等对商业秘密价值的影响。

3.5 集成电路布图设计资产评估注意事项。

集成电路布图设计，是指集成电路中至少有一个是有源元件的两个以上元件和部分或者全部互连线路的三维配置，或者为制造集成电路而准备的上述三维配置。集成电路布图设计资产评估对象是指集成电路布图设计资产的权益，包括专有权和许可他人使用的权利。

依据

（1）2017 年中国资产评估协会发布施行的《知识产权资产评估指南》（中评协〔2017〕44 号）第十七条、第十九条、第二十条、第二十一条、第二十二条、第二十三条；

（2）2016 年施行的《中华人民共和国资产评估法》第二十条、第二十一条、第二十二条、第二十三条、第二十七条、第二十九条、第三十六条、第四十七条的规定；

（3）2009 年施行的《中华人民共和国企业国有资产法》第五十五条、第五十六条、第七十一条；

（4）2005 年国资委制定施行的《企业国有资产评估管理暂行办法》（国资委令第 12 号令）第十五条、第十七条、第二十二条。

第四节　科技成果转化的技术权益

十六、我国法律法规和政策对科技成果转化的技术权益是怎样规定的？

答案

2015 年修改施行的《中华人民共和国促进科技成果转化法》第四十五条第一款规定：科技成果完成单位未规定、也未与科技人员约定奖励和报酬的方式和数额的，按照下列标准对完成、转化职务科技成果作出重要贡献的人员给予奖励和报酬：（1）将该项职务科技成果转让、许可给他人实施的，从该项科技成果转让净收入或者许可净收入中提取不低于百分之五十的比例；（2）利用该项职务科技成果作价投资的，从该项科技成果形成的股份或者出资比例中提取不低于百分之五十的比例；（3）将该项职务科技成果自行实施或者与他人合作实施的，应当在实施转化成功投产后连续三年至五年，每年从实施该项科技成果的营业利润中提取不低于百分之五的比例。该条第二款规定：国家设立的研究开发机构、高等院校规定或者与科技人员约定奖励和报酬的方式和数额应当符合前款第一项至第三项规定的标准。该条第三款规定：国有企业、事业单位依照本法规定对完成、转化职务科技成果作出重要贡献的人员给予奖励和报酬的支出计入当年本单位工资总额，但不受当年本单位工资总额限制、不纳入本单位工资总额基数。

2016 年，国务院颁布施行《实施〈中华人民共和国促进科技成果转化法〉若干规定》第二条第（六）款规定，国家设立的研究开发机构、高等院校制定转化科技成果收益分配制度时，要按照规定充分听取本单位科技人员的意见，并在本单位公开相关制度。依法对职务科技成果完成人和为成果转化作出重要贡献的其他人员给予奖励时，按照以下规定执行：（1）以技术转让或者许可方式转化职务科技成果的，应当从技术转让或者许可所取得的净收入中提取不低于50%的比例用于奖励；（2）以科技成果作价投资实施转化的，应当从作价投资取得的股份或者出资比例中提取不低于50%的比例用于奖励；（3）在研究开发和科技成果转化中作出主要贡献的人员，获得奖励的份额不低于奖励总额的50%；（4）对科技人员在科技成果转化工作中开展技术开发、技术咨询、技术服务等活动给予的奖励，可按照促进科技成果转化法和本规定执行。

释 义

1. 科技成果技术权益的理解

《中华人民共和国促进科技成果转化法》第四章用六个条款专门规定了技术权益，涉及科技成果的归属、使用、收益、处分以及对科技工作者的奖励和报酬，特别是对科技工作者的奖励和报酬等技术权益作了特别详细的规定。鉴于科技工作者在科技成果的前期创造和后期转化实施中的作用特殊、贡献巨大，因此，本题阐述的科技成果的技术权益主要指科技工作者转化职务科技成果的收益。

2. 明确科技成果技术权益的现实意义

《中华人民共和国宪法》规定，获得报酬权是劳动者依法享有的基本权利。尊重劳动、尊重知识，不仅关系到社会的健康发展，还关系到社会的和谐稳定。为了促进科技成果转化为现实生产力，明确对科技工作者的奖励和报酬至关重要，意义深远，主要体现在以下几个方面。

2.1 有利于促进科技成果转化为现实生产力，加速科学技术进步。

2.2 有利于推动国家经济建设和社会和谐有序、稳健快速发展。

2.3 有利于提高研究开发机构、高等院校、企事业单位的科技工作者的工作热情和工作积极性。

2.4 有利于促进科技成果所有单位和持有单位积极稳妥的开展科技成果转化实施工作。

2.5 有利于保障研究开发机构、高等院校等单位内部的和谐、有序、稳定发展。

依 据

(1) 2016 年国务院颁布施行的《实施〈中华人民共和国促进科技成果转化法〉若干规定》(国发〔2016〕16 号) 第二条第 (六) 款;

(2) 2015 年修改施行的《中华人民共和国促进科技成果转化法》第四十条至第四十五条。

十七、2015 年《中华人民共和国促进科技成果转化法》修正后,有关科技成果转化技术权益作了哪些重要修改?

答 案

《中华人民共和国促进科技成果转化法》第十八条规定:“国家设立的研究开发机构、高等院校对其持有的科技成果,可以自主决定转让、许可或者作价投资,但应当通过协议定价、在技术交易市场挂牌交易、拍卖等方式确定价格。通过协议定价的,应当在本单位公示科技成果名称和拟交易价格。”第四十三条规定:“国家设立的研究开发机构、高等院校转化科技成果所获得的收入全部留归本单位,在对完成、转化职务科技成果做出重要贡献的人员给予奖励和报酬后,主要用于科学技术研究开发与成果转化等相关工作。”

新法赋予了科技成果持有单位对其持有的科技成果享有一定程度上的定价权、使用权、收益权和处置权,这是旧法所没有的。

释 义

1. 新法相比旧法发生的变化

1996 年施行的《中华人民共和国促进科技成果转化法》第十六条第一款规定,“科技成果转化活动中对科技成果进行检测和价值评估,必须遵循公正、客观的原则”;第二款规定,“国家设立的研究开发机构、高等院校和国有企业与中国境外的企业、其他组织或者个人合作进行科技成果转化活动,必须按照国家有关规定对科技成果的价值进行评估”;第三款规定,“涉及国家秘密事项的，依法按照规定的程序事先经过批准”。但是，对科技成果的定价、使用、收益、处置等内容，均没有明确规定，导致科技成果持有人在科技成果转化实施过程中束手束脚，严重影响了科技成果的转化效率。2015 年修改施行的《中华人民共和国促进科技成果转化法》第十八条和第四十三条的规定，系立法的重大创新与突破，一定程度上促进了科技成果的转化效率。

2. 新法施行后的意义

上述两条法律的规定，系 2015 年修法的点睛之笔，给实务操作注入新的活力，意义重大非凡，主要表现在以下几个方面。

2.1 有利于国家设立的研究开发机构、高等院校放开手脚，大胆、充分地对其持有地科技成果进行转化实施。

2.2 大大缩减了科技成果转化过程中的前置程序时间，加快了科技成果转化进程，提高了科技成果转化效率。

2.3 明确了国家设立的研究开发机构、高等院校在科技成果转化活动中的角色定位和权限划分，有利于转化实施主体大胆进行运行模式的创新。

2.4 充分调动了国家设立的研究开发机构、高等院校在科技成果转化活动中的工作积极性和主观能动性。

2.5 为我国科技成果转化制度创新提供了法律和政策依据，有利于国家“双创”战略的顺利推进和实施。

依据

（1）2015 年修改施行的《中华人民共和国促进科技成果转化法》第十八条、第四十条、第四十三条、第四十五条；

（2）1996 年施行的《中华人民共和国促进科技成果转化法》第十六条。

十八、如何界定科技成果完成人和对完成科技成果转化作出贡献的人员，其技术权益分配如何确定？

答案

科技成果的完成人，是指经过形式审查，已完成科技成果备案登记的自然人或单位，自然人包括参与科技成果研发、完成的团队人员和单位的领导人员，其中，领导人员包括单位的正职领导（内设机构除外）和其他岗位担任领导职务的科技人员。国务院部门、单位和各地方所属研究开发机构、高等院校等事业单位（不含内设机构）正职领导，以及上述事业单位所属具有独立法人资格单位的正职领导，是科技成果的主要完成人或者对科技成果转化作出重要贡献的管理工作人员。其他担任领导职务的科技人员，是科技成果的主要完成人或者对科技成果转化作出重要贡献的管理工作人员。

科技成果完成人享有的权利有：获得奖励和报酬权、成果署名权。其中奖励和报酬权包括但不限于股权奖励、股票期权、项目收益分红权、岗位分红权等；科技成果完成单位的领导人员，包括单位的正职领导（内设机构除外）和其他岗位担任领导职务的科技人员，正职领导可以获得现金奖励，原则上不得获得股权/股份奖励；其他担任领导职务的科技人员，是科技成果的主要完成人或对科技成果转化作出重要贡献的，可以获得现金、股权/股份或出资比例等奖励和报酬。

释义

1. 科技成果完成人及其完成单位的领导人员享有的权益

科技成果奖励机制是科技成果评价与管理工作的重要组成部分，也是促进国家科学事业快速稳健长效发展的重要手段。改革开放以后，中国经济体制由计划经济向市场经济转变，原有的科技成果评价和管理模式已与现有的市场经济发展不相适应，严重影响了我国科技事业的快速发展。另外，我国科技成果评价与管理的理念、机制、政策、运行模式均面临着巨大的挑战。提高科技工作者的社会地位，加大科技奖励标准，完善科技成果评价机制、充分调动科技工作者的工作积极性，促进科技成果转化为现实生产力具有重要的实践意义。

2000 年 1 月 1 日起施行的《科技成果登记办法》第六条规定：“科技成果完成人（含单位），可按直属或属地关系向相应的科技成果登记机构办理科技成果登记手续，不得重复登记；两个或两个以上完成人共同完成的科技成果，由第一完成人办理登记手续。”

为确保上述制度的落实执行，2016 年，国务院印发《实施〈中华人民共和国促进科技成果转化法〉若干规定》，其中第二条第（八）款规定："对于担任领导职务的科技人员获得科技成果转化奖励，按照分类管理的原则执行：1. 国务院部门、单位和各地方所属研究开发机构、高等院校等事业单位（不含内设机构）正职领导，以及上述事业单位所属具有独立法人资格单位的正职领导，是科技成果的主要完成人或者对科技成果转化作出重要贡献的，可以按照促进科技成果转化法的规定获得现金奖励，原则上不得获得股权激励。其他担任领导职务的科技人员，是科技成果的主要完成人或者对科技成果转化作出重要贡献的，可以按照促进科技成果转化法的规定获得现金、股份或者出资比例等奖励和报酬。"现金是一次性交易，但股权意味着合作双方形成了长期的捆绑关系，此规定是为了避免权力寻租。第二条第（九）款规定："国家鼓励企业建立健全科技成果转化的激励分配机制，充分利用股权出售、股权奖励、股票期权、项目收益分红、岗位分红等方式激励科技人员开展科技成果转化。国务院财政、科技等行政主管部门要研究制定国有科技型企业股权和分红激励政策，结合深化国有企业改革，对科技人员实施激励。"这里需要注意，领导获得收益分配的，需要履行公开公示制度。

2. 对科技成果完成人及其完成单位的领导人员进行奖励的意义

根据《中华人民共和国科学技术进步法》的规定，科技奖励是我国科技政策、科技制度的重要组成部分，提高科技工作者的社会地位，是党和国家尊重知识、尊重人才的具体体现，具有重要的现实意义。

2.1 有利于完善和创新我国科技成果评价机制和管理制度。

2.2 有利于推动国家科技事业持续健康发展，促进科技资源优化配置、提升科技政策管理水平。

2.3 有利于促进科技工作者进行科学发现、技术研发和成果转化。

2.4 有利于调动科技工作者的工作热情，营造国家"双创"战略的创新氛围。

2.5 有利于引导全社会尊重知识、尊重人才，营造良好的社会氛围。

2.6 有利于提升科技成果的科技含量和市场价值，提高科技实力和综合国力。

依据

（1）2016年国务院颁布施行《中华人民共和国促进科技成果转化法》若干规定的通知（国发〔2016〕16号）第二条第（八）项1、2；

（2）2015年修改施行的《中华人民共和国促进科技成果转化法》第四十四条、第四十五条；

（3）2000年科技部《关于印发〈科技成果登记办法〉的通知》（国科发计字〔2000〕542号）第三条、第六条。

十九、科技成果持有单位给予团队或个人的奖励资金能否作为其设立高新技术企业从事科技成果转化的出资资金？

答案

科技成果持有单位给予团队或个人的奖励资金可以作为其设立高新技术企业从事科技成果转化的出资资金。

释义

科技成果的奖励资金是国家对科技成果完成人以及对科技成果的完成作出重要贡献的领导给予的物质奖励，发放的目的是希望科技工作者再接再厉，为国家作贡献，为自己争荣誉。《中华人民共和国促进科技成果转化法》第四十五条规定了科技成果奖励的不同情形与比例。实践中，一方面，因先前法律法规及政策对该奖励资金如何使用规定不明确，奖励资金多数被单位占有并使用，个人获得甚少；另一方面，团队或个人获得的奖励资金，多数用于获奖者的家庭开支。鉴于此，为充分调动科技工作者的工作积极性，发挥奖励资金资本属性的价值，国家出台多项政策，鼓励研究开发机构、高等院校、技术转移平台、成果孵化平台勇于突破，大胆创新，允许单位与团队或个人，通过协议约定，将奖励资金作为其设立或参与设立第三方科技成果转化主体的出资资金进行科技成果转化。

1999年3月30日，国务院七部委曾联合发布《关于促进科技成果转化的若干规定》，该文件部分内容系计划经济的产物，新政策出台后将其废止，但是其中部分精神、原则、规定被现在的诸多政策所采纳。如其中第二条第

6 款规定，科技人员创办高新技术企业，应当贯彻“自愿组合、自筹资金、自主经营、自负盈亏、自我约束、自我发展”的原则，应当遵守国家的法律法规，遵从与本单位签订的协议。第 8 款规定，允许国有和集体性质的高新技术企业吸收本单位的业务骨干参股，以增强企业的凝聚力；企业实行公司制改造时，允许业务骨干作为公司发起人。第 9 款规定，国有科研机构、高等学校与其投资创办的高新技术企业要实行所有权与经营权分离，合理确定投资回报比例，为企业留足发展资金。要保障企业经营管理人员和研究开发队伍的稳定，在经营决策、用人、分配等方面赋予企业经营者充分自主权。任何单位或个人都不得随意摊派或无偿占用企业的资源；虽然上述规定的有些内容与现行法律法规相冲突，但其中创新内容依然在实践中被广泛采纳和使用。

依 据

（1）2015 年修改施行的《中华人民共和国促进科技成果转化法》第四十五条；

（2）2008 年施行的《中华人民共和国科学技术进步法》第十五条。

二十、如何处理科技成果收益分配冲突？科技成果的收益分配是否应缴纳个人所得税？该收益与其他科技奖励收益是否有冲突？

答 案

国家已通过法律法规和政策对科技成果完成人的收益分配作出明确规定，实践中，若发现存在研究开发机构、高等院校、企事业单位有挪用、截留、不发、克扣、变相剥夺等手段侵犯科技成果完成人的合法利益，权利人可以先通过单位内部协商解决，协商不成可向主管或上级部门或上级领导投诉反映，也可以直接向纪委、监察部门投诉或直接向法院提起诉讼予以解决。

收益分配的个人所得税问题：为促进科技成果转化，国家财政部和国家税务总局、科技部联合发文规定，依法批准设立的非营利性研究开发机构和高等院校根据财政部、国家税务总局、科技部联合发布《关于科技人员取得职务科技成果转化现金奖励有关个人所得税政策的通知》的规定，从职务科技成果转化中给予科技人员的现金奖励，可减按 50% 计入科技人员当月“工资、薪金所得”，依法缴纳个人所得税。营利性的研究开发机构和高等院校、其他企事业单位的科研人员获得的现金奖励按《中华人民共和国个人所得税法》和原税务政策执行。

根据 2018 年 8 月 31 日修改通过的《中华人民共和国个人所得税法》第六条规定，为鼓励创作，稿酬所得在允许扣除 20% 费用基础上，进一步给予减按 70% 计算优惠，两项因素叠加，稿酬收入实际上相当于按 56% 计算纳税。也就是说，100 元的稿酬收入，将按照 56 元来计算纳税，大幅降低了税负。

与其他科技奖励冲突问题：《中华人民共和国科学技术进步法》规定的科技奖励，适用该法律规定，与《中华人民共和国促进科技成果转化法》及相关政策不冲突；2009 年科技部对 1999 年公布的《国家科学技术奖励条例实施细则》进行了第二次修改，奖励实施细则对国家科技奖励的原则、标准、内容、程序、推荐、评审、授奖等各项活动作了明确而细致的规定，上述规定与《中华人民共和国促进科技成果转化法》的奖励不冲突。

释义

2015 年施行的《中华人民共和国促进科技成果转化法》第四十三条至第四十五条，从法律层面对科技成果的收益分配作出了明确的规定；2016 年国务院制定了《实施〈中华人民共和国促进科技成果转化法〉若干规定》，之后国务院办公厅又颁布了《中华人民共和国促进科技成果转移转化行动方案》。三个法律文件从不同层面对科技成果收益分配作出明确规定。另外，关于如何计算科技成果转化的净收入，中科院和科技部共同发布了相关文件，确定了计算成果转化净收入的方法；财政部、科技部和国资委也专门制定了科技型国有企业人员享受科技成果收益分配的法规和实施细则，在科技成果的收益权方面作了相关规定。上述法律法规及政策规定是法定最低标准，为了进一步促进科技成果转化，各地方政府也可以根据地方经济实力，通过制定地方法规、政府规章或政策，作出给予科技成果完成人更高的收益分配规定。

依据

（1）2018 年修改的《中华人民共和国个人所得税法》第六条；

（2）2018 年财政部、国家税务总局、科技部联合发布的《关于科技人员取得职务科技成果转化现金奖励有关个人所得税政策的通知》（财税〔2018〕58 号）第一条至第六条；

（3）2015 年施行的《中华人民共和国促进科技成果转化法》第四十三条至第四十五条；

（4）2009 年科技部发布施行的《关于修改〈国家科学技术奖励条例实施细则〉的决定》（科学技术部令第 13 号）第三条。

第五节　知识产权归属及行使

二十一、合作研发、委托研发情形下专利权的归属与独立完成的发明创造有什么区别？

答案

合作研发、委托研发情形下产生的发明创造，涉及专利法上合作发明、委托发明等概念。其与独立完成的发明创造专利权的归属不同。个人独立完成的发明创造，申请专利的权利属于发明人或者设计人，申请被批准后，发明人或者设计人为专利权人。合作开发完成的发明创造、接受他人委托所完成的发明创造，除另有协议的以外，申请专利的权利属于完成或者共同完成的单位或者个人，申请被批准后，申请的单位或者个人为专利权人。

释义

1. 合作发明

两个以上单位或者个人合作完成的发明创造为合作发明创造，合作完成的发明创造由合作开发的当事人共有。其中，“合作完成”是指合作发明人均对发明创造的完成作出了实质性贡献。从事辅助性工作，比如仅从资金、场地、设备等物质方面给予支持的，不能视为合作完成。

合作完成的发明创造，除当事人另有约定的以外，申请专利的权利属于合作开发的当事人共有。一方转让其专利申请权的，其他各方享有以同等条件优先受让的权利。合作开发的当事人一方声明放弃其共有的专利申请权的，可以由另一方单独申请或者由其他各方共同申请。申请人取得专利权的，放弃专利申请权的一方可以免费实施该专利。合作开发的当事人一方不同意申请专利的，另一方或者其他各方不得申请专利。专利申请权或者专利权的共有人对权利的行使有约定的，从其约定。没有约定的，共有人可以单独实施或者以普通许可方式许可他人实施该专利；许可他人实施该专利的，收取的使用费应当在共有人之间分配。除前款规定的情形外，行使共有的专利申请权或者专利权应当取得全体共有人的同意。

2. 委托发明

委托发明创造是指一个单位或者个人接受其他单位或者个人的委托所完成的发明创造。委托开发完成的发明创造，除当事人另有约定的以外，申请专利的权利属于研究开发人。研究开发人取得专利权的，委托人可以免费实施该专利。研究开发人转让专利申请权的，委托人享有以同等条件优先受让的权利。

依据

（1）2010 年修订的《中华人民共和国专利法实施细则》（国务院令第 569 号）第十二条、第七十六条、第七十七条、第七十八条；

（2）2008 年修改的《中华人民共和国专利法》第六条、第八条、第十五、第十六条、第十七条；

（3）1999 年发布的《中华人民共和国合同法》第三百三十九条、第三百四十条。

二十二、发明需要满足哪些条件才能通过发明专利申请的实质性审查？

答案

发明需要满足新颖性、创造性和实用性等实质性条件，才能通过发明专利利申请的实质性审查，而被授予专利权。

释义

1. 新颖性

新颖性，是指该发明不属于现有技术，也不存在抵触申请。

1.1 不属于现有技术。现有技术是指在专利申请日之前在国内外为公众所知的技术。如果一项拟申请专利的发明与现有技术相同，则该申请属于现有技术，不具备新颖性。在“现有技术”的判断上，采取世界标准，即不论是在出版物上发表公开，还是通过生产、制造、使用等使用公开；不论是在国内公开，还是在国外公开，只要某一项技术脱离了保密状态，社会公众有获得该技术的可能，该技术就构成现有技术。

1.2 不存在抵触申请。抵触申请是指在后申请的申请日之前，已有他人就同样的发明向国家知识产权局提出了申请，并记载在该在后申请的申请日以后公布的专利申请文件中。该在先申请构成在后申请的抵触申请。在后申请的申请日之前，在先申请并未公布，不属于现有技术，在后申请与其申请日的现有技术相比具有新颖性。但是，一项发明创造只能授予一项专利权，为了避免重复授权，专利法特别规定了存在抵触申请的情况下，在后申请丧失新颖性。

1.3 丧失新颖性的例外。虽然技术一旦公开就构成现有技术，不再具有新颖性，但法律也规定了一些例外的情形。比如申请专利的发明创造在申请日以前6个月内，在中国政府主办或者承认的国际展览会上首次展出的，在规定的学术会议或者技术会议上首次发表的，他人未经申请人同意泄露其内容的，不丧失新颖性。

2. 创造性

创造性，是指发明与现有技术相比具有突出的实质性特点和显著的进步。突出的实质性特点是指发明与现有技术相比具有非显而易见性。一个掌握了本领域所有普通技术的从业人员，不能通过逻辑分析或者有限的、常规的实验得到该技术。显著的进步是指与最接近的现有技术相比，发明能产生有益的技术效果，比如提高效率、改善质量等。

3. 实用性

实用性，是指发明能够制造或者使用，并且能够产生积极效果。一项发明如果不能通过工业生产稳定地被制造出来，或者虽然能被制造出来，但是不能被投入实际应用并解决实际问题，则不具备实用性。

依据

2008 年修改的《中华人民共和国专利法》第二十二条、第二十四条。

二十三、实用新型因不进行实质性审查，其专利权在实践中有何特殊性？

答案

由于实用新型专利不进行实质性审查，授权相对较快，实用新型专利权的稳定性较差。实践中，当实用新型专利涉及侵权纠纷时，权利人或者利害关系人可以向国家知识产权局申请针对该实用新型专利的专利权评价报告，评估已经授权的实用新型专利的稳定性。

释义

1. 实用新型的初审公告制

实用新型专利和发明专利最大的区别在于审查制度的不同。发明专利的授权必须经过实质审查，而实用新型只需要经过初步审查。

初步审查主要审查申请文件是否满足形式上的要求，比如申请文件是否齐全，内容的填写是否符合格式要求，申请是否在法定的期限内提出等；审查是否具有明显的实质性缺陷，比如申请的主题是否违反法律规定或者属于不能授予专利权的客体，是否明显不具备新颖性等；审查其他方面是否符合要求，比如委托手续是否有效，是否缴纳了相关费用等。

2. 实用新型的专利权评价报告

《中华人民共和国专利法》第六十一条第（二）款规定，专利侵权纠纷涉及实用新型专利或者外观设计专利的，人民法院或者管理专利工作的部门可以要求专利权人或者利害关系人出具由国务院专利行政部门对相关实用新型或者外观设计进行检索、分析和评价后作出的专利权评价报告，作为审理、处理专利侵权纠纷的证据。

专利权评价报告实质上是在侵权纠纷发生后，国家知识产权局应利害关系人的申请对涉案实用新型专利权进行的实质性审查。但是，专利评价报告不同于专利复审委员会作出的无效决定，专利评价报告的结论并不能确定专利权的效力，专利权的效力只能通过专利无效程序来认定。无论专利权评价报告的结论为有专利性或者无专利性，在没有通过专利无效程序予以认定的情况下，涉案专利权仍合法有效。

专利评价报告的主要作用是在法院审理或者行政机关处理专利侵权纠纷中作为证据，供法院或者行政机关判断涉案专利权的稳定性，以便是否根据被控侵权人提出的专利无效宣告申请而中止相关程序。如果评价报告的结论是涉案专利权不符合法定的授予条件，同时被控侵权人又在答辩期内提出了宣告该专利无效的请求，则该专利权极有可能会被专利复审委员会宣告无效。此时法院或者专利行政管理部门应当中止诉讼或者对侵权纠纷的处理，等待专利无效宣告程序的结果。如果该专利权被最终宣告无效，那么侵权指控自然不成立。但如果评价报告的结论是未发现不符合法定授权条件的情形，该专利被宣告无效的可能性较小，法院或者专利行政管理部门可以不中止诉讼或者对侵权纠纷的处理。①

依 据

2008 年修改的《中华人民共和国专利法》第六十条、第六十一条第（二）款。

二十四、已经获得授权的专利权的行使会受到哪些方面的限制？

答 案

为了兼顾专利权人和社会公众的利益，专利法对已经获得授权的专利权进行了一定的限制。我国专利法对专利权的限制主要包含不视为侵犯专利权

① 王迁．知识产权法教程［M］．第五版．北京：中国人民大学出版社，2016：317．

的行为和强制许可制度。

释 义

1. 不视为侵犯专利权的行为

1.1 专利权用尽后的实施行为。指专利产品或者依照专利方法直接获得的产品，合法投入市场后，他人使用、许诺销售、销售、进口该产品不构成侵权。

1.2 在先使用行为。如果两个以上的单位或者个人各自独立完成了同样的发明创造，申请了专利的单位或者个人，无权禁止另一方在原有范围内继续制造、使用该专利。

1.3 临时过境外国运输工具对专利的使用行为。临时过境的外国运输工具，为运输工具自身需要而在其装置和设备中使用有关专利的不构成侵权。

1.4 专为科学研究和实验的目的使用专利的行为。这里的“使用”仅指将专利产品或者方法作为科学研究和实验对象进行使用，比如测试性能、研究改进等。

1.5 为提供行政审批所需要的信息，制造、使用、进口专利药品或者专利医疗器械的行为，以及专门为其制造、进口专利药品或者专利医疗器械的行为。

2. 专利权的强制许可

为了防止专利权人滥用专利权，妨碍技术进步和损害公共利益。专利法规定了可以不经专利权人许可，由国家行政主管部门经过审查后直接批准第三人实施有关专利的强制许可。

2.1 防止滥用的强制许可。包含两种情况：一种是专利权人自专利权被授予之日起满三年，且自提出专利申请之日起满四年，无正当理由未实施或者未充分实施其专利的；另一种是专利权人行使专利权的行为被依法认定为垄断行为，为消除或者减少该行为对竞争产生的不利影响的。

2.2 为了公共利益的强制许可。在国家出现紧急状态或者非常情况时，或者为了公共利益的目的，国务院专利行政部门可以给予实施发明专利或者实用新型专利的强制许可。

2.3 制造并出口专利药品的强制许可。为了公共健康目的，对取得专利权的药品，国务院专利行政部门可以给予制造并将其出口到符合中华人民共和国参加的有关国际条约规定的国家或者地区的强制许可。

2.4 实施从属专利需要的强制许可。一项取得专利权的发明或者实用新型比之前已经取得专利权的发明或者实用新型具有显著经济意义的重大技术进步，其实施又有赖于前一发明或者实用新型的实施的，国务院专利行政部门根据后一专利权人的申请，可以给予实施前一发明或者实用新型的强制许可。在给予实施强制许可的情形下，国务院专利行政部门根据前一专利权人的申请，也可以给予实施后一发明或者实用新型的强制许可。

此外，如果某一专利加入了国家标准，则该专利成为标准必要专利，其专利权的行使也会受到一定的限制：一是要及时披露其拥有或者实际控制的专利；二是要承诺在公平、合理和无歧视的基础上，免费许可或者收费许可任何组织或者个人在实施该国家标准时实施其专利。

依据

（1）2013 年发布的《国家标准涉及专利的管理规定（暂行）》（〔2013〕1 号国家标准化管理委员会、国家知识产权局公告）；

（2）2008 年修改的《中华人民共和国专利法》第四十八条至第五十八条。

二十五、专利权人（包括职务发明创造的发明人）享有哪些具体的权利？权利人如何行使这些权利？

答案

一方面，专利权人可以积极主动地实施其专利权，比如制造、使用、销售、进口等；另一方面，对于他人未经专利权人许可的制造、使用、销售等行为，专利权人有权予以禁止。

释义

1. 专利权人享有的权利

1.1 制造权。指专利权人通过生产来制造专利产品的权利。未经权利人许可，为生产经营的目的制造他人享有专利权的产品即构成侵权。

1.2 使用权。指专利权人使用专利产品的权利。未经专利权人许可，为生产经营的目的使用专利产品即构成侵权。

1.3 销售权。指专利权人销售专利产品的权利。未经专利权人许可，以生产经营的目的销售专利产品即构成侵权。

1.4 许诺销售权。指专利权人有为销售专利产品进行广告宣传或者产品展示的权利。比如在商店橱窗陈列、在展销会上展出等。

1.5 进口权。即专利权人有进口专利产品的权利。他人未经许可，为生产经营的目的，将专利产品进口到国内的行为即构成侵权。

2. 不同类型专利的权利内容

专利根据最终的表现形态可以分为产品专利（最终表现形态为实物的专利，如手机、电器、药品等）和方法专利（最终表现形态为某种程序或者步骤的专利，如新药品的制造方法、新产品的制备方法等）。发明专利可以是产品专利和方法专利，实用新型专利和外观设计专利只能是产品专利。产品专利和方法专利的权利内容有所不同。

2.1 发明和使用新型专利权中产品专利的专利权人享有五项权利，即制造权、使用权、销售权、许诺销售权和进口权。

2.2 发明专利中方法专利权人享有使用权，他人未经许可，为生产经营的目的使用其专利方法即构成侵权。此外，专利法对方法专利的保护延伸至直接依照该专利方法获得的产品。方法专利权人对其专利产品享有使用权、销售权、许诺销售权和进口权。他人未经许可以生产经营的目的，使用、销售、许诺销售、进口利用该方法直接生产的产品即构成侵权。

2.3 外观设计专利权人享有四项权利，即制造权、销售权、许诺销售权和进口权。外观设计专利不包含使用权，使用他人享有专利权的外观设计产品不构成侵权。原因在于外观设计不是技术方案，对外观设计不能像对发明、实用新型产品那样进行“功能性使用”。因此专利法并未赋予外观设计专利权人以使用权。①

---

① 王迁．知识产权法教程［M］．第五版．北京：中国人民大学出版社，2016：343.

3. 职务发明创造发明人享有的权利

由于职务发明创造的专利权人是单位，发明人或者设计人作为职务发明创造专利权的完成人享有两项权利：一项是在专利文件中署名的权利，即表明自己身份的权利，另一项是获得奖励和报酬的权利。关于奖励和报酬的数额，首先，单位可以与发明人、设计人约定或者在其依法制定的规章制度中约定奖励、报酬的方式和数额。其次，对于双方没有约定的，法律规定了单位应当给予发明人或者设计人的最低金额。例如，《中华人民共和国专利法实施细则》第七十七条规定，一项发明专利的奖金最低不少于3000元，一项实用新型或者外观设计专利的奖金最低不少于1000元。

依 据

（1）2010年修订的《中华人民共和国专利法实施细则》（国务院令第569号）第七十六条、第七十七条、第七十八条；

（2）2008年修改的《中华人民共和国专利法》第十一条。

二十六、如何对软件著作权进行登记，计算机软件著作权人享有哪些权利，对权利的行使有哪些限制？

答 案

计算机软件属于作品，自软件开发完成之日，不需要履行任何形式的手续，著作权人即可自动取得发表权、复制权、发行权、出租权等权利。但是为了明确著作权归属，避免发生不必要的纠纷，计算机软件创作完成后，著作权人可以到中国版权保护中心进行版权登记。软件合法售出后，软件复制品的所有人有权将软件装入计算机、有权对其进行必要的修改等。任何人也可以不经软件著作权人许可，不向其支付报酬，学习和研究软件内含的设计思想和原理等。

释 义

1. 软件著作权登记

《计算机软件保护条例》第七条规定，软件著作权人可以向国务院著作权行政管理部门认定的软件登记机构办理登记。

1.1 登记机构。《计算机软件著作权登记办法》第六条规定，中国版权保护中心为国家版权局认定的软件登记机构。

1.2 登记流程。根据中国版权保护中心公布的计算机软件登记办理指南，软件著作权登记的办理流程为：填写申请表→提交申请文件→登记机构受理申请→审查→取得登记证书。①

1.2.1 填写申请表。在中国版权保护中心网站（http：//www. ccopyright. com. cn）上，首先进行用户注册及登录，在线填写申请表后，确认、提交并在线打印。

1.2.2 提交申请文件。申请人或代理人按照要求提交纸质登记申请文件。

1.2.3 登记机构受理申请。申请文件符合受理要求的，登记机构在规定的期限内予以受理，并向申请人或代理人发出受理通知书；不符合受理要求的，发放补正通知书。

1.2.4 审查。经审查符合《计算机软件保护条例》和《计算机软件著作权登记办法》规定的，予以登记；不符合规定的，发放补正通知书。

1.2.5 获得登记证书。申请受理之日起30个工作日后，申请人或代理人可登录网站，查阅软件著作权登记公告。北京地区的申请人或代理人在查阅到所申请软件的登记公告后，可持受理通知书原件在该软件登记公告发布3个工作日后，到登记大厅领取证书。申请人或代理人的联系地址是外地的，中国版权保护中心将按照申请表中所填写的地址邮寄证书。

2. 软件著作权的权利内容

2.1 发表权，即决定软件是否公之于众的权利。

2.2 署名权，即表明开发者身份，在软件上署名的权利。

2.3 修改权，即对软件进行增补、删节，或者改变指令、语句顺序的权利。

2.4 复制权，即将软件制作一份或者多份的权利。

---

① 中国版权保护中心软件登记指南，http：//www. ccopyright. com. cn/index. php? optionid = 1079，2018年6月21日访问。

2.5 发行权，即以出售或者赠与方式向公众提供软件的原件或者复制件的权利。

2.6 出租权，即有偿许可他人临时使用软件的权利，但是软件不是出租的主要标的除外。

2.7 信息网络传播权，即以有线或者无线方式向公众提供软件，使公众可以在其个人选定的时间和地点获得软件的权利。

2.8 翻译权，即将原软件从一种自然语言文字转换成另一种自然语言文字的权利。

2.9 应当由软件著作权人享有的其他权利。

软件著作权人可以许可他人行使其软件著作权，并有权获得报酬。

软件著作权人可以全部或者部分转让其软件著作权，并有权获得报酬。

3. 对软件著作权的限制

他人享有的权利，即对软件著作权的限制。软件的合法复制品所有人享有下列权利。

3.1 根据使用的需要把该软件装入计算机等具有信息处理能力的装置内。

3.2 为了防止复制品损坏而制作备份复制品。这些备份复制品不得通过任何方式提供给他人使用，并在所有人丧失该合法复制品的所有权时，负责将备份复制品销毁。

3.3 为了把该软件用于实际的计算机应用环境或者改进其功能、性能而进行必要的修改。但是，除合同另有约定外，未经该软件著作权人许可，不得向任何第三方提供修改后的软件。

3.4 为了学习和研究软件内含的设计思想和原理，通过安装、显示、传输或者存储软件等方式使用软件的，可以不经软件著作权人许可，不向其支付报酬。

依据

2013 年国务院发布的《计算机软件保护条例》（国务院令第 632 号）第六条、第七条、第八条、第十六条、第十七条。

二十七、签订计算机软件著作权转让合同有哪些需要注意的问题？

答案

签订计算机软件著作权转让合同时应当明确软件名称和版本号、转让的权利种类、转让费及支付方式、违约责任和保密义务等内容。

释义

计算机软件著作权转让是指著作权人在软件有效期内，将全部或者部分软件著作权出让给他人的民事法律行为。

1. 计算机软件转让合同的主要条款

1.1 软件名称和版本号。计算机软件的版本更迭较快，不同的版本之间在功能上往往会存在差异。为了清楚地表明转让的是哪个版本的软件，必须在转让合同中清楚地写明软件的名称和版本号。

1.2 转让的权利种类。软件著作权包含发表权、署名权、修改权等多项权利。转让的权利种类，必须在合同中进行明确的约定。

1.3 转让费及支付方式。作为软件转让合同中最重要的条款之一，转让费和支付方式，需进行明确约定。

1.4 违约责任。为了督促合同的履行，保护无过错方的合法利益，合同中可以包含违约责任条款。

1.5 保密义务。无论是在前期的磋商、谈判，还是中期的合同签订，或者后期的软件使用过程中，转让人和受让人需负的保密义务均要在合同中进行约定。

2. 注意事项

2.1 是否必须签订书面转让合同。《中华人民共和国著作权法》和《计算机软件保护条例》均规定，转让软件著作权的，当事人应当订立书面合同。但实践中也存在转让软件著作权不签订书面合同的情形。《最高人民法院关于审理著作权民事纠纷案件适用法律若干问题的解释》第二十二条规定，著作权转让合同未采取书面形式的，人民法院依据合同法的规定，审查合同是否成立。《中华人民共和国合同法》第三十六条规定，法律、行政法规规定或者当事人约定采用书面形式订立合同，当事人未采用书面形式但一方已经履行主要义务，对方接受的，该合同成立。因此，对于未签订书面合同的软件转让行为，一方已经履行了主要义务，对方接受的，该转让行为有效。

2.2 是否必须履行登记手续。《计算机软件保护条例》第二十一条规定，订立转让软件著作权合同，可以向国务院著作权行政管理部门认定的软件登记机构登记。需要注意的是，软件著作权转让合同登记遵循自愿原则，软件转让合同是否登记并不影响转让合同的效力。

2.3 向外国人转让软件著作权的。《计算机软件保护条例》第二十二条规定，中国公民、法人或者其他组织向外国人许可或者转让软件著作权的，应当遵守《中华人民共和国技术进出口管理条例》的有关规定。对于属于禁止出口的技术，不得出口。属于限制出口的技术，实行许可证管理，未经国务院外经贸主管部门许可的，不得出口。

依 据

（1）2013 年国务院发布的《计算机软件保护条例》（国务院令第 632 号）第八条第（三）款、第二十条、第二十一条、第二十二条；

（2）2010 年修订的《中华人民共和国著作权法》第二十五条；

（3）2002 年最高人民法院发布的《最高人民法院关于审理著作权民事纠纷案件适用法律若干问题的解释》（法释〔2002〕31 号）第二十二条；

（4）1999 年发布的《中华人民共和国合同法》第三十六条、第三十七条。

二十八、不同类型作品的著作权如何归属？

答 案

作品有多种类型，不同类型作品的著作权归属不同。创作作品的作者通常情况下取得原始著作权，但也存在一些例外情形，比如职务作品、合作作品、委托作品、法人作品等，《著作权法》规定了这些特殊作品的著作权归属。

释 义

1. 职务作品

职务作品，指公民为完成法人或者其他组织工作任务所创作的作品。

《著作权法》第十六条第（一）款规定了一般职务作品，第（二）款规定了特殊职务作品。一般职务作品的著作权属于创作作品的作者（员工），单位只享有作品完成两年之内的优先使用权。作品完成两年内，未经单位同意，作者不得许可第三人以与单位使用的相同方式使用该作品。对于特殊职务作品，作者（员工）仅享有署名权，其他著作权均由单位享有。

2. 合作作品

合作作品，指两人以上共同创作的作品。每一位作者均是合作作品的著作权人，合作作品的著作权由合作作者共同享有及行使，这是合作作品权利归属和行使的一般规则。对于可以分割使用的合作作品，作者对各自创作的部分单独享有著作权，可以单独使用。对于不可分割使用的作品，其著作权由各合作作者共同享有，通过协商一致行使；不能协商一致，又无正当理由的，任何一方不得阻止他方行使除转让以外的其他权利，但是所得收益应当合理分配给所有合作作者。

3. 委托作品

委托作品，指受托人根据委托人的委托而创作的作品。如果双方对委托作品的著作权归属作出了明确的约定，则依双方的约定确定著作权人。双方没有约定或者约定不明的，著作权属于作品的完成人即受托人。如果委托作品的著作权属于受托人，委托人在约定的使用范围内享有使用作品的权利。

4. 法人作品

法人作品，是由法人或者其他组织主持，代表法人或者其他组织意志创作，并由法人或者其他组织承担责任的作品。法人或者其他组织不是实际完成作品的人，但法律将其拟制为作者，在法律地位上与作者一样。法人作品的全部著作权由法人享有，实际完成作品的自然人不享有包括署名权在内的任何著作权。

5. 演绎作品

演绎作品，是在原作品基础上再创作形成的作品，比如改编、翻译等。演绎作品的著作权由进行了创造性演绎的改编人、翻译人等享有。演绎作品著作权人在行使著作权时不得侵犯原作品著作权人的权利。

6. 汇编作品

汇编作品，是指汇编若干作品、作品的片段或者不构成作品的资料或者其他材料，对汇编材料的选择和编排具有独创性的作品。汇编作品的著作权由汇编人享有。如果汇编人将他人享有著作权的作品或者作品片段进行了汇编，需要取得原汇编作品著作权人的许可。

7. 电影作品和类似摄制电影的方法创作的作品

电影作品和类似摄制电影的方法创作的作品，具有演绎作品和合作作品的双重特点，其著作权由制片者享有，但编剧、导演、摄影、作词、作曲等作者享有署名权，并有权按照与制片者签订的合同获得报酬。作品中的剧本、音乐等可以单独使用的作品，作者有权单独行使其著作权。

依据

（1）2013 年修订的《中华人民共和国著作权法实施条例》（国务院令第 633 号）第九条、第十二条；

（2）2010 年修订的《中华人民共和国著作权法》第十一条、第十三条、第十五条、第十六条、第十七条。

二十九、什么是商业秘密？如何判断一项信息是否构成商业秘密？

答案

商业秘密，是指不为公众所知悉、具有商业价值并经权利人采取相应保密措施的技术信息和经营信息。商业秘密具有秘密性、独特性、实用性和价值性。

释义

我国《反不正当竞争法》第九条第（三）款将商业秘密规定为，不为公众所知悉、具有商业价值并经权利人采取相应保密措施的技术信息和经营信息。其中技术信息是指应用于工业目的，没有得到专利权保护，仅为有限的人所掌握的技术和知识。其侧重于工业应用上凭经验或技能产生的技术和知识，如化学配方、工艺流程、工程设计等。而经营信息是指能够为经营者带来经济利益或竞争优势的用于经营活动的各类信息，如客户名单、采购信息、销售策略等咨讯和情报。

判断一项信息是否构成商业秘密，应当从以下几个方面进行考量。

1. 是否具有秘密性

判断一项信息是否构成商业秘密，首先看该信息是否具有秘密性。秘密性包含两层含义：一是不为公众所知悉。商业秘密一旦公开，其所有人不仅会丧失竞争优势，也会失去寻求法律保护的依据。二是权利人必须在主观上有采取保密措施的意图，并且现实中也采取了保密措施。

2. 是否具有独特性

独特性是指商业秘密必须具有一定程度的创造性。一般公众不需要特别努力即可获得的信息，或者行业内的普通从业者公知的技术信息等，由于不具有创造性即使被人采取了保密措施，也不会构成商业秘密。

3. 是否具有实用性和价值性

商业秘密的实用性是指该秘密现在或者将来可以运用到实际的生产经营中、为权利人带来利益、具有一定确定性。仅仅是抽象的、尚未或者将来也很难转化为可实施方案的理论，即使权利人采取了保密措施，也不能视为商业秘密。实用的商业秘密还具有价值性，即能为权利人带来现实的或者潜在的经济利益和竞争优势。

依 据

（1）2017 年修订的《中华人民共和国反不正当竞争法》第九条；

（2）2007 年最高人民法院发布的《最高人民法院关于审理不正当竞争民事案件应用法律若干问题的解释》（法释〔2007〕2 号）第九条、第十条、第十一条。

三十、针对中央企业的商业秘密，有哪些特别规定？

答 案

《中央企业商业秘密保护暂行规定》第三条规定，中央企业经营信息和技术信息中属于国家秘密范围的，必须依法按照国家秘密进行保护。对于中央企业中涉及国家安全和利益的商业秘密，如果关系到了国家的安全和利益，则不能再按照商业秘密进行管理和使用，必须从维护国家安全和利益出发，将其上升到国家秘密予以保护。

释义

1. 国家秘密的定义

国家秘密是关系国家安全和利益，依照法定程序确定，在一定时间内只限一定范围的人员知悉的事项。国家事务重大决策、国民经济和社会发展或者科学技术等活动中，涉及国家安全和利益的事项，泄露后可能损害国家在政治、经济、国防、外交等领域的安全和利益的，应当确定为国家秘密。

2. 国家秘密的定密

商业秘密是企业在生产经营活动中产生的秘密信息，企业对秘密信息的掌握和了解比国家秘密行政管理部门更为清晰和全面，因此中央企业对符合国家秘密条件的商业秘密应主动进行申报。《中华人民共和国保守国家秘密法》第十四条规定，机关、单位对所产生的国家秘密事项，应当按照国家秘密及其密级的具体范围的规定确定密级，同时确定保密期限和知悉范围。《中央企业商业秘密保护暂行规定》第十一条规定，因国家秘密范围调整，中央企业商业秘密需要变更为国家秘密的，必须依法定程序将其确定为国家秘密。

3. 国家秘密的密级和保护期限

国家秘密的密级分为绝密、机密、秘密三级。国家秘密的保密期限，除另有规定外，绝密级不超过三十年，机密级不超过二十年，秘密级不超过十年。

4. 国家秘密的解密

《中华人民共和国保守国家秘密法》第十九条规定，国家秘密的保密期限已满的，自行解密。机关、单位应当定期审核所确定的国家秘密。对在保密期限内因保密事项范围调整不再作为国家秘密事项，或者公开后不会损害国家安全和利益，不需要继续保密的，应当及时解密；对需要延长保密期限的，应当在原保密期限届满前重新确定保密期限。提前解密或者延长保密期限的，由原定密机关、单位决定，也可以由其上级机关决定。

需要注意的是，国家秘密和商业秘密可以在一定条件下相互转化。比如，如果企业研制的某项技术秘密具有极大的先进性，对国民经济有重大影响，或者与国家安全有重要关系，就应当按照法定的程序确定为国家秘密，权利人不能再按照商业秘密予以利用。相反，随着科技的进步，该项技术可能对国家的安全和利益的影响随之减弱，这种情况下该项技术可以予以解密。但如果该项技术仍具有市场价值，相关企业可以将其作为商业秘密继续予以保护和利用。

依 据

（1）2014 年国务院发布的《中华人民共和国保守国家秘密法实施条例》（国务院令第 646 号）第三十二条、第四十一条；

（2）2014 年国家保密局发布的《国家秘密定密管理暂行规定》（国家保密局令〔2014〕1 号）第二十条；

（3）2010 年实施的《中华人民共和国保守国家秘密法》第二条、第五条、第九条、第十条、第十四条、第十五条、第十九条、第二十条；

（4）2010 年国务院国有资产监督管理委员会发布的《中央企业商业秘密保护暂行规定》（国资发〔2010〕41 号）第三条、第十一条。

三十一、集成电路布图设计哪些权利在我国受到保护？

答 案

在我国，集成电路布图设计权利人享有的复制权和商业利用权受到保护。他人未经许可，又缺乏法定免责事由的情况下，不能对他人的布图设计进行复制和商业利用。

释 义

1. 集成电路布图设计的定义

《集成电路布图设计保护条例》第二条第（二）项规定，集体电路布图设计是指，集成电路中至少有一个是有源元件的两个以上元件和部分或者全部互连线路的三维配置，或者为制造集成电路而准备的上述三维配置。

2. 集成电路布图设计权的取得与保护期限

集成电路布图设计权的取得，采取了登记主义。即布图设计权不能自动取得，申请人需要向国家知识产权局提出登记申请，经过审查登记后才能取得布图设计的专有权。

布图设计专有权的保护期为十年，从其登记申请之日或者首次投入商业利用之日起算，并以较前的日期为准。《集成电路布图设计保护条例》也规定了布图设计保护的最长期限，即布图设计从创作完成之日起十五年后，不论其是否投入商业利用都不能享有法律的保护。

3. 集成电路布图设计权的内容

3.1 复制权。即集成电路布图设计权利人有权复制其受保护的布图设计或者含有该布图设计的集成电路。《集成电路布图设计保护条例》第二条第（四）项规定，复制是指重复制作布图设计或者含有该布图设计的集成电路的行为。

3.2 商业利用权。即布图设计权人享有的将受保护布图设计以及含有该受保护的布图设计的集成电路或含此种集成电路的产品进行商业利用的权利。《集成电路布图设计保护条例》第二条第（五）项规定，商业利用是指为商业目的进口、销售或者以其他方式提供受保护的布图设计，含有该布图设计的集成电路或者含有该集成电路的物品的行为。

4. 对集成电路布图设计权的限制

为了平衡布图设计权人和社会公众的利益，和专利权及著作权一样，布图设计权利的行使也受到一定的限制，主要体现在以下三种制度。

4.1 合理使用。这与著作权法中的合理使用相类似，指他人在合理的范围内可以不经布图设计权利人许可也无须支付费用而使用布图设计的情形，主要包括：为个人目的或者单纯为评价、分析、研究、教学等目的而复制受保护的布图设计的；在依据前项评价、分析受保护的布图设计的基础上，创作出具有独创性的布图设计的；对自己独立创作的与他人相同的布图设计进行复制或者将其投入商业利用的。

4.2 权利用尽。布图设计权人或经其授权的人将受保护的布图设计或含有该布图设计的集成电路产品投入市场后，他人对该设计或者产品的使用或者销售不构成侵权。权利用尽原则的立法目的是防止权利人对权利的滥用，阻碍商品的正常流通。但需要注意的是，布图设计专有权权利用尽针对的仅是商业利用权，不包括复制权。他人如果未经布图设计权利人许可，复制了布图设计或制造了含有布图设计的集成电路仍构成侵权。

4.3 非自愿许可。在国家出现紧急状态或者非常情况时，或者为了公共利益的目的，或者经人民法院、不正当竞争行为监督检查部门依法认定布图设计权利人有不正当竞争行为而需要给予补救时，可以不经布图设计人的同意，由专利行政部门直接给予第三人布图设计使用权的行政许可。取得非自愿许可的第三人应向布图设计权利人支付合理的报酬，其数额由双方协商，双方不能达成协议的，由国务院知识产权行政部门裁决。布图设计权利人对非自愿许可决定或者报酬裁决不服的，可以自收到通知之日起向人民法院起诉。

依据

2001年国务院发布的《集成电路布图设计保护条例》（国务院令第300号）。

第二章　科技工作者的权利、责任与义务

第一节　劳动权益保障

一、高校、科研院所等事业单位选派专业技术人员到企业挂职或者参与项目合作，应当遵守哪些政策规定?

答案

高校、科研院所等事业单位选派专业技术人员到企业挂职或者参与项目合作，应当遵守以下政策规定。

（1）高校、科研机构等事业单位应当按照创新创业要求和与本单位业务领域相近企业的需求，与企业合作建立科技创新及转化平台和机制，积极选派和鼓励符合条件的专业技术人员到企业挂职或者参与项目合作。

（2）事业单位应当根据实际情况，与专业技术人员变更聘用合同；事业单位、专业技术人员、企业应按国家和本地区的有关规定，签订三方协议，协议应该对岗位职责、考核、工资待遇、专业技术人员服务形成的新技术、新材料、新品种的归属，以及成果转让、开发收益等知识产权保护事项进行明确的约定。

（3）事业单位专业技术人员到企业挂职或者参与项目合作期间，与原单位在岗人员同等享有参加职称评审、项目申报、岗位竞聘、培训、考核、奖励等方面权利。其在挂职或项目合作期间所取得的业绩，可作为其职称评审、岗位聘用、考核奖励等重要参考依据。

（4）挂职或参与项目合作期满，专业技术人员应按期返回人事关系所在

单位工作，事业单位按照有关规定，对业绩突出的人员在岗位聘用时予以倾斜。期满所从事工作确未结束的，事业单位、专业技术人员、企业三方协商一致的，可以续签协议。

（5）专业技术人员与企业协商一致，自愿流动到企业工作的，事业单位应当及时与其解除聘用合同并办理相关手续。

释义

国家支持和鼓励事业单位选派符合条件的专业技术人员到企业挂职或者参与项目合作，是强化科技同经济对接、创新成果同产业对接、创新项目同现实生产力对接的重要举措，有助于实现企业、高校、科研院所协同创新，强化对企业技术创新的源头支持。

依据

（1）2017 年发布的《人力资源社会保障部关于支持和鼓励事业单位专业技术人员创新创业的指导意见》（人社部规〔2017〕4 号）第一条。该指导意见发文日期：2017 年 3 月 10 日，生效日期：2017 年 3 月 10 日。

（2）2017 年发布的《北京市人力资源和社会保障局关于支持和鼓励高校、科研机构等事业单位专业技术人员创新创业的实施意见》（京人社专技发〔2017〕117 号）第二条。该实施意见发文日期：2017 年 5 月 31 日，生效日期：2017 年 5 月 31 日。

二、高校、科研院所等事业单位科技工作者兼职创新或者在职创办企业，应当遵守哪些政策规定?

答案

高校、科研院所等事业单位科技工作者兼职创新或者在职创办企业，应当遵守以下政策规定。

（1）支持和鼓励事业单位专业技术人员到与本单位业务领域相近企业、高校、科研机构、社会组织等兼职创新，或者利用与本人从事专业相关的创业项目在职创办企业。

（2）事业单位专业技术人员兼职创新或者在职创办企业，应在确保履行本单位岗位职责、完成本职工作的前提下组织实施。

（3）事业单位专业技术人员申请兼职创新或者在职创办企业的，应当由本人书面提出申请，经事业单位同意后，事业单位应当将专业技术人员兼职创新和在职创办企业意向情况在单位内部公示，无异议或有异议经调查核实不影响兼职创新或在职创办企业的，事业单位报主管部门（举办单位）批准后，办理兼职创新或在职创办企业手续。

（4）经批准兼职创新的，事业单位应当与专业技术人员、兼职单位签订三方协议，依法依规对兼职的期限、工作内容、工作时间安排、绩效考核、兼职收入、福利、社会保险、保密义务、知识产权归属等事项作出明确约定。

（5）经批准在职创办企业的，创业项目涉及事业单位知识产权、技术秘密、科研成果的，事业单位、专业技术人员及相关企业应当签订协议，依法依规明确权益分配等内容。

（6）兼职或者创办企业期间取得的业绩，可作为其职称评审、岗位聘用、考核奖励等重要参考依据。

（7）事业单位专业技术人员自愿流动到兼职单位工作，或者在职创办企业期间提出解除聘用合同的，事业单位应当及时与其解除聘用合同并办理相关手续。

释 义

国家支持和鼓励事业单位专业技术人员到与本单位业务领域相近企业、科研机构、高校、社会组织等兼职，或者利用与本人从事专业相关的创业项目在职创办企业，是鼓励事业单位专业技术人员合理利用时间、挖掘创新潜力的重要举措，有助于推动科技成果加快向现实生产力转化。相关政策的制定及施行，有利于激发专业技术人员创新活力和创业热情，健全以增加知识价值为导向的激励机制，促进人才合理流动。

依 据

2017 年发布的《人力资源社会保障部关于支持和鼓励事业单位专业技术人员创新创业的指导意见》（人社部规〔2017〕4 号）第二条。该指导意见发文日期：2017 年 3 月 10 日，生效日期：2017 年 3 月 10 日。

三、高校、科研院所等事业单位科技工作者离岗创新创业，有哪些政策规定？

答案

高校、科研院所等事业单位科技工作者离岗创新创业，应当遵守以下政策规定。

（1）须由本人提出书面申请，经事业单位同意后，单位应当将专业技术人员离岗创业意向情况在单位内部公示，公示无异议或有异议经核实不影响离岗创业的，事业单位报主管部门（举办单位）批准后办理离岗创业手续。

（2）事业单位与离岗创业人员应当订立离岗创业协议，就离岗创业事项、离岗期限、社会保险、保密、收益分配、知识产权、成果归属、离岗期满返岗工作相关事宜、违约责任处理、发生争议处理等内容进行约定。

（3）离岗期限：可在3年内保留人事关系。创新创业人员在离岗期内保留人事关系，其人事档案由原单位管理，原单位不得以离岗为由解除其人事关系。

（4）事业单位专业技术人员离岗创业期间依法继续在原单位参加社会保险，工资、医疗等待遇，由各地各部门根据国家和地方有关政策结合实际确定，达到国家规定退休条件的，应当及时办理退休手续。

（5）创业企业或所工作企业应当依法为离岗创业人员缴纳工伤保险费用，离岗创业人员发生工伤的，依法享受工伤保险待遇。

（6）离岗创业期间非因工死亡的，执行人事关系所在事业单位抚恤金和丧葬费规定。

（7）离岗创业人员离岗创业期间执行原单位职称评审、培训、考核、奖励等管理制度。离岗创业期间取得的业绩、成果等，可以作为其职称评审的重要依据；创业业绩突出，年度考核被确定为优秀档次的，不占原单位考核优秀比例。

（8）离岗创业期间违反事业单位工作人员管理相关规定的，按照事业单位人事管理条例等相关政策法规处理。

（9）事业单位对离岗创业人员离岗创业期间空出的岗位，确因工作需要，经同级事业单位人事综合管理部门同意，可按国家有关规定用于聘用急需人才。离岗创业人员返回的，如无相应岗位空缺，可暂时突破岗位总量聘用，并逐步消化。

（10）离岗创业期间或期满愿意回原单位的，应提前30日向原单位提交书面申请。返回原单位时，原单位应按其专业技术职务做好相应的岗位聘用工作，双方协商变更聘用合同。离岗创业期间视为原单位工作年限。按规定缴纳社会保险和职业年金的，离岗创业年限可视为连续工龄。

（11）离岗创业期满无正当理由未按规定返回原单位的，原单位可依据相关规定与其解除聘用合同并办理相关手续。

（12）离岗创业期满后自愿流动到企业的，事业单位应按有关规定及时与其解除聘用合同并办理相关手续。

（13）涉密、特殊岗位的专业技术人员离岗创业的，按照国家和省相关规定执行。

释 义

离岗创业，是指高校、科研机构等事业单位专业技术人员，个人书面提出申请，按人事管理权限经批准后，可携带科研项目和成果离岗创办科技型企业或者到企业开展创新创业工作。

依 据

2017年发布的《人力资源社会保障部关于支持和鼓励事业单位专业技术人员创新创业的指导意见》（人社部规〔2017〕4号）第三条。该指导意见发文日期：2017年3月10日，生效日期：2017年3月10日。

四、关于高校、科研院所等事业单位设置创新型岗位，有哪些政策规定？

答 案

1. 高校、科研院所等事业单位设置创新型岗位，应当遵守的政策规定

1.1 事业单位可根据创新工作需要设置开展科技项目开发、科技成果推广和转化、科研社会服务等工作的岗位（简称“创新型岗位”），并按岗位设

置规定调整岗位设置方案。调整岗位设置难以满足创新工作需要的，可按规定申请设置特设岗位，不受岗位总量和结构比例限制。

1.2 创新岗位人选可以通过内部竞聘上岗或者面向社会公开招聘等方式产生。

1.3 事业单位应当根据工作需要，明确细化创新型岗位的名称、职责任务、工作标准和任职条件，任职条件要求具有与履行岗位职责相符的科技研发、科技创新、科技成果推广能力和水平。

1.4 事业单位应当与创新岗位工作人员订立或者变更聘用合同，聘用合同内容应当符合创新工作实际，明确合同期限，岗位职责要求，岗位工作条件，工资待遇，社会保险，合同变更、终止和解除的条件，违反合同的责任等条款，双方协商一致，可以约定知识产权保护等条款。

1.5 事业单位根据创新工作实际，可探索在创新岗位实行灵活、弹性的工作时间，便于工作人员合理安排利用时间开展创新工作。事业单位绩效工资分配应当向在创新岗位做出突出成绩的工作人员倾斜。

1.6 创新岗位工作人员依法取得的科技成果转化奖励收入，不纳入单位绩效工资；取得的技术项目开发、科技成果推广和转化、科研社会服务成果，应当作为职称评审、项目申报、岗位竞聘、考核、奖励的重要依据。

2. 高校、科研院所等事业单位设置流动岗位，应当遵守的政策规定

2.1 事业单位可以设立流动岗位，吸引有创新实践经验的企业家、科技人才、管理人才、海外高水平创新人才到本单位兼职（工作），也可以聘用已退休的专业技术一级、二级岗位人才。流动岗位不受本单位岗位总量限制，不占本单位高级岗位职数。

2.2 事业单位须与流动岗位人员签订协议，约定工作期限、工作内容、工作时间、工作要求、工作条件、保密、报酬、成果归属、收益分配等内容。

2.3 流动岗位人员通过公开招聘、人才项目引进等方式被事业单位正式聘用的，其在流动岗位工作业绩可以作为事业单位岗位聘用和职称评审的重要依据。

2.4 事业单位设置流动岗位，可按规定申请调整工资总额，用于发放流动岗位人员工作报酬。

释 义

在事业单位设置创新型岗位，是促进事业单位全面参与国家创新体系建设的重要举措，有助于充分发挥高校、科研院所等事业单位人力资源和技术资源优势，加快推动科技创新。

依 据

2017年发布的《人力资源社会保障部关于支持和鼓励事业单位专业技术人员创新创业的指导意见》（人社部规〔2017〕4号）第四条。该指导意见发文日期：2017年3月10日，生效日期：2017年3月10日。

五、科技工作者在机关事业单位与企业之间流动时养老保险关系、失业保险关系、医疗保险关系等如何处理？

答 案

科技工作者流动时社会保险关系的处理，应遵照如下规定。

1. 关于养老保险关系的处理

1.1 科技工作者由机关事业单位进入企业的情况下，科技工作者的养老保险关系处理。

科技工作者由机关事业单位进入企业的工作之月起，参加企业职工的基本养老保险，单位和个人按规定缴纳基本养老保险费，建立基本养老保险个人账户，原有的工作年限视同缴费年限，退休时按企业的办法计发基本养老金。

科技工作者是国家公务员及参照和依照公务员制度管理的科技工作者，在进入企业并按规定参加企业职工基本养老保险后，根据本人在机关（或单位）工作的年限给予一次性补贴，在其原所在单位通过当地社会保险经办机构转入本人的基本养老保险个人账户，所需资金由同级财政安排。补贴的标准为：本人离开机关上年度月平均基本工资×在机关工作年限×0.3%×120个月。

1.2 科技工作者由企业进入机关事业单位的情况下，科技工作者的养老保险关系处理。

科技工作者由企业进入机关事业单位工作之月起，执行机关事业单位的退休养老制度，其原有的连续工龄与进入机关事业单位后的工作年限合并计算，退休时按机关事业单位的办法计发养老金。已建立的个人账户继续由社会保险经办机构管理，退休时，其个人账户储存额每月按 1/120 计发，并相应抵减按机关事业单位办法计发的养老金。

1.3 科技工作者是国家公务员及参照和依照公务员制度管理的科技工作者，进入企业工作后再次转入机关事业单位工作的情况下，科技工作者的养老保险关系处理。

科技工作者进入企业工作后再次转入机关事业单位工作的，原给予的一次性补贴的本金和利息要上缴同级财政。其个人账户管理、退休后养老金计发等，比照由企业进入机关事业单位工作职工的相关政策办理。

2. 关于失业保险关系处理

2.1 科技工作者是国家公务员及参照和依照公务员制度管理的科技工作者，在从机关进入企业、事业单位工作的情况下，科技工作者的失业保险关系处理。

科技工作者由机关进入企业、事业单位工作之月起，按规定参加失业保险，其原有的工作年限视同缴费年限。

2.2 科技工作者由企业、事业单位进入机关工作的情况下，科技工作者的失业保险关系处理。

科技工作者由企业、事业单位进入机关工作，原单位及个人缴纳的失业保险费不转移，其失业保障按中共中央组织部、人力资源和社会保障部关于印发《公务员辞退规定（试行)》的通知规定执行，可以领取辞退费或者根据国家有关规定享受失业保险。

3. 关于医疗保险关系处理

科技工作者在机关事业单位和企业之间流动，在同一统筹地区内的基本医疗保险关系不转移，跨统筹地区的基本医疗保险关系及个人账户随同转移。职工流动后，除基本医疗保险之外，其他医疗保障待遇按当地有关政策进行调整。

释 义

科技工作者在机关事业单位和企业单位之间流动，转移各项社会保险关系，并执行调入单位的社会保险制度，要为人才流动过程中涉及的科技工作者的切身利益提供保障制度及政策保障，才能进一步提高人才流动性，激发和释放人才的创新创业活力。

依 据

（1）《关于职工在机关事业单位与企业之间流动时社会保险关系处理意见的通知》（劳社部发〔2001〕13 号）第一条至第三条。该通知发文日期：2001 年 9 月 20 日；生效日期：2001 年 9 月 20 日。

（2）《公务员辞退规定（试行）》的通知（人社部发〔2009〕71 号）第十二条。该规定发文日期：2009 年 7 月 24 日，生效日期：2009 年 7 月 24 日。

六、受行政、刑事处罚的科技工作者的工资，应当如何处理？

答 案

国家机关、事业单位的科技工作者，受行政、刑事处罚的工资处理问题应按照以下规定进行。

1. 国家机关、事业单位在职科技工作者，受行政、刑事处罚的工资处理问题

1.1 被取保候审和被监视居住的人员。

国家机关和事业单位工作人员被取保候审或被监视居住的，在此期间停发原工资，并按以下办法计发生活费。

原为国家公务员的，按照本人原基本工资额（即职务工资、级别工资、基础工资和工龄工资四项之和，下同）的 75% 计发生活费；

机关技术工人按照本人原岗位工资和技术等级（职务）工资之和，机关普通工人按照原岗位工资数额，分别作为生活费发给，取消每月发放的奖金部分；

事业单位工作人员按照本人原工资中的固定部分作为生活费发给，取消

其工资中活的部分（即津贴）。

上述人员经审查核实后，如构不成刑事犯罪或不被行政处罚，且不给予任何行政纪律处分的，补发其被扣除的工资、奖金、津贴、补贴；刑事处罚或给予行政纪律处分的，不再补发被减发和扣发的工资、奖金、津贴、补贴。

1.2 被公安机关强制收容教育、强制戒毒（包括所外执行）的人员。

国家机关和事业单位工作人员被公安机关强制收容教育、强制戒毒（包括所外执行）的，其工资处理问题参照被取保候审和监视居住人员的工资处理办法执行。

1.3 被羁押的人员。

国家机关和事业单位工作人员被羁押期间停发工资。

公安、检察机关撤案或者检察机关决定不予以起诉以及检察机关虽决定起诉而法院宣判无罪的，按下列原则分别处理：犯罪嫌疑人未被劳动教养①或治安拘留，原单位也未给予行政纪律处分的，由原单位补发其被羁押期间的工资、奖金、津贴、补贴；如未被劳动教养或治安拘留，原单位给予行政纪律处分的，其被羁押期间的工资问题按照被取保候审和监视居住的工资处理办法执行；如被劳动教养、治安拘留的，其被羁押期间减发和扣发的工资、奖金、津贴，补贴不予补发。法院决定免予追究刑事责任的，被羁押期间减发和扣发的工资、奖金、津贴、补贴也不予补发。

1.4 被判处拘役、有期徒刑宣告缓刑的人员。

国家机关和事业单位工作人员被判处拘役、有期徒刑宣告缓刑的，在缓刑执行期间，停发原工资。

对安排了临时工作的缓刑人员，原为国家公务员的按本人缓刑前基本工资额的60%计发生活费；机关工勤人员按工资中固定部分（技术工人的岗位工资和技术等级或职务工资，机关普通工人的岗位工资）85%的数额计发生活费，其工资中的奖金部分不再发放；事业单位工作人员按本人受处罚前工资固定部分85%的数额计发生活费，其工资中活的部分（津贴）不再发放。

---

① 2013年11月15日公布的《中共中央关于全面深化改革若干重大问题的决定》提出，废止劳动教养制度。

若按此发放的生活费低于本地区最低生活保障线标准的，按本地区最低生活保障线发放。

缓刑期间到达离退休年龄的，按照《人事部关于国家行政机关工作人员被判处管制、拘役及判处刑罚宣告缓刑后的工作和工资问题的通知》（人核发〔1989〕2号）文中“缓刑人员在缓刑期间，不能办理离退休手续”的规定，不办理离退休手续，继续按缓刑期间的标准发放生活费。

缓刑期满至原单位对本人做出处理期间的生活费，按缓刑期间的标准计发。

缓刑期满后分配正式工作的，其工资待遇根据新任职务、新任岗位按不高于同等条件人员重新确定。

缓刑期满到达离休年龄的，根据《劳动人事部老干部服务局关于离休干部受刑事处分后待遇问题的复函》（劳人老函〔1987〕5号）和《人事部离休退休司关于干部被判处有期徒刑缓刑考验期满后能否办理离休的函》（人退司函〔1988〕2号）文件精神，凡触犯刑律受到刑事处罚的，都不能再享受离休待遇和办理离休手续。其退出工作岗位后的生活待遇和管理等问题，由各省、自治区、直辖市或各部门研究确定。

缓刑期满到达退休年龄的，可以办理退休手续，按照重新确定的工资标准，享受相应的退休待遇。

1.5 被判处管制的人员。

国家机关和事业单位工作人员被判处管制由原单位接收的，参照被判处刑罚宣告缓刑人员的工资处理办法执行。

1.6 被判处拘役的人员。

国家机关和事业单位工作人员被判处拘役的，拘役期间工资停发。期满释放，经上级主管机关批准由原单位接收并分配正式工作的，可参照被判处刑罚宣告缓刑人员缓刑期满后的工资处理办法执行。

1.7 受到徒刑以上刑事处罚的人员。

国家机关和事业单位工作人员受到徒刑以上刑事处罚的人员，在服刑期间停发工资。

服刑期满后如原单位接收并安排工作，其工资待遇按新录用人员的工资办法处理。

1.8 被劳动教养、治安拘留的人员。

国家机关和事业单位工作人员被劳动教养、治安拘留，对仍保留公职且所外执行者，可参照被判处刑罚宣告缓刑人员的工资处理办法执行。

2. 国家机关、事业单位离退休的科技工作者，受行政、刑事处罚的工资处理问题

2.1 对于被劳动教养、治安拘留、取保候审、监视居住、强制收容教育、强制戒毒、羁押、管制、拘役、有期徒刑缓刑的离退休人员。

2.1.1 停发基本退休金。

2.1.2 其受行政、刑事处罚期间的生活费按照《关于国家机关、事业单位工作人员受行政刑事处罚工资处理意见的复函》（人函〔1999〕177 号）办理。

2.2 退休的公务员在任职期间或退休后触犯刑律，并被判处有期徒刑以上刑罚的，自判处之日的下月起取消其退休费和其他退休待遇。

3. 国家机关、事业单位的在职科技工作者，受行政、刑事处罚期间，不计为工龄

释 义

行政处罚，是指行政主体依照法定职权和程序对违反行政法规范，尚未构成犯罪的相对人给予行政制裁的具体行政行为。

刑事处罚，是指违反刑法，应当受到的刑法制裁，简称刑罚。根据我国刑法的规定，刑事处罚包括主刑和附加刑两部分。主刑有：管制、拘役、有期徒刑、无期徒刑和死刑。附加刑有：罚金、剥夺政治权利和没收财产。

依 据

（1）1999 年人事部发布的《关于国家机关、事业单位工作人员受行政刑事处罚工资处理意见的复函》（人函〔1999〕177 号）第一条、第二条。该函发文日期：1999 年 11 月 23 日，生效日期：1999 年 11 月 23 日。

（2）2001 年人事部发布的《关于对离退休的国家公务员所犯错误如何追

究其政纪责任的函》的复函（人函〔2001〕27 号）第一条、第二条。该函发文日期：2001 年 2 月 14 日；生效日期：2001 年 2 月 14 日。

第二节　科研伦理与诚信

七、科技工作者应该遵守的道德规范主要包括哪些方面?

答 案

科技工作者应该遵守的道德规范主要指科技道德规范。这些规范具体体现在一些法律法规和相关规定中，包括《中华人民共和国著作权法》《中华人民共和国专利法》《关于科技工作者行为准则的若干意见》《科技工作者道德行为自律规范》和《科技工作者科学道德规范（试行）》等。

科技道德规范包括以下方面：献身科学，热爱祖国，科技人道主义，科技协作和热爱自然等。

释 义

1. 道德规范的含义

道德规范是对人们的道德行为和道德关系的普遍规律的反映和概括，是社会规范的一种形式，是从一定社会或阶级利益出发，用以调整人与人之间的利益关系的行为准则，也是判断、评价人们行为善恶的标准。它是在人们社会生活的实践中逐步形成的，是社会发展的客观要求和人们的主观认识相统一的产物。①

科技工作者要遵守的道德规范也被称为科技道德规范，它是指科学家和科技人员等主体在从事科技实践活动中用以处理包括人与自然的社会人际关系的道德原则和规范，也指科学家的人生观、价值观、理想信念、道德品质和理想人格。其主要的规范有：献身科学，热爱祖国，科技人道主义，科技

① 朱贻庭. 伦理学大辞典［M］. 上海：上海辞书出版社，2010.

协作和热爱自然等。①

2. 科技工作者要遵守的具体道德规范

2.1 献身科学。《关于科技工作者行为准则的若干意见》规定科技工作者要努力发挥科技第一生产力的作用，不断创新，同时要以向广大人民群众普及科学技术知识为自身义务，积极弘扬科学精神，传播科学思想和科学方法，提高全民族科学文化素质。《科技工作者科学道德规范（试行）》要求科技工作者应以发展科学技术事业，繁荣学术思想，推动经济社会进步，促进优秀科技人才成长，普及科学技术知识为使命。以国家富强，民族振兴，服务人民，构建和谐社会为己任。

2.2 热爱祖国。《关于科技工作者行为准则的若干意见》规定科技工作者无论何时何地均不得有任何危害国家安全和社会稳定、损害国家荣誉和利益的行为；《科技工作者道德行为自律规范》要求科技工作者以祖国需要为最高需要，自觉恪尽创新争先职责。

2.3 科技人道主义。《科技工作者科学道德规范（试行）》第六条规定要尊重研究对象（包括人类和非人类研究对象）。在涉及人体的研究中，必须保护受试人合法权益和个人隐私并保障知情同意权。

2.4 科技协作。《关于科技工作者行为准则的若干意见》规定在科研工作及其他科技活动中，科技工作者要相互尊重，主动搞好协作配合；《科技工作者科学道德规范（试行）》第八条规定科技工作者要诚实严谨地与他人合作，耐心诚恳地对待学术批评和质疑。

2.5 热爱自然。《关于科技工作者行为准则的若干意见》规定科技工作者要坚持辩证唯物主义和历史唯物主义，要高举科学的伟大旗帜，坚持真理，自觉维护科学尊严，要正确对待各种自然现象，不得参与、支持任何形式的伪科学和愚昧、迷信活动。

3. 规定科技道德的意义

规定科技道德主要是为了约束科技工作者的行为，成为制定科技工作者

① 上海辞书出版社：《大辞海》在线数据库，http://www.dacihai.com.cn/search_index.html?_st=1&keyWord=%E7%A7%91%E6%8A%80%E9%81%93%E5%BE%B7&itemId=20009，2018年6月5日访问。

进行科研活动的行为准则和行为规范的重要参考方面。

3.1 科技道德为科技工作者诚实守信地进行科研活动提供了依据。

在当今时代，科技工作者不仅要精益求精地进行科研活动，社会对他们的道德品质也提出了更高的要求。科技道德的出现意味着科技工作者遵守道德规范不再是一个自愿的行为，而是有理可据、有法可依的强制性要求。由此可以对科研活动进行高效的管理。

3.2 科技道德是科技工作者健康发展的重要保证。

学术上的突破离不开科技工作者兢兢业业的钻研，但学术造假不仅不会带来突破，反而会助长科技工作者投机取巧、不思进取的心理，久而久之导致科研能力的丧失，对自身的发展是十分不利的。

3.3 科技道德也是在引导一种实事求是的社会风气。

弄虚作假不论在哪一行业都是被明令禁止的，尤其是在科技领域。科技的发展需要真材实料的突破，科技工作者必须严守道德底线，遵守行为规范，充分体现自己的价值，为科技的进步添砖加瓦。

依 据

（1）2017 年中国科学技术协会《科技工作者道德行为自律规范》（科协发组字〔2017〕41 号）；

（2）2010 年修订的《中华人民共和国著作权法》；

（3）2008 年修订的《中华人民共和国专利法》；

（4）2007 年中国科学技术协会《科技工作者科学道德规范（试行）》（科协发组字〔2007〕33 号）；

（5）1999 年科技部、教育部、中国科学院、中国工程院《关于科技工作者行为准则的若干意见》（国科发政字〔1999〕524 号）。

八、科技工作者应当遵守哪些行为准则？

答 案

科技工作者应遵守的行为准则即科技工作者的道德行为规范的具体化。只有明确具体的行为准则，才能在科技工作者心中竖起一个标杆，使科技工作者有法可依，在具体的科研活动中规范自己的行为，使科技工作者知道哪些应该做，哪些不能做，在遵守科技道德规范的基础上进行科研活动。

具体来讲，科技工作者应当遵守我国宪法和法律，遵守社会公德，遵守所在单位制定的科技工作者行为规范或者守则，实事求是，不弄虚作假，保守国家秘密，保护知识产权，自觉接受舆论的监督。

释义

1. 科技工作者应遵守的具体行为准则

1.1 遵守我国宪法和法律。

《关于科技工作者行为准则的若干意见》第一条规定："科技工作者应当模范遵守我国宪法和法律，拥护中国共产党的领导和党的基本路线，发扬爱国主义精神，增强政治责任感和实现中华民族伟大复兴的历史使命感，自觉把自己从事的科技工作与社会主义祖国的前途和命运联系起来。无论何时何地均不得有任何危害国家安全和社会稳定、损害国家荣誉和利益的行为。"

1.2 遵守社会公德。

《关于科技工作者行为准则的若干意见》第二条规定："科技工作者要在遵守社会公德方面率先垂范，严于律己，大力弘扬团结协作的集体主义精神，自觉维护科技界良好的社会形象，努力以自己所掌握的知识和技术服务于人民群众，回馈社会对科技工作者的尊重。"

1.3 遵守所在单位制定的科技工作者行为规范或者守则。

《关于科技工作者行为准则的若干意见》第八条规定"科技工作者要模范遵守所在单位制定的科技工作者行为规范或者守则，加强自身的道德修养，对在科研工作和各项社会活动中的行为进行自律。"

1.4 实事求是，不弄虚作假。

《关于科技工作者行为准则的若干意见》第三条规定："科技工作者要以实事求是的态度、严格的要求、严谨的方法对待科研工作。""在科学技术研究活动中，不得为得出某种主观期望的结论而捏造、篡改、拼凑研究结果或者实验数据，也不得投机取巧、断章取义，片面给出与客观事实不符的研究结论。"

第四条规定，科技工作者不得故意夸大项目的学术价值和经济效益，禁止通过弄虚作假等不正当手段骗取项目。

第五条规定，科技工作者不得滥用“国内先进”“国内首创”“国际先进”“国际领先”“填补空白”等抽象的用语。对未经规定程序进行验证或者鉴定的研究成果，不得随意冠以“重大科学发现”“重大技术发明”或者“重大科技成果”等夸大性用语进行宣传、推广。对用不正当手段拔高或者贬低他人成果水平以及不认真负责、不实事求是、在评价活动及其结论中弄虚作假等行为，应当坚决制止。

第六条规定，科技工作者在技术开发、转让、咨询、服务等技术交易活动中，不得故意夸大技术价值，隐瞒技术风险。

1.5 保守国家秘密、保护知识产权。

《关于科技工作者行为准则的若干意见》第六条规定，科技工作者要做保守国家秘密、保护知识产权的模范，并要采取有效措施保护和管理自己的知识产权，尊重他人的知识产权。严禁抄袭他人著作、论文或者剽窃他人科研成果的行为。在所承担的国家和单位科研课题或者科技项目完成后，不得故意隐瞒关键技术或者资料，故意妨碍后续研究与开发。

1.6 自觉接受舆论的监督。

《关于科技工作者行为准则的若干意见》第九条规定：“对严重违背科技工作者职业道德、影响极其恶劣的行为，在准确把握事实真相的基础上，要充分运用报刊、广播、电视等新闻媒体对其进行严厉鞭笞。”

2. 科技工作者遵守遵守行为准则的意义

要求科技工作者遵守行为准则，不仅是为了保证科技工作者自身能够专注于科研活动，也是为了便于对科技工作者的管理，更重要的是对中国的社会风气的一种折射。

2.1 是科研活动正常进行的重要保障。

要求科技工作者遵守行为准则，阻断了科研人员投机取巧取得科研成果的途径，避免同行业人员之间的不正当竞争，使科技工作者专注于自己的科研活动。

2.2 是科研管理规范化的重要依据。

行为准则是管理科技工作者的重要依据和标准，因为行为准则是对从事科研活动的人员的一般性要求，便于对科技工作者进行统一和规范的管理。

2.3 是社会文明风气建设的重要体现。

科技工作者作为我国的重要知识分子群体，在引领社会风气方面具有强大的影响力，要求其遵守道德行为准则，有利于在公众面前树立正面的榜样，有助于良好社会风气的形成。

依据

（1）2017 年中国科学技术协会《科技工作者道德行为自律规范》（科协发组字〔2017〕41 号）；

（2）2007 年中国科学技术协会《科技工作者科学道德规范（试行）》（科协发组字〔2007〕33 号）；

（3）1999 年科技部、教育部、中国科学院、中国工程院《关于科技工作者行为准则的若干意见》（国科发政字〔1999〕524 号）。

九、科技工作者应当承担哪些超出一般公民的义务？

答案

科技工作者作为从事科学技术研究、开发、应用等工作的专门人员，其职业特征决定了自身积极地履行超出一般公民的义务的合理性和必要性。作为科技工作者，在国家层面、社会层面和个人层面都要承担超出一般公民的义务。具体来讲，科技工作者要坚持以国家的重大利益为导向，在遵守社会公德方面率先垂范，严于律己，促进科技合作，尊重他人的研究成果，尊重他人知识产权，恪守诚实信用原则，并注重科技伦理问题。

释义

1. 什么是科技工作者的义务？

科技工作者的义务，即与其特定的职位、社会角色或机构相联系的分内应为或不为一定行为。不仅是一种道义责任、伦理责任，同时在很多方面也是一种法律责任、行政责任。如违反则应当对此承担一定后果。

2. 为什么科技工作者要比一般公民承担更多的义务?

科技工作者与普通人相比，享有一些特殊的权利，包括资源、机会平台、社会地位等多方面。享有权利，就需要因此承担相应的义务和职责。权利的取得与享有与履行相应的义务具有同时性。因此，科技工作者除了作为普通公民应当承担的一般意义上的义务外，还需要在某些方面承担与社会公众不同的义务。同时，科技工作者的个体价值与社会价值也明显增值并广泛扩散。科技工作者承担相应的义务，对个人而言，是实现长远发展的前提；对社会而言，是提高科研工作人员社会声誉、传播科学知识、提高公民整体素质的必要条件；对国家而言，是实现科技强国的应有之义。

3. 科技工作者的具体义务要求

3.1 国家层面。

科技工作者是科技强国的重要因素，相较于普通人，享受更多国家赋予的权利的同时，也必须坚守科技报国的使命。党的十八大报告明确提出："推动科技和经济紧密结合，加快建设国家创新体系。"具体而言，科技工作者在科技研发中，需要三个"坚持"。

3.1.1 要坚持以国家的重大利益为导向，面向国家重大需要，面向国民经济主战场。

3.1.2 要坚持将眼光放长远，面向世界科技前沿，前沿探索争相领跑，在人类文明进步史上写下更多属于中国科技工作者的篇章。

3.1.3 要坚持创新务实，注重科技成果的转化，为国家发展动力转换和经济转型升级的战略任务提供强大科技支撑。

3.2 社会层面。

科技工作者是受到公众信赖和尊崇的群体，这种社会地位和社会声望要求科技工作者承担起相应的义务，方能回馈社会的尊重和信赖。党的十八大报告中指出："普及科学知识，弘扬科学精神，提高全民科学素养。"科技工作者应当在遵守社会公德方面率先垂范，严于律己，自觉维护科技界良好的社会形象，努力以自己所掌握的知识和技术服务于人民群众，并积极传播科学知识，普及科学思想，破除社会上的伪科学，与不良风气做斗争。

3.3 个人层面。

3.3.1 促进科技合作的义务。

科技研发是一项系统工程，现如今的科技研发，早已不是一个人或者几个人的力量所能够完成的。科学研究的社会性愈来愈鲜明，因此需要各方面的共同参与和保障才能够顺利开展。诚实严谨地与他人合作，耐心诚恳地对待学术批评和质疑。相比于普通的公众交往中的诚实信用义务，科技工作者履行促进科技合作义务的意义在科技研发中具有更重大的影响。

3.3.2 尊重他人的研究成果。

科技研发是一项具有累积性、继承性的事业。尊重前人的劳动和付出，尊重他人已获得的研究成果，是科技工作者必须恪守的义务。具体要求科技工作者进行学术研究应检索相关文献或了解相关研究成果，在发表论文或以其他形式报告科研成果中引用他人论点时必须尊重知识产权，如实标注。

3.3.3 尊重他人知识产权的义务。

相较于普通公众，科技工作者在科技研发中，更容易触及知识产权问题。一旦发生知识产权纠纷，造成的影响也比一般知识产权案件范围更广，损失更大。因此，科技工作者在进行科技研发之前，应注意进行相关专利的查新，避免知识产权纠纷引发的人力、物力、财力的浪费和损失。

3.3.4 恪守诚实信用原则。

与一般公众所须遵守的诚实信用原则相比，科技工作者的诚实信用原则关乎社会声誉、国际声誉以及研发成果的有效性。具体要求科技工作者在课题申报、项目设计、数据资料的采集与分析、公布科研成果与统计数据等、确认科研工作参与人员的贡献等方面，诚实、客观、信用，不侵害他人的权利，不干扰他人的研究，抵制不端行为。

3.3.5 注重科技伦理问题。

与一般公众所面对的伦理问题相比，科技工作者所触及的伦理问题更为深远，与整个社会乃至人类的发展都息息相关。在科技研发中，科技工作者应在两个方面遵守伦理要求：一是在科技研发的目的上，坚持以人为本的原则，以人的需求和目的为导向，进行科学研究；二是在科技研发的手段上，尤其是涉及人体的实验，应保护受试人合法权益和个人隐私并保障知情同意权，不能为获得研究成果不择手段。

依 据

（1）2017年中国科学技术协会《科技工作者道德行为自律规范》（科协发组字〔2017〕41号）；

（2）2007年中国科学技术协会《科技工作者科学道德规范（试行）》（科协发组字〔2007〕33号）；

（3）1999年科技部、教育部、中国科学院、中国工程院《关于科技工作者行为准则的若干意见》（国科发政字〔1999〕524号）。

十、科技组织在科技研发活动中应当承担哪些义务?

答 案

科技组织作为科技工作者与相关科研资源的集合，是科技活动的重要执行部门，也是技术创新的主要承担主体。相比于科技工作者，科技组织具有系统的管理能力和强大的资源整合能力，其在科技研发活动中享有更多权利的同时也承担着更多的义务。

根据相关法律和政策，科技组织在科技研发活动中应当承担的义务主要有：

（1）在组织内部进行科研诚信建设，将科研诚信工作纳入常态化管理；

（2）按照章程的规定开展科学技术研究开发活动；

（3）诚实守信地进行科研活动，不弄虚作假；

（4）利用财政性资金举办的科学技术研究开发机构开展科学技术研究开发活动；

（5）利用财政性资金举办的科学技术研究开发机构有条件的，应当向公众开发普及科学技术的场馆或者设施，开展普及科学技术活动。

释 义

1. 科技组织的含义

科技组织是指以科学技术活动为主要活动的各种社会组织，包括主要从事科学研究、技术开发的科学技术研究开发机构（简称科研机构），主要从事学术交流、科学普及、科技服务的科技社会团体，主要从事技术开发，技术转让、技术咨询、技术服务和科研、生产、销售一体化经营的科技开发企业，以及其他科技组织。

科技组织依法设立，拥有开展科学研究、技术开发和技术服务所必需的经费、场所和设备等物质条件，有一定科技研究人员和组织机构，并专门从事科学研究、技术开发和技术服务等科学技术活动。

科技组织是依法设立的社会组织，无论采取哪种形式，都必须要符合国家法律要求的设立此种机构的条件（实质要件）和程序（形式要件），否则不具有从事科技活动的合法资格。

科技组织一般不具有科技市场管理和科技行政管理的职能，因此，国家或地方的科技行政管理部门和科技市场管理部门，不属于科技组织的范畴。

2. 科技组织在科技研发活动中应当承担的义务

2.1 在组织内部进行科研诚信建设，将科研诚信工作纳入常态化管理。

根据《关于进一步加强科研诚信建设的若干意见》中第（五）部分，科研组织应当在组织内部进行科研诚信建设，将科研诚信工作纳入常态化管理。并规定了进行科研诚信建设工作的具体途径，即通过单位章程、员工行为规范、岗位说明书等内部规章制度及聘用合同，对本单位员工遵守科研诚信要求及责任追究作出明确规定或约定。

具体来讲，可以通过单位章程或制定学术委员会章程，对学术委员会科研诚信工作任务、职责权限作出明确规定。学术委员会要认真履行科研诚信建设职责，对违背科研诚信要求的行为，要做到及时发现和查处。学术委员会要对本单位科研人员的重要学术论文等科研成果进行全覆盖核查。

根据《关于进一步加强科研诚信建设的若干意见》中第（六）部分，学会、协会、研究会等社会团体要发挥自律自净功能。学会、协会、研究会等社会团体要主动发挥作用，在各自领域积极开展科研活动行为规范制定、诚信教育引导、诚信案件调查认定、科研诚信理论研究等工作，实现自我规范、自我管理、自我净化。

2.2 按照章程的规定开展科学技术研究开发活动。

科学技术研究机构的章程，是科研机构实行内部管理的行为规则，通常包括机构的法律地位、使命、宗旨、功能、组成与组织纪律等。2000年科技部、中编办、财政部和税务总局制定的《关于非营利性科研机构管理的若干意见（试行）》中规定，非营利性科研机构具有独立法人资格，执行国家的法律、法规，在政府有关部门的指导下，自主管理。非营利性科研机构要根据国家法律、法规的规定和出资者的约定，制定章程，明确机构宗旨、业务领域、组织结构、决策监督程序、内部管理制度等。科学技术研究机构应当按照章程的规定开展科学技术研究开发活动。①

2.3 诚实守信地进行科研活动，不弄虚作假。

根据《中华人民共和国科学技术进步法》第四十四条的规定，科学技术研究开发机构应当按照章程的规定开展科学技术研究开发活动；不得在科学技术活动中弄虚作假，不得参加、支持迷信活动。科学的实质是求真，科学的任务之一就是要破除迷信，因此诚实是基本的科学道德修养。我国有专门的规定，要求科技工作者要遵循有关行为准则，包括在工作中不得弄虚作假；不得隐瞒或者歪曲事实真相；不得违反科学规律；不得批准成立任何形式的与伪科学和迷信活动相关的所谓“科研机构”；不得为愚昧、迷信活动及伪科学活动提供场所、经费及其他便利等。这些行为准则同样也适用于科学技术研究开发机构。②

2.4 利用财政性资金举办的科学技术研究开发机构开展科学技术研究开发活动应当为国家目标和社会公共利益服务。

财政性资金属于国家公共财政，应当为公共利益服务。我国科研体制改革的目标之一，就是在发挥市场在配置科技资源中作用的同时，在市场失灵的领域，充分发挥财政性资金的作用，重点资助从事基础研究、前沿技术研究、社会公益性技术研究的科学技术研究开发机构。利用财政性资金举办的

---

① 北大法宝：中华人民共和国科学技术进步法（2007年修订）释义，http：//www.pkulaw.cn、CLink_ form.aspx？Gid = 100679&Tiao = 44&km = siy&subkm = 0&db = siy，2018年6月5日访问。

② 北大法宝：中华人民共和国科学技术进步法（2007年修订）释义，http：//www.pkulaw.cn、CLink_ form.aspx？Gid = 100679&Tiao = 44&km = siy&subkm = 0&db = siy，2018年6月5日访问。

科学技术研究开发机构开展科学技术研究开发活动时，应当为国家目标和社会公共利益服务，这是基本使命、主要任务，不能过于追求市场效应。①

2.5 利用财政性资金举办的科学技术研究开发机构有条件的，应当向公众开发普及科学技术的场馆或者设施，开展普及科学技术活动。

我国一向重视科普工作，《中华人民共和国科学技术普及法》第十五条就规定，科学研究和技术开发机构应当组织和支持科学技术工作者开展科普活动，鼓励其结合本职工作进行科普宣传；有条件的，应当向公众开放实验室、陈列室和其他场所、设施，举办讲座和提供咨询。开展科普活动，让科技进步惠及广大公众，是其重要社会责任和义务，有利于提升我国科普能力，增强公众创新意识，营造创新的社会氛围，提高公众科学素质，培养科技后备人才，对于加快科技事业发展，增强自主创新能力具有十分重要的意义。2006年科技部制定《关于科研机构和大学向社会开放开展科普活动的若干意见》规定，各级政府举办的各类从事自然科学、工程科学与技术研究的单位和相关高等院校利用科研设施、场所等科技资源向社会开放开展科普活动。向社会开放要坚持公益性原则，不以营利为目的，突出社会效益。“十一五”期间推动开放工作的目标是：2008年底前，实现中国科学院所属科研机构、国务院部门所属社会公益类科研机构和进入“211工程”的相关大学率先实现向社会开放。2010年底前，其他部门、地方所属科研机构和大学要积极创造条件，借鉴先期开放的科研机构和大学的经验与做法，实现向社会开放。②

依据

（1）2018年中共中央办公厅、国务院办公厅《关于进一步加强科研诚信建设的若干意见》第（五）部分、第（六）部分；

（2）2007年《中华人民共和国科学技术进步法》第四十一条、第四十四条、第四十六条；

（3）2006年科技部《关于科研机构和大学向社会开放开展科普活动的若

---

① 北大法宝：中华人民共和国科学技术进步法（2007年修订）释义，http：//www. pkulaw. cn、CLink_ form. aspx？Gid = 100679&Tiao = 44&km = siy&subkm = 0&db = siy，2018年6月5日访问。

② 北大法宝：中华人民共和国科学技术进步法（2007年修订）释义，http：//www. pkulaw. cn、CLink_ form. aspx？Gid = 100679&Tiao = 44&km = siy&subkm = 0&db = siy，2018年6月5日访问。

干意见》（国科发政字〔2006〕494 号）第三条；

（4）2002 年《中华人民共和国科学技术普及法》第十五条；

（5）2000 年科技部、中编办、财政部和税务总局《关于非营利性科研机构管理的若干意见（试行）》（国办发〔2000〕78 号）第三条。

十一、科技组织管理的考核制度有哪些内容和指标？

答案

我国相关法律法规对科技组织管理的考核制度未有明确规定，可以参考以下内容：

（1）是否贯彻国家科技发展方针、政策；

（2）是否完成科学研究、技术开发与服务任务；

（3）科研成果的水平及成果利用率、推广率是否达到预期目标；

（4）科研投资和经济效益、社会效益是否达到预期目标；

（5）知识分子政策落实情况、人才培养和使用情况；

（6）经费管理和使用情况；

（7）后勤工作情况。①

释义

1. 科技组织管理体制的含义

科技组织管理体制，是科技组织设置及管理权限的划分制度，主要涉及科技组织的组织形式、组织机构、机构设置、职责权限及管理方式等问题。我国财政资金设立的科研机构实行院所长负责制，并通过委员会和职工代表大会对其进行监督，同时，院长、所长的聘用引入竞争机制。

2. 科技组织管理考核的含义

科技组织管理的考核，其含义是在对科技组织进行管理和科技组织内部进行管理的过程中实行的一种评价措施，作用是评价科技组织的科学研究、技术开发和技术服务的能力和水平，确定科技组织的管理水平，促使科技组

① 孙玉荣：科技法学［M］. 北京：北京工业大学出版社，2013：91.

织不断完善管理体制，以便于实现对科技组织的充分监督。

依 据

2007 年《中华人民共和国科学技术进步法》第四十五条。

十二、科技工作者在流动中有哪些保密义务?

答 案

科技工作者在流动中要保密的事项主要是技术秘密。技术秘密是一种重要的知识产权，其开发和完成凝聚着国家或者有关单位大量的人力和物力投入。因此，科技工作者在流动中不得将本人在工作中掌握的、由本单位拥有的技术秘密（包括本人完成或参与完成的职务技术成果）非法披露给用人单位、转让给第三者或者自行使用，也即科技工作者在流动中具有保密义务。

技术秘密分为两类：一类是国家科学技术秘密；另一类是企事业单位的技术秘密。据此，针对技术秘密的不同，科技工作者在流动中的保密义务具体包括对涉及的国家科学技术秘密进行保密和对涉及的企事业单位技术秘密予以保密。

释 义

1. 国家科学技术秘密与敏感技术的界定

1.1 国家科学技术秘密。

根据《科学技术保密规定》第二条，国家科学技术秘密指科学技术规划、计划、项目及成果中，关系国家安全和利益，依照法定程序确定，在一定时间内只限一定范围的人员知悉的事项。其判断标准由《科学技术保密规定》第九条规定：关系国家安全和利益，泄露后可能造成下列后果之一的科学技术事项，应当确定为国家科学技术秘密。

1.1.1 削弱国家防御和治安能力；

1.1.2 降低国家科学技术国际竞争力；

1.1.3 制约国民经济和社会长远发展；

1.1.4 损害国家声誉、权益和对外关系。

1.2 敏感技术。

根据《中华人民共和国敏感物项和技术出口经营登记管理办法》第二条，敏感物项和技术是指《中华人民共和国核两用品及相关技术出口管制条例》《中华人民共和国导弹及相关物项和技术出口管制条例》《中华人民共和国生物两用品及相关设备和技术出口管制条例》和《有关化学品及相关设备和技术出口管制办法》所附清单中的物项和技术。也即涉核、涉导弹、涉生物、涉化学等与国家安全密切相关的物项与技术。

2. 企事业单位的技术秘密与商业秘密的界定

2.1 企事业单位的技术秘密。

根据《关于加强科技人员流动中技术秘密管理的若干意见》第四条，企事业单位的技术秘密是指除国家科学技术秘密之外的企事业单位所拥有的其他技术秘密。

2.2 商业秘密。

根据《中华人民共和国反不正当竞争法》第九条，商业秘密是指不为公众所知悉、具有商业价值并经权利人采取相应保密措施的技术信息和经营信息。

3. 科技工作者的具体保密义务

3.1 对于涉及国家科学技术秘密的科技工作者，科技工作者在离岗离职时，应当经确定密级的主管部门批准，与机关、单位签订保密协议，接受脱密期保密管理。未经批准擅自离职的，依法追究相关人员的行政责任。触犯刑法的，依法追究当事人的刑事责任。另外，对列入确定为国家重大科技计划项目的计划任务书或者有关合同课题组成员名单的科技工作者，在科研任务尚未结束前要求调离、辞职，并可能泄露国家重大科技计划项目或者科研任务所涉及的技术秘密，危及国家安全和利益的，原则上不予批准。擅自离职，并给国家或者原单位造成经济损失或泄露有关技术秘密的，可以依据有关法律规定，要求其承担经济责任。

3.2 对于涉及企事业单位技术秘密的科技工作者，科技工作者在离开原单位后，实施或者使用时利用了原单位所拥有的且其本人负有保密义务的技术秘密的，应当征得原单位的同意，并支付一定的使用费；未征得原单位同意或者无证据证明有关技术内容为自行开发的新的技术成果或技术创新的，有关人员应当承担相应的法律责任。

依据

（1）2017 年修改的《中华人民共和国反不正当竞争法》第九条；

（2）2015 年科技部、国家保密局修订的《科学技术保密规定》（科技部、国家保密局令第 16 号）第二条、第九条、第二十九条；

（3）2015 年商务部《中华人民共和国敏感物项和技术出口经营登记管理办法》（中华人民共和国对外贸易经济合作部令第 35 号）第二条；

（4）1997 年国家科学技术委员会《关于加强科技人员流动中技术秘密管理的若干意见》（国科发政字〔1997〕317 号）第三条、第四条、第九条。

十三、科技工作者在科研立项、科技成果的评审、鉴定、验收和奖励等活动中，应当遵从哪些禁止性义务？

答案

广大科技工作者在科研立项、科技成果的评审、鉴定、验收和奖励等环节中进行科技活动，应当遵从如下禁止性义务：

（1）禁止滥用抽象性用语；

（2）不得随意使用夸大性用语；

（3）坚决制止弄虚作假行为；

（4）不得侵占他人成果；

（5）针对高校科技工作者的具体禁止性义务。

释义

1. 科技工作者应当遵从的具体禁止性义务

1.1 禁止滥用抽象性用语。

《关于科技工作者行为准则的若干意见》第五条第（一）款规定，相关的评价结论要在充分的国内外对比数据或者检索证明材料基础上，对评价对象的科学、技术和经济内涵进行全面分析，不得滥用“国内先进”“国内首创”“国际先进”“国际领先”“填补空白”等抽象的用语。这是对科技工作者在科研活动中坚持严谨性、诚实性的要求。一方面，针对其科研活动给出严谨的，踏实的，非含糊其辞的评价，是对科技工作者本身应当具备的严谨科学态度的强调，这也是我国科学研究要取得实质性进步，科技工作者所必须具备的重要素养；另一方面，如实反映其科技活动水平，是科技活动诚实守信原则的重要体现，有利于加强科技工作者本身的思想道德建设。

1.2 不得随意使用夸大性用语。

《关于科技工作者行为准则的若干意见》第五条第（二）款规定，对未经规定程序进行验证或者鉴定的研究成果，不得随意冠以“重大科学发现”“重大技术发明”或者“重大科技成果”等夸大性用语进行宣传、推广。对于研究成果进行科学慎重地描述，旨在帮助建立良好的科研工作者形象，加强民众对我国科技建设的信任，并且防止某些对于研究结果的不当甚至是恶意解读在社会上广泛宣传，引起不安。对于社会稳定，国家长治久安意义深远。

1.3 坚决制止弄虚作假行为。

《关于科技工作者行为准则的若干意见》第五条第（三）款规定：“对用不正当手段拔高或者贬低他人成果水平以及不认真负责、不实事求是、在评价活动及其结论中弄虚作假等行为，应当坚决制止。”这一点是希望科技工作者在做到“律己”的同时，也能够对同行业中可能出现的不良风气积极加以阻止。将科研人员对其科研项目的责任心，逐步扩大到对科技研发行业，乃至整个国家科技建设的责任感。

1.4 不得侵占他人成果。

《关于科技工作者行为准则的若干意见》第五条第（四）款规定：“要按照对科技成果的创造性贡献大小，合理确定成果完成单位和完成人，未参加研究或者仅从事辅助性、服务性工作的单位和人员，不得以任何方式挤入排名顺序，侵占他人应得的权益。”针对科技成果署名排名不公正这一普遍存在的现象，此文件给予了高度的重视。倘若这一不公正情况持续存在，势必导致部分行业败类坐享其成，打击真正做实事的科技工作者的积极性，国家科研发展将因此止步不前。此项禁止性义务的规定，要求科技工作者诚实、合理地评价自己所贡献的科研成果，同时对他人成果予以尊重。

1.5 针对高校科技工作者的具体禁止性义务。

《高等学校科学技术学术规范指南》第二章第七节基本沿袭《关于科技工作者行为准则的若干意见》第五条第（一）、（二）、（三）款禁止性义务内容。强调了高校科技工作者应当尤其注意其科研活动中的行为，不触碰底线。这就要求高校科技工作者以更高的标准、更严的要求，约束自己的科技行为，严守诚实守信的准则，时刻以以上禁止性义务的内容规范自我。

2. 规定科技工作者禁止性义务的意义

科技工作者掌握着普通大众所不具备的科研知识，作为科研项目的研究者，其科研活动对于项目的推进和完成，乃至国家整体科学技术水平的推动都有着不可忽视的作用。科研人员在享受国家给予的资金和技术等诸多方面支持的同时，也应当规范其科技活动行为，遵从法定的禁止性义务。这些禁止性的义务体现在科技活动的每一个环节，如科研立项、科技成果的评审、鉴定、验收和奖励等环节中，对于科技人员的活动给出了全方位细致的规范，科研人员只有以这些规范要求自身，方能就其科研活动得到国家的支持与认可，其科研成果方能在科技建设中发光发热。

依据

（1）2010 年教育部科学技术委员会学风建设委员会组织编写的《高等学校科学技术学术规范指南》第二章第七节；

（2）1999 年科技部、教育部、中国科学院、中国工程院、中国科协共同制定的《关于科技工作者行为准则的若干意见》（国科发政字〔1999〕524 号）第五条。

十四、在国家科技计划项目评估评审活动中，申请项目的科研人员应当履行哪些义务？

答案

国家科技计划项目作为科技计划项目中重点扶持和培养的对象，其评估评审环节非常严格。这就要求申请该类项目的科技工作者严格遵守法律法规，特别是《国家科技计划项目评估评审行为准则与督查办法》所规定的义务，力求确保评估评审结果的真实性、公正性。

该办法着眼于科研领域现状，从正、反两方面全面具体地规定了科技工作者在申请评估评审活动中的义务，以落实具体义务为目的，为科技工作者划定了科研工作的行为底线，能够帮助科技工作者在科研活动中明确应当做什么，不应当做什么。

该办法明确了法律责任，科技工作者将了解到作出违法行为所需承担的后果。对于不遵守规定之人，亦可依照规定及时作出处理，从而净化科技工作者队伍，推动科研工作进一步发展。

释 义

1. 相关概念

《国家科技计划管理暂行规定》第二条定义了国家科技计划的概念："国家科技计划是指：根据国家科技发展规划和战略安排的，以中央财政支持或以宏观政策调控、引导，由政府行政部门组织和实施的科学研究与试验发展活动及相关的其他科学技术活动。国家科技计划是国家解决社会和经济发展中涉及的重大科技问题、实现科技资源合理配置的重要手段。"

2. 具体义务

国家科技计划项目的申请者在评估评审活动中应当履行以下义务。

2.1 义务性规范。

《国家科技计划项目评估评审行为准则与督查办法》第十条第（一）款规定了国家科技计划项目的申请者在评审评估环节中应当履行的义务：

"项目申请者在项目的立项、检查、验收过程中，有义务接受并配合评估机构的评估或者科技计划管理部门组织的评审，按要求提供与项目有关的全部资料和信息，确保所提供资料和信息真实、有效。"

2.2 禁止性规范。

《国家科技计划项目评估评审行为准则与督查办法》第十条第（二）款规定了六项国家科技计划项目的申请者在评审评估环节中的禁止行为。

2.2.1 不得弄虚作假，故意在项目评估评审活动中提供虚假资料、信息。

2.2.2 对同一项目（包括研究内容相同或者相近的项目）不得重复申请立项。

2.2.3 不得相互串通或者与科技计划项目管理人员、评估人员、评审专家串通，以不正当手段获取有关项目的评估评审信息。

2.2.4 不得向项目评估评审组织者、项目评估评审活动承担者、项目推荐者、项目评估人员和评审专家馈赠或者许诺馈赠钱物或给予其他好处。

2.2.5 不得编造谎言、捏造事实诋毁、侮辱、陷害科技计划项目管理者、项目评估评审活动承担者、项目评估人员、评审专家和其他项目申请者。

2.2.6 不得进行其他妨碍项目评估评审活动独立、客观、公正开展的行为。

这六项规定均是要求科研人员坚持诚实守信原则，确保项目材料的真实性，以及保证评估评审过程的独立公正性。从实体材料和评估评审程序两个方面入手，提示了科研工作者应当注意的行为。

2.3 法律责任。

《国家科技计划项目评估评审行为准则与督查办法》第十七条规定了国家科技计划项目的申请者违反上述规定以及作出其他禁止性行为所应承担的责任。

项目推荐者和项目申请者有下列情况之一的，科技部可以分别情况责令改正，给予警告、通报批评、取消项目立项资格、终止项目合同，追回已拨经费、直至一定时限内取消相关人员或者单位推荐项目或者承担国家科技计划项目的资格；构成违纪的，建议有关部门给予纪律处分；构成犯罪的，依法移送司法机关追究刑事责任。

2.3.1 弄虚作假，骗取项目立项的；

2.3.2 玩忽职守，徇私舞弊以及妨碍项目评估评审活动正常进行的；

2.3.3 违反本办法第九条、第十条规定之一的。

依据

（1）2003年科技部《国家科技计划项目评估评审行为准则与督查办法》

（科学技术部令第 7 号）第十条、第十七条；

（2）2001 年科技部《国家科技计划管理暂行规定》（科学技术部令第 4 号）第二条。

十五、在科研过程中，可能出现哪些涉及国家科技计划的人员失信行为？针对以上严重失信行为将如何处理？

答 案

国家科技计划代表国家科研的最高序列，国家对于国家科技计划的参与人员必然规定以严格的纪律，以保证国家科技计划各项科研项目的顺利进行。在第十四题中分析了国家科技计划项目申请人员的失信行为及处理，在本问题中将对其他主体行为限制和法律责任加以明确。《国家科技计划项目评估评审行为准则与督查办法》从项目评估评审组织者、项目评估评审活动承担者、项目评估人员和评审专家、项目推荐者四类人群的角度出发，列举了他们在项目评估评审活动中可能作出的失信行为以及应为其承担的责任。科技工作者在项目评估评审活动中应对该类行为加以注意，积极检举，以捍卫自己所申请项目被公正评估的权利，以及保证最终评估结果的公平合理。

释 义

以下一一列举四类主体失信行为及其处理结果。

1. 项目评估评审组织者

《国家科技计划项目评估评审行为准则与督查办法》所定义的“项目评估评审组织者”主要指“科技部各专项科技计划主管部门及其相关人员、受委托组织项目评估评审活动的科技部直属事业单位和有关单位及其相关人员”。

《国家科技计划项目评估评审行为准则与督查办法》第六条、第十四条及第十五条规定了该类主体失信行为及处理办法。

1.1 失信行为。

1.1.1 项目评估评审组织者失信行为：直接从事、参与或干预项目评估评审活动，向评估机构、评估人员或者评审专家施加倾向性影响；利用组织项目评估评审活动之便谋取不正当利益；委托不具备规定条件的评估机构或者聘请不具备规定条件的评审专家承担项目评估评审活动；聘请按规定应当回避或者在以往评估评审工作中有不良记录的评估机构或者评审专家；违反保密规定，擅自泄露评估评审资料、评估人员或者评审专家名单、项目评估报告、评审专家意见或者其他应当保密的评估评审情况；隐瞒、歪曲或者不如实反映评估机构或者评审专家提出的明确意见；未严格按照规定的程序、办法处理与评估评审工作相关的质询、异议和举报；串通某一项目申请者以排斥其他项目申请者；领取评估评审费、劳务费，索取或者接受评估评审对象以及相关人员的礼品、礼金、有价证券、支付凭证、可能影响公正性的宴请或其他好处。

1.1.2 科技部各专项科技计划主管部门及其相关人员的失信行为：对评估评审的重大情况隐匿不报，严重失职的；与评估评审活动的承担者、申请者、推荐者或评估人员、评审专家串通、编造虚假报告的；干预正常的评估评审活动，造成不良后果的；索取或收受贿赂的；其他玩忽职守，徇私舞弊以及妨碍项目评估评审活动正常进行的。

1.1.3 受委托组织项目评估评审活动者的失信行为：弄虚作假，与项目执行单位串通编造虚假报告，或者对重大问题隐匿不报的；徇私舞弊、滥用职权或者玩忽职守的。

1.2 处理办法。

针对作出失信行为的科技部各专项科技计划主管部门及其相关人员，《国家科技计划项目评估评审行为准则与督查办法》第十四条规定：“可视问题严重程度，对主要负责人或直接责任人给予纪律处分；构成犯罪的，依法移送司法机关追究刑事责任。”而针对作出失信行为的受委托组织项目评估评审活动者，《国家科技计划项目评估评审行为准则与督查办法》第十五条规定：“科技部可以分别情况责令改正，给予警告、通报批评或者终止评估或评审委托；非法收受财物的，按国家有关规定没收所收受的财物；构成违纪的，建议有关部门给予纪律处分；构成犯罪的，依法移送司法机关追究刑事责任。”

2. 项目评估评审活动承担者

《国家科技计划项目评估评审行为准则与督查办法》所定义的“项目评估评审活动承担者”主要指“受委托承担评估评审活动的科技评估机构、评审组织及相关人员”。

该办法第七条及第十五条规定了该类主体失信行为及处理办法。

2.1 失信行为。

2.1.1 利用承担项目评估评审活动之便谋取不正当利益。

2.1.2 违反项目评估评审工作方案和预算的规定。

2.1.3 在规定程序以外向评审专家施加倾向性影响，损害国家利益或者其他项目申请者合法权益。

2.1.4 为评估评审对象编写立项可行性报告，或者检查、验收工作中要求提供的材料。

2.1.5 违反保密规定，擅自泄露评估评审资料、评估人员或者评审专家名单、项目评估报告、评审专家意见或者其他应当保密的评估评审情况。

2.1.6 索取或者接受评估评审对象以及相关人员的礼品、礼金、有价证券、支付凭证、可能影响公正性的宴请或其他好处。

2.1.7 弄虚作假，与项目执行单位串通编造虚假报告，或者对重大问题隐匿不报的。

2.1.8 徇私舞弊、滥用职权或者玩忽职守的。

2.2 处理办法。

针对作出失信行为的项目评估评审活动承担者，该办法第十五条规定：“科技部可以分别情况责令改正，给予警告、通报批评或者终止评估或评审委托；非法收受财物的，按国家有关规定没收所收受的财物；构成违纪的，建议有关部门给予纪律处分；构成犯罪的，依法移送司法机关追究刑事责任。”

3. 项目评估人员和评审专家

《国家科技计划项目评估评审行为准则与督查办法》第八条及第十六条规定了该类主体失信行为及处理办法。

3.1 失信行为。

3.1.1 发现与项目或项目申请者存在利益关系或其他可能影响公正性的关系的，未主动向项目评估评审组织者申明并回避。

3.1.2 利用评估人员或评审专家的特殊身份和影响力，或者与评估评审对象及相关人员串通，为有利益关系者获得项目立项或者通过检查、验收提供便利。

3.1.3 压制不同学术观点和其他专家意见。

3.1.4 为得出主观期望的结论，投机取巧、断章取义、片面作出与客观事实不符的评价。

3.1.5 擅自披露、使用或许可使用被评估评审对象的商业秘密。

3.1.6 未严格遵守保密规定。未经允许单独与评估评审对象及相关人员接触、复制保留或者向他人扩散评估评审资料，泄露保密信息。

3.1.7 索取或者接受评估评审对象以及相关人员的礼品、礼金、有价证券、支付凭证、可能影响公正性的宴请或其他好处。

3.1.8 弄虚作假，致使相关项目通过评估评审的。

3.1.9 徇私舞弊，违背科学道德、有失公允的。

3.2 处理办法。

针对作出失信行为的项目评估人员和评审专家，该办法第十六条规定："科技部可以分别情况责令改正，记录不良信用、给予警告、通报批评、宣布评估评审意见无效直至取消其参加评估评审活动的资格；构成违纪的，建议有关部门给予纪律处分；构成犯罪的，依法移送司法机关追究刑事责任。"

4. 项目推荐者

《国家科技计划项目评估评审行为准则与督查办法》所定义的"项目推荐者"主要指"各级科技行政管理部门、有关单位及相关人员"。

该办法第九条及第十七条规定了该类主体失信行为及处理办法。

4.1 失信行为。

4.1.1 歧视潜在项目申请者，故意不推荐符合申请条件的项目；

4.1.2 与项目申请者串通，在项目立项申请材料或者检查、验收申请材料中弄虚作假；

4.1.3 为项目申请者拉关系，干扰项目评估评审工作；

4.1.4 索取或者接受项目申请者以及相关人员的礼品、礼金、有价证券、支付凭证、可能影响公正性的宴请或其他好处；

4.1.5 弄虚作假，骗取项目立项的；

4.1.6 玩忽职守，徇私舞弊以及妨碍项目评估评审活动正常进行的。

4.2 处理办法。

针对作出失信行为的项目推荐者，该办法第十七条规定："科技部可以分别情况责令改正，给予警告、通报批评、取消项目立项资格、终止项目合同，追回已拨经费、直至一定时限内取消相关人员或者单位推荐项目或者承担国家科技计划项目的资格；构成违纪的，建议有关部门给予纪律处分；构成犯罪的，依法移送司法机关追究刑事责任。"

依据

2003 年科技部《国家科技计划项目评估评审行为准则与督查办法》（科学技术部令第 7 号）第六条、第七条、第八条、第九条、第十四条、第十五条、第十六条、第十七条。

十六、诚实信用原则如何规制知识产权侵权行为？

答案

诚实信用原则在民法的各个领域每个层面都有所体现，在知识产权法中自然也不例外。诚实信用原则对知识产权侵权的规制，一方面体现在立法的指引，另一方面则是法律的弥补。首先，知识产权领域一系列法律中侵权行为的定义体现了立法者对于诚实信用原则的考虑。禁止此类侵权行为，本身就是对诚实信用原则的遵守；其次，对于知识产权领域法律列举不到位的侵权行为，被侵权人亦可以将诚实信用原则作为兜底条款寻求救济，可以说这一原则有力地弥补了知识产权领域立法的"死角"，从而实现针对知识产权人权利的全方位保护。

释义

诚实信用原则对知识产权侵权行为的规制主要体现在以下方面。

1.《中华人民共和国民法总则》

《中华人民共和国民法总则》第七条规定："民事主体从事民事活动，应当遵循诚信原则，秉持诚实，恪守承诺。"《中华人民共和国民法总则》作为民事活动的总体纲领，对于知识产权活动具有指导性意义。众所周知，知识产权本身是一种私权利，知识产权法是民法的一部分，这一点已经为我国立法、司法实践以及学术研究所承认。因此，作为民法基本原则之一的诚实信用原则，当然地也适用于知识产权法，诚实信用原则及其所衍生的规则，理应为知识产权提供保护，对知识产权领域的侵权行为加以规制。

2.《中华人民共和国反不正当竞争法》

《中华人民共和国反不正当竞争法》第二条规定："经营者在生产经营活动中，应当遵循自愿、平等、公平、诚信的原则，遵循法律和商业道德。"《中华人民共和国反不正当竞争法》与《中华人民共和国著作权法》《中华人民共和国专利法》和《中华人民共和国商标法》关系密切，司法实践中有时被认为是知识产权法的"兜底"，一些新兴的、难以界定的侵犯知识产权的行为，可以通过《中华人民共和国反不正当竞争法》来保护。因此该规定对于科技工作者在科研活动中遭遇的知识产权侵权行为能给予有力保护。

3.《中华人民共和国商标法》

《中华人民共和国商标法》第七条规定："申请注册和使用商标，应当遵循诚实信用原则。"明文规定了诚实信用原则，使其得以直接被用以规制侵权行为，如对恶意注册、恶意异议、恶意撤销的打击和对在先权利的保护等。

4. 其他知识产权法律

我国著作权法和专利法中虽然没有规定诚实信用原则，甚至整个条文中都没有“诚实信用”这个词汇的出现，但该原则仍然隐含其中，并起着重要作用。例如：

《中华人民共和国著作权法》第四十七条规定了一系列视作侵犯著作权的行为：“未经著作权人许可，发表其作品的；未经合作作者许可，将他人合作创作作品当作自己单独创作作品发表的；没有参加创作，为谋取个人名利，在他人作品上署名的；歪曲、篡改他人作品的；剽窃他人作品的；未经著作权人许可，以展览、摄制电影和以类似摄制电影的方法使用作品，或者以改编、翻译、注释等方式使用作品的……未经电影作品和以类似摄制电影的方法创作的作品、计算机软件、录音录像制品的著作权人或者与著作权有关的权利人许可，出租其作品或者录音录像制品的；未经出版者许可，使用其出版的图书、期刊的版式设计的；未经表演者许可，从现场直播或者公开传送其现场表演或者录制其表演的……”这些行为之所以构成侵权，是由于它们未经著作权人许可。而未经许可本身就是侵权人违背诚实信用原则，对被侵权人作出隐瞒的体现。由此可见，《中华人民共和国著作权法》以列举式的方法明确了法律应惩戒的一系列侵犯著作权的行为，从而从侧面保证了民事行为人不违背诚实信用原则。

同样地，在《中华人民共和国专利法》有关侵权的规定中，也不同程度的有诚实信用原则的体现，如《中华人民共和国专利法》第六十条之规定：“未经专利权人许可，实施其专利，即侵犯其专利权……”明确规定侵权行为本质是未经许可的行为。

依据

（1）2018 年修改的《中华人民共和国反不正当竞争法》第二条；

（2）2017 年施行的《中华人民共和国民法总则》第七条；

（3）2014 年修改的《中华人民共和国商标法》第七条；

（4）2010 年修改的《中华人民共和国著作权法》第四十七条；

（5）2008 年修改的《中华人民共和国专利法》第六十条。

第三节　科技工作者的社会责任

十七、科研工作者在科技成果转化中应当注意哪些社会问题?

答案

根据《中华人民共和国促进科技成果转化法》第三条的规定，科技成果转化活动应当有利于加快实施创新驱动发展战略，促进科技与经济的结合，有利于提高经济效益、社会效益和保护环境、合理利用资源，有利于促进经济建设、社会发展和维护国家安全。科技成果转化活动应当尊重市场规律，发挥企业的主体作用，遵循自愿、互利、公平、诚实信用的原则，依照法律法规规定和合同约定，享有权益，承担风险。科技成果转化活动中的知识产权受法律保护。科技成果转化活动应当遵守法律法规，维护国家利益，不得损害社会公共利益和他人合法权益。

释义

《中华人民共和国科学技术进步法》第五十五条规定，科学技术人员应当弘扬科学精神，遵守学术规范，恪守职业道德，诚实守信；不得在科学技术活动中弄虚作假，不得参加、支持迷信活动。

《关于深化中央财政科技计划（专项、基金等）管理改革的方案》指出：科技部、财政部要对科技计划（专项、基金等）的实施绩效、战略咨询与综合评审委员会和专业机构的履职尽责情况等统一组织评估评价和监督检查，进一步完善科研信用体系建设，实行“黑名单”制度和责任倒查机制。对科技计划（专项、基金等）的绩效评估通过公开竞争等方式择优委托第三方机构开展，评估结果作为中央财政予以支持的重要依据。各有关部门要加强对所属单位承担科技计划（专项、基金等）任务和资金使用情况的日常管理和监督。建立科研成果评价监督制度，强化责任；加强对财政科技资金管理使用的审计监督，对发现的违法违规行为要坚决予以查处，查处结果向社会公开，发挥警示教育作用。

由此可见，对于科技工作者而言，首先必须保障自己的科研成果不是抄袭、剽窃所得，不在学术活动中弄虚造假。其次，科技工作者要致力于将科普理论转化为科研成果，才能真正发挥其作用。在科研成果转化的过程中，科研工作者要注重关注国计民生，促进科技成果转化为现实生产力，规范科技成果转化活动，加速科学技术进步，推动经济建设和社会发展。

依 据

（1）2015 年修订的《中华人民共和国促进科技成果转化法》第三条；

（2）2014 年国务院发布的《关于深化中央财政科技计划（专项、基金等）管理改革的方案》（国发〔2014〕64 号）；

（3）2007 年修订的《中华人民共和国科学技术进步法》第五十五条。

十八、科研工作者开展科普活动的法律依据有哪些？

答 案

《中华人民共和国科学技术进步法》第五条规定，国家发展科学技术普及事业，普及科学技术知识，提高全体公民的科学文化素质。《中华人民共和国科学技术普及法》第十三条规定，科普是全社会的共同任务。社会各界都应当组织参加各类科普活动。科学研究和技术开发机构、高等院校、自然科学和社会科学类社会团体，应当组织和支持科学技术工作者和教师开展科普活动，鼓励其结合本职工作进行科普宣传；有条件的，应当向公众开放实验室、陈列室和其他场地、设施，举办讲座和提供咨询。科学技术工作者和教师应当发挥自身优势和专长，积极参与和支持科普活动。

释 义

《"十三五"国家科普和创新文化建设规划》提出，促进创新创业与科普结合。推进科研与科普的结合，在国家科技计划项目实施中进一步明确科普义务和要求，项目承担单位和科技工作者要主动面向社会开展科普服务。促进创业与科普的结合，鼓励和引导众创空间等创新创业服务平台面向创业者和公众开展科普活动。推动科普场馆、科普机构等面向创新创业者开展科普服务。鼓励科技工作者积极参与创新创业服务平台和孵化器的科普活动，支持创客参与科普产品的设计、研发和推广。

依据

（1）2017 年科技部、中央宣传部发布的《“十三五”国家科普和创新文化建设规划》（国科发政〔2017〕136 号）；

（2）2007 年修改的《中华人民共和国科学技术进步法》第五条；

（3）2002 年施行的《中华人民共和国科学技术普及法》第十三条。

十九、不同机构以及科技工作者应如何根据自身的特点从事科普活动？

答案

科普是全社会的共同任务。社会各界都应当组织参加各类科普活动。不同机构，在科普活动中有着不同的要求。

各级人民政府领导科普工作，应将科普工作纳入国民经济和社会发展计划，为开展科普工作创造良好的环境和条件。

科学技术协会是科普工作的主要社会力量。科学技术协会组织开展群众性、社会性、经常性的科普活动，支持有关社会组织和企业事业单位开展科普活动，协助政府制定科普工作规划，为政府科普工作决策提供建议。

科学研究和技术开发机构、高等院校、自然科学和社会科学类社会团体，应当组织和支持科学技术工作者和教师开展科普活动，鼓励其结合本职工作进行科普宣传；有条件的，应当向公众开放实验室、陈列室和其他场地、设施，举办讲座和提供咨询。科学技术工作者和教师应当发挥自身优势和专长，积极参与和支持科普活动。

各科技机构、大专院校和科技工作者要积极投身于科普事业，通过举办公开讲座、开放实验室、参观等多种方式进行科普宣传，积极发挥宣传、教育职能。要鼓励从事科技工作的专家、学者，特别是院士、老科学家走向社会，到青少年中去，带头宣讲科技知识。新闻出版、广播影视、文化等机构和团体应当发挥各自优势做好科普宣传工作。综合类报纸、期刊应当开设科普专栏、专版；广播电台、电视台应当开设科普栏目或者转播科普节目；影视生产、发行和放映机构应当加强科普影视作品的制作、发行和放映；书刊出版、发行机构应当扶持科普书刊的出版、发行；综合性互联网站应当开设科普网页；科技馆（站）、图书馆、博物馆、文化馆等文化场所应当发挥科普教育的作用。

医疗卫生、计划生育、环境保护、国土资源、体育、气象、地震、文物、旅游等国家机关、事业单位以及工会、共产主义青年团、妇女联合会等社会团体，应当结合各自的工作开展科普活动。

释义

1. *科普活动*

科普活动是指国家和社会普及科学技术知识、倡导科学方法、传播科学思想、弘扬科学精神的活动。

2. *科普活动的重要性*

加强科学技术普及工作，是《中华人民共和国宪法》的要求，《中华人民共和国宪法》第二十条明确要求，国家发展自然科学和社会科学事业，普及科学和技术知识，奖励科学研究成果和技术发明创造。

科普活动也是实施科教兴国战略和可持续发展战略，提高公民的科学文化素质，推动经济发展和社会进步的重要途径。

科学技术的普及程度，是国民科学文化素质的重要标志，事关经济振兴、科技进步和社会发展的全局。在提高全国人民物质生活水平的同时，要努力提高精神生活的水准，使科普工作真正成为“两个文明”建设的重要内容，成为实现经济建设转移到依靠科技进步和提高劳动者素质轨道的重要途径，成为实现决策科学化的有力保障，成为培养一代新人的重要措施。

提高全民科学文化素质，引导广大干部和人民群众掌握科学知识、应用科学方法、学会科学思维，战胜迷信、愚昧和贫穷，为我国社会主义现代化事业奠定坚实基础，是当前和今后一个时期科普工作的重要任务。

3. *科普活动的特点及要求*

科普是公益事业，是社会主义物质文明和精神文明建设的重要内容。发展科普事业是国家的长期任务。

科普活动要适应社会主义市场经济发展的要求，充分利用现有的科普队伍和设施，根据经济和社会发展的需要有成效地组织开展科普工作；要通过深化改革，逐步建立、健全科普工作的政策法律体系和支撑服务体系；要动员全社会力量，多形式、多层次、多渠道地开展科普工作，传播科技知识、科学方法和科学思想，使科普工作群众化、社会化、经常化。

国家机关、武装力量、社会团体、企业事业单位、农村基层组织及其他组织应当开展科普工作。公民也有参与科普活动的权利。

开展科学技术普及，应当采取公众易于理解、接受、参与的方式。科普工作应当坚持群众性、社会性和经常性，结合实际，因地制宜，采取多种形式。

科普工作应当坚持科学精神，反对和抵制伪科学。任何单位和个人不得以科普为名从事有损社会公共利益的活动。

依 据

（1）2012 年科技部发布的《国家科学技术普及“十二五”专项规划》（国科发政〔2012〕224 号）；

（2）2007 年修改的《中华人民共和国科学技术进步法》；

（3）2002 年施行的《中华人民共和国科学技术普及法》；

（4）1994 年中共中央、国务院联合颁布的《中共中央、国务院关于加强科学技术普及工作的若干意见》。

二十、科技工作者从事科普工作应当注重发挥哪些方面的作用？

答 案

根据《“十三五”国家科普和创新文化建设规划》的相关规定，科研工作者在从事科普工作的过程中要注重从自身做起，树立良好的模范作用，营造崇尚创新的文化环境，加快科学精神和创新价值的传播塑造，动员全社会更好理解和投身科技创新。营造鼓励探索、宽容失败和尊重人才、尊重创造的氛围，加强科研诚信、科研道德、科研伦理建设和社会监督，培育尊重知识、崇尚创造、追求卓越的创新文化。

释 义

1. 大力弘扬科学精神

紧紧围绕培育弘扬社会主义核心价值观，把弘扬科学精神作为社会主义先进文化建设的重要内容。大力弘扬求真务实、勇于创新、追求卓越、团结协作、无私奉献的科学精神。鼓励学术争鸣，激发批判思维，提倡富有生气、不受约束、敢于发明和创造的学术自由。引导科技界和科技工作者强化社会责任，报效祖国，造福人民，在践行社会主义核心价值观、引领社会良好风尚中率先垂范。

坚持制度规范和道德自律并举原则，建设教育、自律、监督、惩治于一体的科研诚信体系。积极开展科研诚信教育和宣传。完善科研诚信的承诺和报告制度等，明确学术不端行为监督调查惩治主体和程序，加强监督和对科研不端行为的查处和曝光力度。实施科研严重失信行为记录制度，对于纳入严重失信记录的责任主体，在项目申报、职位晋升、奖励评定等方面采取限制措施。发挥科研机构和学术团体的自律功能，引导科技人员加强自我约束、自我管理。加强对科研诚信、科研道德的社会监督，扩大公众对科研活动的知情权和监督权。倡导负责任的研究与创新，加强科研伦理建设，强化科研伦理教育，提高科技工作者科研伦理规范意识，引导企业在技术创新活动中重视和承担保护生态、保障安全等社会责任。

2. 增进科技界与公众互动互信

加强科技界与公众的沟通交流，塑造科技界在公众中的良好形象。在科技规划、技术预测、科技评估以及科技计划任务部署等科技管理活动中扩大公众参与力度，拓展有序参与渠道。围绕重点热点领域积极开展科学家与公众对话，通过开放论坛、科学沙龙、科学咖啡馆、科学之夜和展览展示等形式，创造更多科技界与公众交流的机会。加强科技舆情引导和动态监测，建立重大科技事件应急响应机制，抵制伪科学和歪曲、不实、不严谨的科技报道。

3. 培育企业家精神与创新文化

大力培育中国特色创新文化，增强创新自信，积极倡导敢为人先、勇于冒尖、宽容失败的创新文化，形成鼓励创新的科学文化氛围，树立崇尚创新、创业致富的价值导向，大力培育企业家精神和创客文化，形成吸引更多人才从事创新活动和创业行为的社会导向，使谋划创新、推动创新、落实创新成为自觉行动。引导创新创业组织建设开放、平等、合作、民主的组织文化，尊重不同见解，承认差异，促进不同知识、文化背景人才的融合。鼓励创新创业组织建立有效激励机制，为不同知识层次、不同文化背景的创新创业者提供平等的机会，实现创新价值的最大化。鼓励建立组织内部众创空间等非正式交流平台，为创新创业提供适宜的软环境。加强科技创新宣传力度，报道创新创业先进事迹，树立创新创业典型人物，进一步形成尊重劳动、尊重知识、尊重人才、尊重创造的良好风尚。

依 据

（1）2017 年科技部、中央宣传部发布的《“十三五”国家科普和创新文化建设规划》（国科发政〔2017〕136 号）；

（2）2002 年施行的《中华人民共和国科学技术普及法》。

第四节 科研不端的规制

二十一、科研活动中经常出现的科研不端行为主要有哪些？

答 案

我国认为，在有关人员职称、简历以及研究基础等方面提供虚假信息；抄袭、剽窃他人科研成果；捏造或篡改科研数据；在涉及人体的研究中，违反知情同意、保护隐私等规定；违反实验动物保护规范等都可能构成科研不端。

在美国，科研不端行为指的是在申报、开展或评议研究项目，以及报告研究结论等过程中的伪造、篡改或者抄袭的行为。

释 义

1. 我国界定“科研不端行为”

《国家科技计划实施中科研不端行为处理办法（试行）》规定，科研不端行为是指违反科学共同体公认的科研行为准则的行为，包括以下六种。

1.1 在有关人员职称、简历以及研究基础等方面提供虚假信息。

该类行为的特点是提供虚假的职称、简历以及研究基础信息，获取不正当的利益。例如中级职称冒称高级职称申报只有高级职称才能申报的项目，虚构国外留学经历等。

1.2 抄袭、剽窃他人科研成果。

该类行为的特点是将他人的科研成果作为自己的科研成果署名，或者将他人的科研成果改头换面地作为自己的科研成果等，是典型的科研不诚信行为。

1.3 捏造或篡改科研数据。

该类行为的特点是以虚假的科研数据作为真实的科研数据，或者为了某种结果故意更改相应数据。由于科研数据是形成科学结论的基础，捏造或者篡改数据必然导致科研结论的失真。这是科学共同体不能容忍的一类不诚信行为。

1.4 在涉及人体的研究中，违反知情同意、保护隐私等规定。

科研伦理要求，涉及人体的研究应当事先征得参与者的同意，并应事先告知研究的目的、过程、结果以及采取的保护措施等，同时注重保护参与者的隐私、健康等人身权益。违反科研伦理要求，向参与者隐瞒事项、泄露参与者隐私、危害参与者健康等，都属于违法行为。

1.5 违反实验动物保护规范。

实验动物是指经人工饲育，对其携带的微生物实行控制，遗传背景明确或者来源清楚的，用于科学研究、教学、生产、检定以及其他科学实验的动物。实验动物的管理遵循统一规划、合理分工，有利于促进实验动物科学研究和应用的原则。国家实行实验动物的质量监督和质量合格认证制度。违反实验动物的饲育管理、检疫和传染病控制管理、应用管理与进口出口管理等，构成违法行为。

1.6 其他科研不端行为。

该款规定属于兜底条款，旨在将其他在性质上构成科研不端的行为纳入进来，需要在法律适用中予以解释。

2. 美国界定“科研不端行为”

美国科技政策办公室（OSTP）2000年将“科研不端行为”（Research Misconduct）定义为：“在立项、实施、评审或报告研究结果等活动中伪造（Fabrication）、篡改（Falsification）或抄袭（Plagiarism）”，简称为FFP。

“篡改即巧妙地处理研究原料、熟练地操作仪器设备或利用研究程序与方法，替换或遗漏数据或结果以至于使研究无法在研究档案中得到精确表现”；“剽窃指的是，在不给予适当鸣谢或指明出处情况下，把他人的思想、方法、结果或（核心）词语据为己有的行为”；“研究不端行为不包括诚实的错误或意见上的差异”。[①]

依 据

2006年科技部发布的《国家科技计划实施中科研不端行为处理办法（试行）》（科学技术部令第11号）。

二十二、捏造或篡改实验数据应当承担哪些法律责任?

答 案

违反《中华人民共和国科学技术进步法》规定，骗取国家科学技术奖励的，由主管部门依法撤销奖励，追回奖金，并依法给予处分。违反本法规定，推荐的单位或者个人提供虚假数据、材料，协助他人骗取国家科学技术奖励的，由主管部门给予通报批评；情节严重的，暂停或者取消其推荐资格，并依法给予处分。

---

① 蒋美仕、李玲、杨维．美国联邦政府关于科研不端行为的政策演变——从不端行为定义的争议与统一过程审视［J］．自然辩证法通讯，2008（6）：55.

释义

《国家自然科学基金条例》第三十五条规定：项目负责人、参与者违反《国家自然科学基金条例》规定，有下列行为之一的，由基金管理机构给予警告，暂缓拨付基金资助经费，并责令限期改正；逾期不改正的，撤销原资助决定，追回已拨付的基金资助经费；情节严重的，5 年至 7 年不得申请或者参与申请国家自然科学基金资助：

（1）不按照项目计划书开展研究的；

（2）擅自变更研究内容或者研究计划的；

（3）不依照本条例规定提交项目年度进展报告、结题报告或者研究成果报告的；

（4）提交弄虚作假的报告、原始记录或者相关材料的；

（5）侵占、挪用基金资助经费的。

项目负责人、参与者有前款第（4）项、第（5）项所列行为，情节严重的，5 年至 7 年不得晋升专业技术职务（职称）。

在国家科技计划实施中捏造或篡改实验数据，也属于科研不端行为。同样适用《国家科技计划实施中科研不端行为处理办法（试行）》第十一条的规定。

依据

（1）2007 年颁布施行的《中华人民共和国科学技术进步法》；

（2）2007 年国务院发布的《国家自然科学基金条例》第三十五条；

（3）2006 年科技部发布的《国家科技计划实施中科研不端行为处理办法（试行）》（科学技术部令第 11 号）第十一条。

二十三、科研不端行为的举报及查处方式是什么？

答案

《国家科技计划实施中科研不端行为处理办法（试行）》规定，任何单位和个人都可以向科学技术部、项目主持机关、项目承担单位举报在国家科技计划项目实施过程中发生的科研不端行为。鼓励举报人以实名举报。

科学技术部负责查处影响重大的科研不端行为。必要时，科学技术部会同其他部门联合进行查处。科学技术部将处理决定纳入国家科技计划信用信息管理体系，作为科技计划实施和管理的参考。

释义

1. 科学技术部成立科研诚信建设办公室职责

科学技术部成立科研诚信建设办公室（以下称办公室），负责科研诚信建设的日常工作。其主要职责是：

1.1 接受、转送对科研不端行为的举报；

1.2 协调项目主持机关和项目承担单位的调查处理工作；

1.3 向被处理人或实名举报人送达科学技术部的查处决定；

1.4 推动项目主持机关、项目承担单位的科研诚信建设；

1.5 研究提出加强科研诚信建设的建议；

1.6 科技部交办的其他事项。

2. 项目主持机关职责

项目主持机关负责对其推荐、主持、受委托管理的科技计划项目实施中发生的科研不端行为进行调查和处理。项目主持机关应当建立健全科研诚信建设工作体系。项目承担单位负责对本单位承担的国家科技计划项目实施中发生的科研不端行为进行调查和处理。承担国家科技计划项目的科研机构、高等学校应当建立科研诚信管理机构，建立健全调查处理科研不端行为的制度。科研机构、高等学校的科研诚信制度建设，作为国家科技计划项目立项的条件之一。

3. 查处程序

3.1 调查机构接到举报后，应进行登记。

3.1.1 被举报的行为属于《国家科技计划实施中科研不端行为处理办法（试行）》规定的科研不端行为，且事实基本清楚，并属于本机构职责范围的，应予以受理。

3.1.2 不属于本机构职责范围的，转送有关机构处理。不符合受理条件不予受理的，应当书面通知实名举报人。

3.2 调查机构应当成立专家组进行调查。专家组包括相关领域的技术专家、法律专家、道德伦理专家。项目承担单位为调查机构的，可由其科研诚信管理机构进行调查。专家组成员或调查人员与举报人、被举报人有利害关系的，应当回避。在有关举报未被查实前，调查机构和参与调查的人员不得公开有关情况；确需公开的，应当严格限定公开范围。被调查人、有关单位及个人有义务协助提供必要证据，说明事实真相。

3.3 调查工作应当按照下列程序进行：

3.3.1 核实、审阅原始记录，多方面听取有关人员的意见；

3.3.2 要求被调查人提供有关资料，说明事实情况；

3.3.3 形成初步调查意见，并听取被调查人的陈述和申辩；

3.3.4 形成调查报告。

3.4 科研不端行为影响重大或争议较大的，可以举行听证会。需经过科学试验予以验证的，应当进行科学试验。听证会和科学试验由调查机构组织。

3.5 专家组完成调查工作后，向调查机构提交调查报告。调查报告应当包括调查对象、调查内容、调查过程、主要事实与证据、处理意见。

3.6 调查机构根据专家组的调查报告，作出处理决定。调查机构应在作出处理决定后10日内将处理决定送被处理人、实名举报人。项目主持机关、项目承担单位为调查机构的，应当在作出处理决定后10日内将处理决定送科学技术部科研诚信建设办公室备案。

4. 美国对于“科研不端”行为的判定方式

美国联邦政府除了对作假行为做出界定和分类之外，还规定了判断作假行为的基本条件：

4.1 是否明显背离相关科学研究共同体的规范；

4.2 行为是否具有故意、明知以及草率特征；

4.3 是否有充分的证据。

依据

2006年科技部发布的《国家科技计划实施中科研不端行为处理办法（试行）》（科学技术部令第11号）。

二十四、教育部对于高校科研不端行为有哪些特别规定？

答 案

针对高校学术不端行为，教育部特别规定了学术委员会制度，同时教育部还要求高校完善学术不端行为的查处机制，严肃查处科研活动中的违规违纪违法行为。

释 义

1. 高等学校设立学术委员会的职责

1.1 审议学科建设、专业设置，教学、科学研究计划方案。

1.2 评定教学、科学研究成果。

1.3 调查、处理学术纠纷。

1.4 调查、认定学术不端行为。

2. 高校学术不端行为的查处机制

高校要完善学术不端行为的查处机制，严肃查处科研活动中的违规违纪违法行为。

2.1 对于违反科研行为规范的，视情节轻重，给予约谈警示、通报批评、暂停项目执行和项目拨款、责令整改、终止项目执行和项目拨款直至限制项目申报资格等处理。

2.2 构成违纪的，依据《事业单位工作人员处分暂行规定》《财政违法行为处罚处分条例》，视情节轻重给予警告、记过、降低岗位等级或撤职、开除等处分。

2.3 涉嫌犯罪的，移送司法机关依法追究其刑事责任。

依 据

（1）2015 年发布的《中华人民共和国高等教育法》第四十二条；

（2）2012 年教育部发布的《教育部关于进一步规范高校科研行为的意见》（教监〔2012〕6 号）。

二十五、若发现其他科研机构或人员有违背科技工作行为准则的不良行为，如何处理?

答案

根据《关于科技工作者行为准则的若干意见》，科技工作者要模范遵守所在单位制定的科技工作者行为规范或者守则，加强自身的道德修养，对在科研工作和各项社会活动中的行为进行自律。科技管理机构要把科技工作者职业道德作为年度或者聘期考核的重要内容之一，有关考核结果应记入个人技术档案，作为其申报项目、职务、职称聘任、晋升、评比先进和实施奖惩的依据。

释义

根据《关于科技工作者行为准则的若干意见》，对违背科技工作者行为准则的不良行为，可以向各级科技行政管理部门和其他科技管理机构进行投诉。

一经查实，各级科技管理部门和相关单位可视具体情况，给予批评教育、责令改正或者赔礼道歉、撤销项目、追回科研经费、行政处分、取消相应资格（包括但不限于一定期限内的科研项目申请资格、评审或者鉴定专家资格、申报科技奖励资格等）和职务、职称及其他称号等相应的处理。触犯法律的，依法追究有关当事人的法律责任。

对科技活动中各种不良行为的调查处理，各级科技行政管理部门和有关科技管理机构要严格掌握政策界限，既要坚持原则、严肃认真，又要科学公正、实事求是；以教育帮助为主、处罚为辅。

（1）在有关当事人认识错误、端正态度、悔过改正的前提下，可以从轻处理。切忌武断片面、偏听偏信、感情用事、盲目草率，挫伤科技工作者的积极性。在有关的调查和处理活动中，要广泛听取广大科技人员的意见，以求所作出的结论经得起科学和历史的检验。

（2）对经查证核实，没有不良行为、受到不正当指控的单位和个人，要采取适当措施予以澄清、正名，使有关调查处理工作真正起到扶正压邪的作用。

依 据

1999 年科技部、教育部、中国科学院、中国工程院发布的《关于科技工作者行为准则的若干意见》（国科发政字〔1999〕524 号）。

二十六、抄袭剽窃他人的成果侵犯他人哪些民事权利？应当承担哪些法律责任？

答 案

违反《中华人民共和国科学技术进步法》规定，抄袭、剽窃他人科学技术成果，或者在科学技术活动中弄虚作假的，由科学技术人员所在单位或者单位主管机关责令改正，对直接负责的主管人员和其他直接责任人员依法给予处分；获得用于科学技术进步的财政性资金或者有违法所得的，由有关主管部门追回财政性资金和违法所得；情节严重的，由所在单位或者单位主管机关向社会公布其违法行为，禁止其在一定期限内申请国家科学技术基金项目和国家科学技术计划项目。

释 义

项目承担单位应当根据其权限和科研不端行为的情节轻重，对科研不端行为人作出如下处罚：警告；通报批评；责令其接受项目承担单位的定期审查；禁止其一定期限内参与项目承担单位承担或组织的科研活动；记过；降职；解职；解聘、辞退或开除等。

项目主持机关应当根据其权限和科研不端行为的情节轻重，对科研不端行为人作出如下处罚：警告；在一定范围内通报批评；记过；禁止其在一定期限内参加项目主持机关主持的国家科技计划项目；解聘、开除等。

科学技术部应当根据其权限和科研不端行为的情节轻重，对科研不端行为人作出如下处罚：警告；在一定范围内通报批评；中止项目，并责令限期改正；终止项目，收缴剩余项目经费，追缴已拨付项目经费；在一定期限内，不接受其国家科技计划项目的申请。

根据《中华人民共和国著作权法》有关规定：侵犯著作权的，应当根据情况，承担停止侵害、消除影响、赔礼道歉、赔偿损失等民事责任。

依据

（1）2010 年修改施行的《中华人民共和国著作权法》；

（2）2007 年修订的《中华人民共和国科学技术进步法》；

（3）2006 年科技部发布的《国家科技计划实施中科研不端行为处理办法（试行）》（科学技术部令第 11 号）第十一条。

第三章　科技管理与评价

第一节　科技工作者的管理

一、我国在服务和激励科技工作者进行科学研究方面做了哪些体制机制创新?

答案

科学技术人员是社会主义现代化建设事业的重要力量。国家采取各种措施,提高科学技术人员的社会地位,通过各种途径,培养和造就各种专门的科学技术人才,创造有利的环境和条件,充分发挥科学技术人员的作用。我国在这方面采取了诸多措施:

(1) 提高工资福利。各级人民政府和企业事业组织应当采取措施,提高科学技术人员的工资和福利待遇;对有突出贡献的科学技术人员给予优厚待遇。

(2) 保障受教育权、创造人才流动环境。各级人民政府和企业事业组织应当保障科学技术人员接受继续教育的权利,并为科学技术人员的合理流动创造环境和条件,发挥其专长。

(3) 鼓励归国。国家鼓励在国外工作的科学技术人员回国从事科学技术研究开发工作。利用财政性资金设立的科学技术研究开发机构、高等学校聘用在国外工作的杰出科学技术人员回国从事科学技术研究开发工作的,应当为其工作和生活提供方便。外国的杰出科学技术人员到中国从事科学技术研究开发工作的,按照国家有关规定,可以依法优先获得在华永久居留权。

(4) 保障科技工作者的其他权利,如取得职称的权利、平等权、健康权等。科学技术人员可以根据其学术水平和业务能力依法选择工作单位、竞聘相应的岗位，取得相应的职务或者职称。青年科学技术人员、少数民族科学技术人员、女性科学技术人员等在竞聘专业技术职务、参与科学技术评价、承担科学技术研究开发项目、接受继续教育等方面享有平等权利。科学技术人员在艰苦、边远地区或者恶劣、危险环境中工作，所在单位应当按照国家规定给予补贴，提供其岗位或者工作场所应有的职业健康卫生保护。

（5）国家鼓励科学技术人员自由探索、勇于承担风险。原始记录能够证明承担探索性强、风险高的科学技术研究开发项目的科学技术人员已经履行了勤勉尽责义务仍不能完成该项目的，给予宽容。

（6）设立基金。国家鼓励国内外的组织或者个人捐赠财产、设立科学技术基金，资助科学技术研究开发。目前我国设立了国家自然科学基金、国家杰出青年科学基金、香港、澳门青年学者合作研究基金以及海外青年学者合作研究基金等。

（7）加大财政投入。国家逐步提高科学技术经费投入的总体水平；国家财政用于科学技术经费的增长幅度，应当高于国家财政经常性收入的增长幅度。全社会科学技术研究开发经费应当占国内生产总值适当的比例，并逐步提高。

（8）布局设立科研机构。对利用财政性资金设立的科学技术研究开发机构，国家在经费、实验手段等方面给予支持。国家鼓励设置综合性科学技术实验服务单位，为科学技术研究开发机构、高等学校、企业和科学技术人员提供或者委托他人提供科学技术实验服务。开展对以财政性资金为主购置大型科学仪器、设备的评议，建立科学技术研究基地、科学仪器设备和科学技术文献、科学技术数据、科学技术自然资源、科学技术普及资源等科学技术资源的信息系统等。

除此之外，为服务和激励科技工作者，我国还在设立国家科技计划、采取税收优惠政策、加大人才培养等方面做出机制体制创新。

释 义

目前我国设立了国家自然科学基金，国家杰出青年科学基金，香港、澳门青年学者合作研究基金，海外青年学者合作研究基金等，各基金申请条件和程序如下。

1. 国家自然科学基金

设立国家自然科学基金，用于资助《中华人民共和国科学技术进步法》规定的基础研究。依托单位的科学技术人员具备下列条件的，可以申请国家自然科学基金资助：

1.1 具有承担基础研究课题或者其他从事基础研究的经历；

1.2 具有高级专业技术职务（职称）或者具有博士学位，或者有 2 名与其研究领域相同、具有高级专业技术职务（职称）的科学技术人员推荐。

从事基础研究的科学技术人员具备前款规定的条件、无工作单位或者所在单位不是依托单位的，经与在基金管理机构注册的依托单位协商，并取得该依托单位的同意，可以依照《国家自然科学基金条例》规定申请国家自然科学基金资助。依托单位应当将其视为本单位科学技术人员，依照本条例规定实施有效管理。申请人应当是申请基金资助项目的负责人。

2. 国家杰出青年科学基金

国家杰出青年科学基金项目支持在基础研究方面已取得突出成绩的青年学者自主选择研究方向开展创新研究，促进青年科学技术人才的成长，吸引海外人才，培养造就一批进入世界科技前沿的优秀学术带头人。依托单位的科学技术人员申请国家杰出青年科学基金项目应当具备以下条件：

2.1 具有中华人民共和国国籍；

2.2 申请当年 1 月 1 日未满 45 周岁；

2.3 具有良好的科学道德；

2.4 具有高级专业技术职务（职称）或者具有博士学位；

2.5 具有承担基础研究课题或者其他从事基础研究的经历；

2.6 与境外单位没有正式聘用关系；

2.7 保证资助期内每年在依托单位从事研究工作的时间在 9 个月以上。

不具有中华人民共和国国籍的华人青年学者，符合前款 2.2 至 2.7 条件的，可以申请。正在博士后工作站内从事研究、正在攻读研究生学位以及获得过国家杰出青年科学基金项目资助的不得申请。申请人应当是申请国家杰出青年科学基金项目的实际负责人，限为 1 人。国家杰出青年科学基金项目研究期限为 4 年。

3. 海外青年学者合作研究基金

为吸引和鼓励海外优秀青年学者每年在国内进行一定期限的自然科学基础研究和应用基础研究，设立海外青年学者合作研究基金。申请者应具备以下条件：

3.1 热爱社会主义祖国，具有良好的学风和科学道德；

3.2 在海外从事科学研究，可保证每年在国内工作两个月以上；

3.3 申请当年 1 月 1 日未满 45 周岁；

3.4 具有所在国副教授级以上或成绩突出的相当于助理教授级的专业技术职务，在海外独立主持一个实验室或一个重要的研究项目（须提供任职证书复印件和研究项目批准通知书复印件）；

3.5 在自然科学基础研究方面已取得国际同行承认的创新性成绩，或在应用基础研究方面已取得突出的创造性科技成果；拟开展的研究工作属国际前沿且为国内所急需，与合作者有一定的合作基础；

3.6 申请者或合作者同期只能申请一项且无该类在研项目；

3.7 在国内的合作研究单位已经落实并与其签订了合作研究协议书。在协议书中，双方应就以下主要问题达成一致意见：合作研究的课题名称以及研究方向、预期目标等；合作单位承诺保证合作研究所必需的主要实验设备以及人力、物力等条件的配备；获资助者每年在合作单位的工作时间至少在两个月以上。

3.8 合作单位系指国内合作申请者所在单位，即本基金申请获资助后的项目依托单位。国内主要合作者一般也应是具有相当水平的青年学者。

4. 香港、澳门青年学者合作研究基金

为吸引和鼓励香港、澳门优秀青年学者每年在内地进行一定期限的自然科学基础研究和应用基础研究，设立香港、澳门青年学者合作研究基金。申请者应具备以下条件：

4.1 热爱社会主义祖国，具有良好的学风和科学道德；

4.2 在香港或澳门从事科学研究，可保证每年在内地工作两个月以上；

4.3 申请当年 1 月 1 日未满 45 周岁；

4.4 具有所在地副教授级以上或成绩突出的相当于助理教授级的专业技术职务，在香港或澳门独立主持一个实验室或一个重要的研究项目（须提供任职证书复印件和研究项目批准通知书复印件）；

4.5 在自然科学基础研究方面已取得国际同行承认的创新性成绩，或在应用基础研究方面已取得突出的创造性科技成果；拟开展的研究工作属国际前沿且为内地所急需，与合作者有一定的合作基础；

4.6 申请者或合作者同期只能申请一项且无该类在研项目；

4.7 在内地的合作研究单位已经落实并与其签订了合作研究协议书。在协议书中，双方应就以下主要问题达成一致意见：合作研究的课题名称以及研究方向、预期目标等；合作单位承诺保证合作研究所必需的主要实验设备以及人力、物力等条件的配备；获资助者每年在合作单位的工作时间至少在两个月以上。

4.8 合作单位系指内地合作申请者所在单位，即本基金申请获资助后的项目依托单位。内地主要合作者一般也应是具有相当水平的青年学者。

依据

（1）2017 年科技部发布的《“十三五”国家科技人才发展规划》（国科发政〔2017〕86 号）；

（2）2009 年国家自然科学基金委员会发布的《国家杰出青年科学基金项目管理办法》（国科金发计〔2009〕49 号）；

（3）2007 年科技部发布的《关于在重大项目实施中加强创新人才培养的暂行办法》（国科发计字〔2007〕2 号）；

（4）2007 年国务院发布的《国家自然科学基金条例》（国务院令第 487 号）；

（5）2007 年修订的《中华人民共和国科学技术进步法》；

（6）2002 年国家自然科学基金委员会发布的《香港、澳门青年学者合作研究基金管理办法》（国科金发计〔2002〕67 号）；

（7）2002 年国家自然科学基金委员会发布的《海外青年学者合作研究基

金管理办法》（国科金发计〔2002〕66号）。

二、如何在重大项目实施过程中实现高效率的创新型人才培养？

答 案

为了实现以重大项目为基础的创新型人才的培养目标，由科技部根据国家发展目标制定重大项目创新人才培养的总体规划。根据不同项目的特点，对不同类型的创新人才进行重点培养。重大基础研究项目和战略高技术研究项目应重点培养战略科学家、学术带头人以及创新团队等；重大应用研究、产业化和工程项目应重点培养产学研结合方面的创新人才和高级工程技术人才。要积极引导国家重大科技基础设施、国家重点实验室、国家工程技术中心、科技基础条件平台等创新基地切实采取有力措施加强人才培养工作。

释 义

习近平总书记在2016年5月30日全国科技创新大会、两院院士大会、中国科学技术协会第九次全国代表大会上明确指出，要在创新实践中发现人才、在创新活动中培育人才、在创新事业中凝聚人才，聚天下英才而用之，让更多千里马竞相奔腾。通过重大项目的实施培养具有创新意识和创新能力的各类人才，重点包括具有世界前沿水平的战略科学家、高级工程技术人才、学术带头人和中青年高级专家等尖子人才。

1. 具体概念

重大项目，主要指重大专项、国家科技计划中的重大项目、中央财政资助的重大工程项目和产业化项目以及国家重大科技基础设施建设中的项目。

2. 具体政策措施

2.1 优先支持年龄结构、知识结构合理的研究团队承担项目课题研究，促进创新团队的形成。研究团队中，45岁以下（含45岁）青年研究人员所占比例原则上不低于60%。优先支持不同学科、不同领域、不同机构的研究人员联合承担项目课题研究，培养跨学科、跨领域的复合型人才。该类项目课题在项目课题总量中所占比例原则上不低于30%。优先支持年龄45岁以下（含45岁）青年研究人员主持重大项目课题研究，促进青年高级专家的成长。重大项目课题负责人中，45 岁以下（含 45 岁）青年研究人员所占比例原则上不低于 60% 。对于有产业化前景的项目，优先考虑由具备条件的企业牵头承担，或由企业与高等院校、科研院所联合承担，促进企业创新人才的培养。

2. 2 重大项目课题申报书和任务书中必须包含创新人才培养计划。创新人才培养计划应包括创新人才培养的目标、具体实施方案等相关内容；对于有研究生培养条件的申请单位，在创新人才培养计划中应包括研究生培养计划。项目组内部要加强合作与交流。在进行项目整体设计和预算分析时要充分考虑课题间的合作研究、交叉研究、工作交流和学术交流，并切实提出相应的可操作的措施。项目组要加强与外部的合作与交流。可根据需要临时吸纳国内外一流大学、科研机构、企业的优秀研究人才参与重大项目课题研究，对参与重大项目课题的国内专家应保留其原单位的工作职位。项目组每年至少要召集一次由国内外同行专家参与的项目专题研讨会。

2. 3 重大项目课题组成员要加强学习和培训。可根据重大项目课题需要选派研究人员到国内外一流的高校、研究机构、企业进行与项目内容相关的学习与培训。学习和培训费可以从项目经费中申请，并按有关规定核批。在选派人员时，应优先考虑青年研究人员，所占比例原则上不低于 70% 。

2. 4 在技术引进的过程中注重培养创新人才。在重大项目课题的执行过程中，如果必需从国外引进设备和技术，要以合同约定方式要求外方传授相关知识和培养项目课题研究人员：允许项目课题研究人员到设备和技术供应单位进行考察和技术交流；设备和技术供应单位要对项目课题研究人员进行培训；项目课题研究人员要参与转让技术设备的设计、建造、安装、调试等工作。

2. 5 在重大项目课题的资助期内，项目主管部门和项目课题承担单位要对获资助项目的创新人才培养计划进行监督和管理。项目课题的验收过程中，要把创新人才培养列入考评指标。考评内容包括创新人才培养计划的完成情况，实际培养的创新人才数量和质量以及整个项目团队的情况。评估采用同行评估方式，以定性评估为主，定量评估为辅。

2. 6 要优先支持绩效考评为优秀的项目课题的负责人承担新的项目课题；

对成绩显著的重大项目课题团队应以适当方式给予持续、稳定的滚动支持，优先支持其申报创新团队专项计划。

2.7 利用知识产权政策激励人才创新。对于国家允许授予项目承担单位的研究成果及其形成的知识产权，成果完成人应在同等条件下享有优先受让权。项目承担单位在依法利用这些知识产权取得相关收益时，应明确规定相关知识产权的主要完成研究人员享有一定比例受益权。对于促进研究成果和相关知识产权进行转化的项目人员，也应按贡献享有一定比例受益权。

2.8 项目主管部门要建立和完善与重大项目相关的创新人才和创新团队数据库，包括创新人才的基本资料、专长领域、研究经历、取得成果、信用记录等信息。通过数据库建设加强创新人才的跟踪服务和管理，为创新人才培养和创新团队建设提供有效的信息支撑平台。各重大项目管理部门应当根据相关规定及其所管理的重大项目的特点，将创新人才培养相关内容纳入其重大项目管理办法。

依 据

2007 年科技部发布的《关于在重大项目实施中加强创新人才培养的暂行办法》（国科发计字〔2007〕2 号）。

三、我国为具有创新能力的科技工作者提供什么样的支持和优惠政策？

答 案

我国为具有创新能力的科技工作者提供了多元化的支持和优惠政策。一是通过人才工程培养优秀人才，落实好配套支持政策。二是大力弘扬创新文化，厚植创新沃土，倡导学术研究百花齐放、百家争鸣，鼓励科技工作者打破思维定式和守成束缚，勇于提出新观点、创立新学说、开辟新途径、建立新学派。三是推动落实事业单位用人自主权。四是实行科技人才分类评价，建立以能力和贡献为导向的评价和激励机制，改革职称制度和职业资格制度。五是清除人才流动障碍，优化人力资本配置，按照市场规律让科技人才自由流动，提高社会横向和纵向流动性。六是建立健全专业化、行业化的科技人才公共服务体系。七是完善符合人才创新规律的科研经费管理办法。

释 义

2017 年 3 月 4 日，习近平总书记在看望参加政协会议的民进、农工党、九三学社委员并参加联组会时指出：要为广大知识分子工作学习创造更好条件，加快形成有利于知识分子干事创业的体制机制，遵循知识分子工作特点和规律，让知识分子把更多精力集中于本职工作，把自己的才华和能量充分释放出来。

1. 深入实施重大人才工程

更大力度实施国家“千人计划”、国家“万人计划”等重大科技人才工程，落实好配套支持政策。建立健全对青年人才普惠性支持措施。加大对青年人才培养支持力度，在国家重大人才工程项目中设立青年专项。改革博士后制度，吸引国外优秀青年人才来华从事博士后研究。

2. 优化科研学术环境

营造激励科技人才创新创业的良好生态。大力弘扬创新文化，厚植创新沃土，倡导学术研究百花齐放、百家争鸣。坚持道德自律和制度规范并举，建设学术诚信体系，加大对学术不端行为的查处力度。

激发全社会创新创业活力。依法保护企业家的创新收益和财产权，积极培育企业家精神和创客文化。发展众创、众包、众扶、众筹等新型孵化模式，发挥“大众创业、万众创新”和“互联网＋”集众智、汇众力的乘数效应。

3. 推动落实事业单位用人自主权

扩大科研机构和高等学校的自主权，实行有利于开放、协同、高效创新的扁平化管理结构。实施人才交流计划，形成制度化的人才国际交流支持机制。支持引进国外科研管理理念和机制。支持国内科技智库的能力建设，鼓励其与国外一流科技智库和国际组织开展长期合作。

4. 实行科技人才分类评价，建立以能力和贡献为导向的评价和激励机制

建立科学的人才分类评价标准体系。进一步深化职称评审制度改革、探索高层次人才、急需紧缺人才职称直聘办法，畅通非公有制经济组织和社会

组织人才申报参加职称评审渠道。改革国家科技奖励制度、健全监督机制、强化对各类人才专项及入选者的考核，严格执行退出制度。

推动形成体现增加知识价值的收入分配与激励机制。在保障基本工资水平正常增长的基础上，推进科研机构实施绩效工资，并建立绩效工资稳定增长机制。推行科技成果处置收益和股权期权激励制度。提高科技人才成果转化收益分享比例。探索对符合条件的科研机构高等学校负责人实行年薪制，对急需紧缺等特殊人才实行协议工资、年薪制等分配办法。研究制定技术技能人才激励办法，探索建立企业首席技师制度，试行年薪制和股权制、期权制。

5. 完善科技人才流动配置机制

清除人才流动障碍，优化人力资本配置，按照市场规律让科技人才自由流动，提高社会横向和纵向流动性。建立健全人才双向流动机制。鼓励科研机构、高等学校试点推行“有限期聘用”制度，健全机制、畅通渠道，调整和优化队伍结构。推动内地（大陆）与港澳台科技人才交流与合作。

促进科技人才学术交流。对科研机构和高等学校的教学科技工作者出国开展学术交流合作实行导向明确的区别管理。完善访问学者制度、完善国际组织人才培养推送机制，支持我国科学家牵头组织或参与国际大科学工程，在国际学术组织担任职务。

6. 建立健全专业化、行业化的科技人才公共服务体系

创新科技人才服务保障机制。充分发挥市场配置资源的作用，减少行政审批事项，建立健全政府购买公共服务制度，公共政策和管理服务向非公有制组织人才平等开放。建立重点产业、行业和领域人才供给和需求信息的调查制度，推进人才公共服务的信息化进程。加大对人才公共服务体系建设的经费投入。拓展科技人才服务新模式。搭建科技人才服务区域和行业发展的平台、探索“互联网 + 科研服务”。鼓励各类科技服务机构为科技人才，尤其是创新创业人才提供法律、知识产权、财务、咨询、检验检测认证和技术转移等高端服务。

7. 完善符合人才创新规律的科研经费管理办法

改革完善科研项目招投标制度，健全竞争性经费和稳定支持经费相协调的投入机制，提高科研项目立项、评审、验收科学化水平。进一步改革科研经费管理制度，探索实行充分体现人才创新价值和特点的经费使用管理办法。下放科研项目部分经费预算调整审批权，推行有利于人才创新的经费审计方式。完善企业研发费用加计扣除政策。探索实行哲学社会科学研究成果后期资助和事后奖励制。

依 据

（1）2007 年修订的《中华人民共和国科学技术进步法》；

（2）2017 年科技部发布的《“十三五”国家科技人才发展规划》（国科发政〔2017〕86 号）；

（3）2016 年中共中央发布的《关于深化人才发展体制机制改革的意见》（中发〔2016〕9 号）；

（4）2007 年科技部发布的《关于在重大项目实施中加强创新人才培养的暂行办法》（国科发计字〔2007〕2 号）。

四、我国人才评价分类机制包含哪些内容？

答 案

人才评价是人才发展体制机制的重要组成部分，是人才资源开发管理和使用的前提。建立科学的人才分类评价机制，对于树立正确用人导向、激励引导人才职业发展、调动人才创新创业积极性、加快建设人才强国具有重要作用。为创新人才评价机制，发挥人才评价指挥棒作用，中共中央在人才评价标准、人才评价方式等方面就分类推进人才评价机制改革提出了意见。

释 义

我国实行科技人才分类评价，建立以能力和贡献为导向的评价和激励机制。对从事基础和前沿技术研究、应用研究、成果转化等不同活动的人员，完善分类评价标准和办法，突出能力和业绩导向。对从事基础研究的科技人才，突出中长期目标导向，推行代表作评议制，评价重点从研究成果数量转向研究质量、原创价值和实际贡献，允许科学家采用弹性工作方式从事科学研究。对从事应用研究和技术开发的科技人才，注重市场检验和用户评价。对从事成果转化的科技人才，重在考核其技术转移能力和其科研成果对经济社会的影响。

1. 人才评价标准

1.1 实行分类评价。根据不同职业、不同岗位、不同层次人才特点和职责，坚持共通性与特殊性、水平业绩与发展潜力、定性与定量评价相结合，分类建立健全涵盖品德、知识、能力、业绩和贡献等要素，科学合理、各有侧重的人才评价标准。加快新兴职业领域人才评价标准开发工作。建立评价标准动态更新调整机制。

1.2 突出品德评价。坚持德才兼备，把品德作为人才评价的首要内容，加强对人才科学精神、职业道德、从业操守等评价考核，倡导诚实守信，强化社会责任，抵制心浮气躁、急功近利等不良风气，从严治理弄虚作假和学术不端行为。完善人才评价诚信体系，建立诚信守诺、失信行为记录和惩戒制度。探索建立基于道德操守和诚信情况的评价退出机制。

1.3 科学设置评价标准。坚持凭能力、实绩、贡献评价人才，克服唯学历、唯资历、唯论文等倾向，注重考察各类人才的专业性、创新性和履责绩效、创新成果、实际贡献。着力解决评价标准“一刀切”问题，合理设置和使用论文、专著、影响因子等评价指标，实行差别化评价，鼓励人才在不同领域、不同岗位作出贡献、追求卓越。

2. 人才评价方式

2.1 发挥政府、市场、专业组织、用人单位等多元评价主体作用，加快建立科学化、社会化、市场化的人才评价制度。按照社会和业内认可的要求，建立以同行评价为基础的业内评价机制，注重引入市场评价和社会评价，发挥多元评价主体作用。基础研究人才以同行学术评价为主，加强国际同行评价。应用研究和技术开发人才突出市场评价，由用户、市场和专家等相关第三方评价。丰富评价手段，科学灵活采用考试、评审、考评结合、考核认定、个人述职、面试答辩、实践操作、业绩展示等不同方式，提高评价的针对性和精准性。加强评审专家数据库建设，建立评价责任和信誉制度。适当延长基础研究人才评价考核周期。

2.2 科学设置人才评价周期。遵循不同类型人才成长发展规律，科学合理设置评价考核周期，注重过程评价和结果评价、短期评价和长期评价相结合，克服评价考核过于频繁的倾向。探索实施聘期评价制度。突出中长期目标导向，适当延长基础研究人才、青年人才等评价考核周期，鼓励持续研究和长期积累。

2.3 畅通人才评价渠道。进一步打破户籍、地域、所有制、身份、人事关系等限制，依托具备条件的行业协会、专业学会、公共人才服务机构等，畅通非公有制经济组织、社会组织和新兴职业等领域人才申报评价渠道。对引进的海外高层次人才和急需紧缺人才，建立评价绿色通道。完善外籍人才、我国港澳台人才申报评价办法。

2.4 促进人才评价和项目评审、机构评估有机衔接。按照既出成果，又出人才的要求，在各类工程项目、科技计划、机构平台等评审评估中加强人才评价，完善在重大科研、工程项目实施、急难险重工作中评价、识别人才机制。深入推进项目评审、人才评价、机构评估改革，树立正确评价导向，进一步精简整合、取消下放、优化布局评审事项，简化评审环节，改进评审方式，减轻人才负担。避免简单通过各类人才计划头衔评价人才。加强评价结果共享，避免多头、频繁、重复评价人才。

依据

（1）2018 年中共中央办公厅、国务院办公厅《关于分类推进人才评价机制改革的指导意见》；

（2）2017 年科技部发布的《“十三五”国家科技人才发展规划》（国科发政〔2017〕86 号）；

（3）2016 年中共中央发布的《关于深化人才发展体制机制改革的意见》（中发〔2016〕9 号）。

五、科技工作者评定职称的评价机制是什么？

答 案

国家建立和完善有利于自主创新的科学技术评价制度。中共中央《关于深化人才发展体制机制改革的意见》《“十三五”国家科技人才发展规划》第四章体制机制创新均规定了健全科技人才评价激励机制的改革措施。改革措施的主要内容包括：实行分类评价、深化职称制度改革、深化职称评审制度改革、研究制定深化职称制度改革的意见。这些改革措施的具体内容，构成了我国科技工作者评定职称的评价机制。

释 义

国家建立和完善有利于自主创新的科学技术评价制度。科学技术评价制度应当根据不同科学技术活动的特点，按照公平、公正、公开的原则，实行分类评价。

国家进一步深化职称评审制度改革，突出用人主体在职称评审中的主导作用，合理界定和下放职称评审权限；探索高层次人才、急需紧缺人才职称直聘办法，畅通非公有制经济组织和社会组织人才申报参加职称评审渠道。

根据中共中央《关于深化人才发展体制机制改革的意见》的规定：改革职称制度和职业资格制度。深化职称制度改革，提高评审科学化水平。研究制定深化职称制度改革的意见。突出用人主体在职称评审中的主导作用，合理界定和下放职称评审权限，推动高校、科研院所和国有企业自主评审。对职称外语和计算机应用能力考试不作统一要求。探索高层次人才、急需紧缺人才职称直聘办法。畅通非公有制经济组织和社会组织人才申报参加职称评审渠道。清理减少准入类职业资格并严格管理，推进水平类职业资格评价市场化、社会化。放宽急需紧缺人才职业资格准入。

依 据

（1）2017年科技部发布的《“十三五”国家科技人才发展规划》（国科发政〔2017〕86号）；

（2）2016年中共中央发布的《关于深化人才发展体制机制改革的意见》（中发〔2016〕9号）。

六、科技成果转化贡献如何与职称评价机制挂钩？

答案

科学技术人员可以根据其学术水平和业务能力依法选择工作单位、竞聘相应的岗位，取得相应的职务或者职称。利用财政性资金设立的科学技术基金项目、科学技术计划项目的管理机构，应当为参与项目的科学技术人员建立学术诚信档案，作为对科学技术人员聘任专业技术职务或者职称、审批科学技术人员申请科学技术研究开发项目等的依据。

释义

研究开发机构、高等院校的主管部门以及财政、科学技术等相关行政部门应当建立有利于促进科技成果转化的绩效考核评价体系，将科技成果转化情况作为对相关单位及人员评价、科研资金支持的重要内容和依据之一，并对科技成果转化绩效突出的相关单位及人员加大科研资金支持。国家设立的研究开发机构、高等院校应当建立符合科技成果转化工作特点的职称评定、岗位管理和考核评价制度，完善收入分配激励约束机制。

依据

（1）2015 年修订的《中华人民共和国促进科技成果转化法》；

（2）2007 年修订的《中华人民共和国科学技术进步法》。

七、牵头或参与制定国家相关标准、规范如何列入评价机制中？

答案

现有的评价机制并未明确将牵头或参与制定国家相关标准与规范列入评价机制中。

释义

为了加强标准化工作，提升产品和服务质量，促进科学技术进步，保障人身健康和生命财产安全，维护国家安全、生态环境安全，提高经济社会发展水平，我国非常重视标准化工作。牵头或参与制定国家相关标准与规范，也是参与科技进步的重要工作。

1. 概念

标准（含标准样品），是指农业、工业、服务业以及社会事业等领域需要统一的技术要求。标准包括国家标准、行业标准、地方标准和团体标准、企业标准。国家标准分为强制性标准、推荐性标准，行业标准、地方标准是推荐性标准。强制性标准必须执行。国家鼓励采用推荐性标准。

2. 具体内容

国家推动科学技术研究开发与产品、服务标准制定相结合，科学技术研究开发与产品设计、制造相结合；引导科学技术研究开发机构、高等学校、企业共同推进国家重大技术创新产品、服务标准的研究、制定和依法采用。

依 据

（1）2017 年修订的《中华人民共和国标准化法》；

（2）2007 年修订的《中华人民共和国科学技术进步法》。

第二节　科研过程的管理

八、技术转移是实现科技创新的重要环节，我国在哪些方面给予技术转移支持？

答 案

技术转移体系是促进科技成果持续产生，推动科技成果扩散、流动、共享、应用并实现经济与社会价值的生态系统。国家对技术转移的支持贯穿技术转移的全过程、全链条、全要素，着重从基础架构、转移通道、支撑保障三个方面进行系统布局，按照“市场主导，政府推动；改革牵引，创新机制；问题导向，聚焦关键；纵横联动，强化协同”的基本原则，构建符合科技创新规律、技术转移规律和产业发展规律的国家技术转移体系，全面提升科技供给与转移扩散能力，推动科技成果加快转化为经济社会发展的现实动力。

释义

国家在以下方面给予技术转移支持。

1. 优化国家技术转移体系基础架构

1.1 激发创新主体技术转移活力。发挥企业在市场导向类科技项目研发投入和组织实施中的主体作用、引导高校和科研院所结合发展定位，促进产学研协同技术转移。发挥国家技术创新中心、制造业创新中心等平台载体作用，推动重大关键技术转移扩散。充分发挥学会、行业协会、研究会等科技社团的优势，依托产学研协同共同体推动技术转移。

1.2 建设统一开放的技术市场。依托现有的枢纽型技术交易网络平台，培育发展若干功能完善、辐射作用强的全国性技术交易市场，健全与全国技术交易网络联通的区域性、行业性技术交易市场。推动技术市场与资本市场联动融合，建立健全技术转移服务业专项统计制度，完善技术合同认定规则与登记管理办法。

1.3 发展技术转移机构。整合强化国家技术转移管理机构职能，引导技术转移机构市场化、规范化发展；加强高校、科研院所技术转移机构建设；创新高校、科研院所技术转移管理和运营机制；加快社会化技术转移机构发展；鼓励有条件的地方结合服务绩效对相关技术转移机构给予支持。

1.4 壮大专业化技术转移人才队伍。完善多层次的技术转移人才发展机制。加强技术转移管理人员、技术经纪人、技术经理人等人才队伍建设，畅通职业发展和职称晋升通道。支持和鼓励高校、科研院所设置专职从事技术转移工作的创新型岗位，绩效工资分配应当向作出突出贡献的技术转移人员倾斜。鼓励退休专业技术人员从事技术转移服务。统筹适度运用政策引导和市场激励，更多通过市场收益回报科技工作者，多渠道鼓励科技工作者从事技术转移活动。加强对研发和转化高精尖、国防等科技成果相关人员的政策支持。加强技术转移人才培养。发挥企业、高校、科研院所等作用，通过项目、基地、教学合作等多种载体和形式吸引海外高层次技术转移人才和团队。鼓励有条件的高校设立技术转移相关学科或专业，与企业、科研院所、科技社团等建立联合培养机制。将高层次技术转移人才纳入国家和地方高层次人才特殊支持计划。

2. 拓宽技术转移通道

2.1 依托创新创业促进技术转移。鼓励科技工作者创新创业，强化创新创业载体技术转移功能，鼓励龙头骨干企业开放创新创业资源，优化孵化器、加速器、大学科技园等各类孵化载体功能，加强农村创新创业载体建设，技术创新需求面向社会公开征集解决方案。

2.2 深化军民科技成果双向转化。强化军民技术供需对接，优化军民技术转移体制机制，建立和完善军民融合技术评价体系，构建军民技术交易监管体系。

2.3 推动科技成果跨区域转移扩散。强化重点区域技术转移，完善梯度技术转移格局，开展区域试点示范。

2.4 拓展国际技术转移空间。加速技术转移载体全球化布局。加快国际技术转移中心建设，加强国内外技术转移机构对接，开展“一带一路”科技创新合作技术转移行动，引导企业开展多种形式的国际技术转移活动，与技术转移国际组织建立常态化交流机制。

3. 完善政策环境和支撑保障

3.1 树立正确的科技评价导向。完善科技工作者分类评价制度，建立以科技创新质量、贡献、绩效为导向的分类评价体系。

3.2 强化政策衔接配套。健全国有技术类无形资产管理制度，探索赋予科技工作者对科技成果享有所有权或长期使用权的制度，将成果转化奖励收入不纳入绩效工资，统筹研究科技成果转化奖励收入有关的税收政策。

3.3 完善多元化投融资服务。引导社会资本加大对技术转移早期项目和科技型中小微企业的投融资支持，开展知识产权证券化融资试点，鼓励银行业金融机构积极稳妥开展内部投贷联动试点和外部投贷联动，落实创业投资企业和天使投资个人投向种子期、初创期科技型企业按投资额70%抵扣应纳税所得额的试点优惠政策。

3.4 加强知识产权保护和运营。完善适应新经济新模式的知识产权保护，释放激发创新创业动力与活力。

3.5 强化信息共享和精准对接。建立国家科技成果信息服务平台，整合现有科技成果信息资源，推动财政科技计划、科技奖励成果信息统一汇交、开放、共享和利用。

3.6 营造有利于技术转移的社会氛围。健全激励机制和容错纠错机制、完善社会诚信体系，营造权利公平、机会公平、规则公平的市场环境。

依 据

2017 年国务院发布的《国家技术转移体系建设方案》（国发〔2017〕44 号）。

九、不同类型科研项目的管理侧重点有什么不同?

答 案

科研项目（专项、基金等）的设立，应当根据国家战略需求和科技发展需要，按照政府职能转变和中央与地方合理划分事权的要求，明确各自功能定位、目标和时限，实行分类管理。

释 义

不同类型科研项目的管理侧重点有所不同，主要体现在以下方面。

1. 基础前沿科研项目突出创新导向

基础、前沿类科研项目要立足原始创新，充分尊重专家意见，通过同行评议、公开择优的方式确定研究任务和承担者，激发科技工作者的积极性和创造性。引导支持企业增加基础研究投入，与科研院所、高等学校联合开展基础研究，推动基础研究与应用研究的紧密结合。对优秀人才和团队给予持续支持，加大对青年科技工作者的支持力度。项目主管部门要减少项目执行中的检查评价，发挥好学术咨询机构、协会、学会的咨询作用，营造“鼓励探索、宽容失败”的实施环境。

2. 公益性科研项目聚焦重大需求

公益性科研项目要重点解决制约公益性行业发展的重大科技问题，强化需求导向和应用导向。行业主管部门应当充分发挥组织协调作用，提高项目的系统性、针对性和实用性，及时协调解决项目实施中存在的问题，保证项目成果服务社会公益事业发展。加强对基础数据、基础标准、种质资源等工作的稳定支持，为科研提供基础性支撑。

3. 市场导向类项目突出企业主体

明晰政府与市场的边界，充分发挥市场对技术研发方向、路线选择、要素价格、各类创新要素配置的导向作用，政府主要通过制定政策、营造环境，引导企业成为技术创新决策、投入、组织和成果转化的主体。对于政府支持企业开展的产业重大共性关键技术研究等公共科技活动，在立项时要加强对企业资质、研发能力的审核，鼓励产学研协同攻关。对于政府引导企业开展的科研项目，主要由企业提出需求、先行投入和组织研发，政府采用“后补助”及间接投入等方式给予支持，形成主要由市场决定技术创新项目和资金分配、评价成果的机制以及企业主导项目组织实施的机制。

4. 重大项目突出国家目标导向

对于事关国家战略需求和长远发展的重大科研项目，应当集中力量办大事，聚焦攻关重点，设定明确的项目目标和关键节点目标，并在任务书中明确考核指标。项目主管部门主要采取定向择优方式遴选优势单位承担项目，鼓励产学研协同创新，加强项目实施全过程的管理和节点目标考核，探索实行项目专员制和监理制；项目承担单位上级主管部门要切实履行在项目推荐、组织实施和验收等环节的相应职责；项目承担单位要强化主体责任，组织有关单位协同创新，保证项目目标的实现。

依 据

2014 年国务院发布的《国务院关于改进加强中央财政科研项目和资金管理的若干意见》（国发〔2014〕11 号）第三章。

十、获得国家重点项目立项的关键环节是什么？如何组织申报国家重点项目？

答 案

获得国家重点项目立项的关键环节是熟悉国家项目管理流程，聚焦国家经济社会发展重大需求。组织申报国家重点项目则需要注意以下事项：一是及时跟踪项目指南制定和发布；二是项目申请单位应当认真组织项目申报，根据科研工作实际需要选择项目合作单位；三是明确项目过程管理职责；四是加强项目验收和结题审查。

释义

组织申报国家重点项目需要注意以下事项。

1. 及时跟踪项目指南制定和发布

项目主管部门要结合科技计划（专项、基金等）的特点，针对不同项目类别和要求编制项目指南，市场导向类项目指南要充分体现产业需求。扩大项目指南编制工作的参与范围，项目指南发布前要充分征求科研单位、企业、相关部门、地方、协会、学会等有关方面意见，并建立由各方参与的项目指南论证机制。项目主管部门每年固定时间发布项目指南，并通过多种方式扩大项目指南知晓范围，鼓励符合条件的科技工作者申报项目。自指南发布日到项目申报受理截止日，原则上不少于50天，以保证科技工作者有充足时间申报项目。

2. 项目申请单位应当认真组织项目申报，根据科研工作实际需要选择项目合作单位

项目主管部门要完善公平竞争的项目遴选机制，通过公开择优、定向择优等方式确定项目承担者；要规范立项审查行为，健全立项管理的内部控制制度，对项目申请者及其合作方的资质、科研能力等进行重点审核，加强项目查重，避免一题多报或重复资助，杜绝项目打包和“拉郎配”；要规范评审专家行为，提高项目评审质量，推行网络评审和视频答辩评审，合理安排会议答辩评审，视频与会议答辩评审应当录音录像，评审意见应当及时反馈项目申请者。从受理项目申请到反馈立项结果原则上不超过120个工作日。要明示项目审批流程，使项目申请者能够及时查询立项工作进展，实现立项过程“可申诉、可查询、可追溯”。

3. 明确项目过程管理职责

项目承担单位负责项目实施的具体管理。项目主管部门要健全服务机制，

积极协调解决项目实施中出现的新情况新问题，针对不同科研项目管理特点组织开展巡视检查或抽查，对项目实施不力的要加强督导，对存在违规行为的要责成项目承担单位限期整改，对问题严重的要暂停项目实施。

4. 加强项目验收和结题审查

项目完成后，项目承担单位应当及时做好总结，编制项目决算，按时提交验收或结题申请，无特殊原因未按时提出验收申请的，按不通过验收处理。项目主管部门应当及时组织开展验收或结题审查，并严把验收和审查质量。根据不同类型项目，可以采取同行评议、第三方评估、用户测评等方式，依据项目任务书组织验收，将项目验收结果纳入国家科技报告。探索开展重大项目决策、实施、成果转化的后评价。

依 据

2014 年国务院发布的《国务院关于改进加强中央财政科研项目和资金管理的若干意见》（国发〔2014〕11 号）第四章。

十一、国家重点项目的内外部管理应当注意哪些重要规定？

答 案

我国对重点项目建立统一的评估和监管机制，应注意按照“谁主责，谁接受监督”、权责对等的原则，结合科技计划管理层级，实行分层分级的监督机制，综合运用“制度 + 合同 + 技术”的手段，注重事前风险防范，强化事中、事后的监督、绩效评估和责任倒查，逐步实现“有决策、有选择就要有评估，有授权、有委托就要有监管”，形成决策、执行、监督相互制约又相互协调的现代科技治理体系。

释 义

国家重点项目的内外部管理应当注意以下重要规定。

1. 国家重点项目内外部管理实行五位一体的综合措施

1.1 统筹设计、分步实施。强化监督和评估工作体系整体构架设计和统筹部署，加强与科技计划（专项、基金等）（以下简称科技计划）管理改革整体推进工作的协同；结合改革实施步骤和工作需要，按照轻重缓急，突出重点，分步推进。

1.2 制度先行，强化各主体的责任。把制订和完善制度标准规范摆在优先位置，将监督和评估工作内容和要求融入科技工作重点环节和科技计划管理全过程，强化对社会关注度高、风险性较强环节的监督和评估，明晰各主体职责，分层开展监督和评估工作。

1.3 注重内部控制与外部监督相结合，推动监督方式多样化。加强项目管理专业机构（以下简称专业机构）和项目承担单位等内部制度建设，建立健全内部风险控制管理体系，强化公开公示，同时发挥专项检查、专项审计、随机抽查、绩效评估、受理投诉等外部监督作用，推动监督方式多样化，形成监督合力。

1.4 充分利用信息化手段，实现全过程痕迹管理。运用互联网和大数据技术，依托国家科技管理信息系统，建立统一的监督和评估信息平台，强化日常的痕迹管理，加强监督和评估信息共享，提高质量和效率，实现管理全透明、可查询、可追溯、可问责。

1.5 注重结果的反馈和运用，促进科学决策和管理。建立监督和评估结果反馈机制，促进科技工作整体绩效提升；强化监督和评估结果运用，健全守信激励和失信惩戒机制，推动构建科研信用体系。

2. 实施科技计划管理全过程监督

实行“1+N+1”的工作模式，将监督和评估工作融于科技计划管理全过程。前一个“1”是科技计划实施前，将监督和评估的内容和要求，纳入各计划/资金管理办法或相关合同中予以明确，与计划管理同步部署、制度先行；“N”为计划管理各环节，强化责任主体日常管理记录、报告制度和信息公开，实行痕迹化管理，自觉接受各方监督；后一个“1”是计划实施完成后的总体绩效评估。

2.1 强化对关键节点和重要环节的监督和评估。政府部门要强化对专业机构履职尽责情况的监督和绩效评估，确保接住管好政府下放的项目管理工作；加强对咨询评审专家履职公平、公正、公开情况的监督和评估，并作为聘任与调整的重要依据；对于项目评审专家遴选和使用、项目评审工作、项目实施和资金使用、项目验收、实施绩效等社会关注度高、风险性较强的环节，强化监督约束机制建设，并对相关责任进行倒查，有效管控风险。

2.2 建立统一的监督和评估工作信息平台。依托国家科技管理信息系统，构建统一的监督和评估信息平台，建立监督和评估数据库、科研信用数据库、监督和评估支撑机构数据库，开展电子监督检查，推动监督、评估信息数据积累和共享，实现风险预警和防控，提高监督和评估工作的质量和效率。

2.3 加强对科技计划绩效评估。科技计划目标任务完成后，都要组织绩效评估，重点评估管理、产出、效果影响等绩效。绩效评估通过公开竞争等方式择优委托第三方开展，充分发挥中国科学院、中国工程院、中国科协等作用。根据评估工作需要，引入国际评估机制。

2.4 强化监督和评估结果的运用。建立监督和评估结果共享、公开和年度报告制度，及时将结果反馈给相关责任主体，促进改进管理、科技计划动态调整和优化，并作为中央财政持续滚动支持的重要依据。建立监督和评估结果与奖优罚劣的联动机制，将监督和评估结果作为建立信用等级评价的重要指标，并与今后的任务承担、资金使用、监督检查频次直接挂钩。建立问责机制和责任倒查机制，实行“黑名单”制度，明确惩处的具体办法和措施。对于监督中发现的违纪违法问题，移交相关部门查处。

依 据

2016 年科技部发布的《科技监督和评估体系建设工作方案》（国科发政〔2016〕79 号）第一章、第三章。

十二、科技计划的各监督主体分别有什么职责？具体如何实施监督？

答 案

科技部、财政部会同有关部门加强统筹协调，坚持内部控制与外部监督相结合，构建高效、协调的监督和评估工作体系，并通过如下方式履行监督职责：一是明确科技部、财政部等监督主体职责；二是突出法人责任，强化自律意识；三是建立全方位的信息公开制度；四是加强政府部门外部监督和评估工作的统筹；五是加强协调、统一组织实施；六是规范监督检查的时间和频率。

释义

科技计划的各监督主体分别按照如下方式履行监督职责。

1. 明确各监督主体职责

1.1 科技部、财政部负责制定统一的监督和评估工作制度规范和要求，统筹协调组织监督和评估工作；制订年度监督、评估工作计划方案，组织开展科技计划的实施绩效、战略咨询与综合评审委员会和专业机构的履职尽责情况等的监督和评估工作；会同有关部门和地方对项目和资金管理使用情况开展随机抽查。

1.2 各有关部门根据科技计划管理职责，开展相关科技计划和项目的监督，负责对承担科技计划、项目的所属单位日常管理和监督，加强对所属单位作为专业机构的建设、日常运行的管理和监督，发挥其在相关领域科技计划和项目研发质量、成果转化应用以及绩效目标实现等绩效评估中的作用。

1.3 专业机构职责主要负责相关项目任务执行和资金使用过程管理和监督。项目承担单位主要负责所承担项目的执行及资金管理使用的日常管理和监督。

1.4 充分发挥监督和评估专业化支撑机构、第三方机构对监督和评估工作的支撑作用，有效发挥公众监督作用。

2. 突出法人责任，强化自律意识

实行法人负责制，专业机构和项目承担单位等按要求建立健全内部管理制度规范和风险防控体系，推进不相容岗位分离，建立内部决策、执行、监督相互制约、相互协调机制，严格控制自由裁量权，将此作为专业机构和项目承担单位履职尽责的重要考核指标和监督的重要内容，使监督和评估工作融合于日常管理和项目执行中。科技工作者要强化自律意识，严格遵守科技计划、项目和资金管理的各项规定，规范项目执行和资金使用行为。

3. 建立全方位的信息公开制度

按照“公开为常态，不公开为例外”的原则，科技计划管理各责任主体和监督主体都要强化公开公示制度。政府部门和专业机构要通过国家科技管理信息系统或具有一定影响力的便于利益相关方知晓的网站上，主动向社会公开相关管理制度和规范、视频评审和会议评审专家名单、科研项目立项、资金安排、验收结果及监督和评估结果等信息，接受社会监督；项目承担单位应当在单位内部公开项目立项、主要项目合作单位、主要研究人员、科研资金使用、大型仪器设备购置以及项目研究成果等情况，接受内部监督。

4. 加强政府部门外部监督和评估工作的统筹

在加强专业机构内部控制和项目承担单位日常管理工作基础上，政府部门要强化对专业机构履职尽责情况和科技计划管理实施的重点关键环节的监督检查和绩效评估，注重工作统筹和质量控制，避免交叉重复，减少对正常科研活动影响。

5. 加强协调、统一组织实施

科技部、财政部牵头建立监督和评估工作定期沟通及协调机制，统筹协调各监督主体制定监督和评估工作年度计划和方案，明确监督和评估工作的对象、时间、方式、实施主体和结果要求等，并向社会公开公示，规范监督检查工作。未列入年度计划的，除受理举报外，各监督主体原则上不随意开展监督和评估工作。各监督主体要按照统一要求，及时报送监督和评估结果并纳入国家科技管理信息系统，促进信息共享；加强监督和评估工作与审计、监察等工作的协调配合，加强政府部门监督工作与专业机构日常监督工作的协调和衔接，推动监督检查工作的衔接和结果共享，形成工作合力。

6. 规范监督检查的时间和频率

充分利用电子监督检查等方式，严格控制年度项目现场监督检查比例，最大限度减少对正常科研活动的影响。按照“三评”工作要求，原则上年度项目监督检查工作要集中在 3 个月至 4 个月内开展，执行期为 3 年以内的项目最多只开展 1 次执行情况现场监督检查，一个项目一个年度最多只进行一次执行情况现场监督检查，对同一个单位的现场监督检查要集中进行。监督检查要与信用等级挂钩，对于信用记录差的单位和项目人员，加大监督检查频次。

依 据

2016年科技部发布的《科技监督和评估体系建设工作方案》（国科发政〔2016〕79号）第二章。

十三、国家重点项目的监督包括哪些方面的内容？

答 案

国家重点项目的监督要注重内部控制与外部监督相结合，推动监督方式多样化。加强项目管理专业机构和项目承担单位等内部制度建设，建立健全内部风险控制管理体系，强化公开公示，同时发挥专项检查、专项审计、随机抽查、绩效评估、受理投诉等外部监督作用，推动监督方式多样化，形成监督合力。具体而言，包括三方面内容：一是建立统筹协调的监督和评估体系；二是科技计划组织实施的监督和评估；三是强化对专业机构的监督和评估。

释 义

国家重点项目的监督包括以下三方面的内容。

1. 建立统筹协调的监督和评估体系

科技部、财政部会同有关部门加强统筹协调，坚持内部控制与外部监督相结合，构建高效、协调的监督和评估工作体系。在明确各监督主体职责的基础上，突出法人责任，强化自律意识。同时建立全方位的信息公开制度，加强政府部门外部监督和评估工作的统筹。

2. 科技计划组织实施的监督和评估

结合国家重点研发计划试点专项推进工作，探索实施“制度＋合同＋技术”的监督和评估模式。根据五类科技计划性质和特点，分类开展监督和评估工作。实施科技计划管理全过程监督，强化对关键节点和重要环节的监督和评估。要建立统一的监督和评估工作信息平台，同时强化监督和评估结果的运用，建立问责机制和责任倒查机制，实行“黑名单”制度，明确惩处的具体办法和措施。对于监督中发现的违纪违法问题，移交相关部门查处。

3. 强化对专业机构的监督和评估

在专业机构相关管理制度和任务委托协议中明确对专业机构监督管理的刚性要求，强化内部控制和法人负责制，加强外部监督，确保专业机构接住管好政府转移下放的项目管理工作。建立和完善专业机构内控体系，专业机构要按照制度规范严格履行职责，强化对专业机构的外部监督。

依据

2016年科技部发布的《科技监督和评估体系建设工作方案》（国科发政〔2016〕79号）。

十四、如何管理科学数据的采集、汇交和保存?

答案

科学数据的采集、汇交和保存遵循如下规则：一是科学数据管理遵循分级管理、安全可控、充分利用的原则，明确责任主体，加强能力建设，促进开放共享。任何单位和个人从事科学数据采集生产、使用、管理活动应当遵守国家有关法律法规及部门规章，不得利用科学数据从事危害国家安全、社会公共利益和他人合法权益的活动。二是法人单位及科学数据生产者要按照相关标准规范组织开展科学数据采集生产和加工整理，形成便于使用的数据库或数据集。法人单位应建立科学数据质量控制体系，保证数据的准确性和可用性。

释义

1. 概念

科学数据主要包括在自然科学、工程技术科学等领域，通过基础研究、应用研究、试验开发等产生的数据，以及通过观测监测、考察调查、检验检测等方式取得并用于科学研究活动的原始数据及其衍生数据。

2. 科学数据的采集、汇交和保存遵循的规则

2.1 科学数据管理工作实行国家统筹、各部门与各地区分工负责的体制。

2.1.1 国务院科学技术行政部门牵头负责全国科学数据的宏观管理与综

合协调，主要职责是：组织研究制定国家科学数据管理政策和标准规范；协调推动科学数据规范管理、开放共享及评价考核工作；统筹推进国家科学数据中心建设和发展；负责国家科学数据网络管理平台建设和数据维护。

2.1.2 国务院相关部门、省级人民政府相关部门在科学数据管理方面的主要职责是：负责建立健全本部门（本地区）科学数据管理政策和规章制度，宣传贯彻落实国家科学数据管理政策；指导所属法人单位加强和规范科学数据管理；按照国家有关规定做好或者授权有关单位做好科学数据定密工作；统筹规划和建设本部门（本地区）科学数据中心，推动科学数据开放共享；建立完善有效的激励机制，组织开展本部门（本地区）所属法人单位科学数据工作的评价考核。

2.1.3 有关科研院所、高等院校和企业等法人单位（以下统称法人单位）是科学数据管理的责任主体，主要职责是：贯彻落实国家和部门（地方）科学数据管理政策，建立健全本单位科学数据相关管理制度；按照有关标准规范进行科学数据采集生产、加工整理和长期保存，确保数据质量；按照有关规定做好科学数据保密和安全管理工作；建立科学数据管理系统，公布科学数据开放目录并及时更新，积极开展科学数据共享服务；负责科学数据管理运行所需软硬件设施等条件、资金和人员保障。

2.1.4 科学数据中心是促进科学数据开放共享的重要载体，由主管部门委托有条件的法人单位建立，主要职责是：承担相关领域科学数据的整合汇交工作；负责科学数据的分级分类、加工整理和分析挖掘；保障科学数据安全，依法依规推动科学数据开放共享；加强国内外科学数据方面交流与合作。

2.2 法人单位及科学数据生产者要按照相关标准规范组织开展科学数据采集生产和加工整理，形成便于使用的数据库或数据集。法人单位应建立科学数据质量控制体系，保证数据的准确性和可用性。法人单位应建立科学数据保存制度，配备数据存储、管理、服务和安全等必要设施，保障科学数据完整性和安全性。法人单位应根据需求，对科学数据进行分析挖掘，形成有价值的科学数据产品，开展增值服务。

2.3 主管部门应建立科学数据汇交制度，在国家统一政务网络和数据共享交换平台的基础上开展本部门（本地区）的科学数据汇交工作。政府预算资金资助的各级科技计划（专项、基金等）项目所形成的科学数据，应由项目牵头单位汇交到相关科学数据中心。主管部门和法人单位应建立健全国内外学术论文数据汇交的管理制度。社会资金资助形成的涉及国家秘密、国家安全和社会公共利益的科学数据必须按照有关规定予以汇交。鼓励社会资金资助形成的其他科学数据向相关科学数据中心汇交。

政府预算资金资助形成的科学数据应当按照开放为常态、不开放为例外的原则，由主管部门组织编制科学数据资源目录，有关目录和数据应及时接入国家数据共享交换平台，面向社会和相关部门开放共享，畅通科学数据军民共享渠道。国家法律法规有特殊规定的除外。

依 据

2018 年国务院办公厅发布的《科学数据管理办法》（国办发〔2018〕17 号）第四条至第二十四条。

十五、针对涉及安全与需要保密的科学数据，应当采取哪些特别的管理措施？

答 案

任何单位和个人从事科学数据采集生产、使用、管理活动应当遵守国家有关法律法规及部门规章，不得利用科学数据从事危害国家安全、社会公共利益和他人合法权益的活动。对于涉及安全与需要保密的科学数据，需要采取分级分类管理，限制开放共享，执行保密规定，采取科学数据全生命周期安全管理以及网络安全管理等措施。

释 义

法人单位要对科学数据进行分级分类，明确科学数据的密级和保密期限、开放条件、开放对象和审核程序等，按要求公布科学数据开放目录，通过在线下载、离线共享或定制服务等方式向社会开放共享。

涉及国家秘密、国家安全、社会公共利益、商业秘密和个人隐私的科学数据，不得对外开放共享；确需对外开放的，要对利用目的、用户资质、保密条件等进行审查，并严格控制知悉范围。

涉及国家秘密的科学数据的采集生产、加工整理、管理和使用，按照国家有关保密规定执行。主管部门和法人单位应建立健全涉及国家秘密的科学数据管理与使用制度，对制作、审核、登记、拷贝、传输、销毁等环节进行严格管理。对外交往与合作中需要提供涉及国家秘密的科学数据的，法人单位应明确提出利用数据的类别、范围及用途，按照保密管理规定程序报主管部门批准。经主管部门批准后，法人单位按规定办理相关手续并与用户签订保密协议。

主管部门和法人单位应加强科学数据全生命周期安全管理，制定科学数据安全保护措施；加强数据下载的认证、授权等防护管理，防止数据被恶意使用。对于需对外公布的科学数据开放目录或需对外提供的科学数据，主管部门和法人单位应建立相应的安全保密审查制度。

法人单位和科学数据中心应按照国家网络安全管理规定，建立网络安全保障体系，采用安全可靠的产品和服务，完善数据管控、属性管理、身份识别、行为追溯、黑名单等管理措施，健全防篡改、防泄露、防攻击、防病毒等安全防护体系。科学数据中心应建立应急管理和容灾备份机制，按照要求建立应急管理系统，对重要的科学数据进行异地备份。

依 据

2018 年国务院办公厅发布的《科学数据管理办法》（国办发〔2018〕17 号）第二十条至第二十八条。

十六、如何利用开放共享的国家重大科研基础设施和大型科研仪器？

答 案

开放共享国家重大科研基础设施和大型科研仪器的基本原则是制度推动。制定促进科研设施与仪器开放的管理制度和办法，明确管理部门和单位的责任，理顺开放运行的管理机制，逐步纳入法制化轨道，推动非涉密和无特殊规定限制的科研设施与仪器一律向社会开放；信息共享，搭建统一的网络管理平台，实现科研设施与仪器配置、管理、服务、监督、评价的全链条有机衔接；资源统筹，既要盘活存量，统筹管理，挖掘现有科研设施与仪器的潜力，促进利用效率最大化，又要调控增量，合理布局新增科研设施与仪器，以开放共享推动解决重复购置和闲置浪费的问题；奖惩结合，建立以用为主、用户参与的评估监督体系，形成科研设施与仪器向社会服务的数量质量与利益补偿、后续支持紧密挂钩的奖惩机制；分类管理，对于不同类型的科研设施与仪器，采取不同的开放方式，制定相应的管理制度、支撑措施及评价办法。

释义

我国提出认真落实党中央和国务院的决策部署，围绕健全国家创新体系和提高全社会创新能力，通过深化改革和制度创新，加快推进科研设施与仪器向高校、科研院所、企业、社会研发组织等社会用户开放，实现资源共享，避免部门分割、单位独占，充分释放服务潜能，为科技创新和社会需求服务，为实施创新驱动发展战略提供有效支撑。

1. 具体含义与类型

国家重大科研基础设施和大型科研仪器（以下称科研设施与仪器）是用于探索未知世界、发现自然规律、实现技术变革的复杂科学研究系统，是突破科学前沿、解决经济社会发展和国家安全重大科技问题的技术基础和重要手段。科研设施与仪器包括大型科学装置、科学仪器中心、科学仪器服务单元和单台（套）价值在50万元及以上的科学仪器设备等，主要分布在高校、科研院所和部分企业的各类重点实验室、工程（技术）研究中心、分析测试中心、野外科学观测研究站及大型科学设施中心等研究实验基地。其中，科学仪器设备可以分为分析仪器、物理性能测试仪器、计量仪器、电子测量仪器、海洋仪器、地球探测仪器、大气探测仪器、特种检测仪器、激光器、工艺试验仪器、计算机及其配套设备、天文仪器、医学科研仪器、核仪器、其他仪器等15类。

2. 具体措施

2.1 所有符合条件的科研设施与仪器都纳入统一网络平台管理。

科技部会同有关部门和地方建立统一开放的国家网络管理平台，并将所有符合条件的科研设施与仪器纳入平台管理。科研设施与仪器管理单位（以下简称管理单位）按照统一的标准和规范，建立在线服务平台，公开科研设施与仪器使用办法和使用情况，实时提供在线服务。管理单位的服务平台统一纳入国家网络管理平台，逐步形成跨部门、跨领域、多层次的网络服务体系。

管理单位建立完善科研设施与仪器运行和开放情况的记录，并通过国家网络管理平台，向社会发布科研设施与仪器开放制度及实施情况，公布科研设施与仪器分布、利用和开放共享情况等信息。

2.2 按照科研设施与仪器功能实行分类开放共享。

对于大型科学装置、科学仪器中心，有关部门和管理单位要将向社会开放纳入日常运行管理工作。对于科学仪器服务单元和单台套价值在50万元及以上的科学仪器设备，科技行政主管部门要加强统筹协调，按不同专业领域或仪器功能，打破管理单位的界限，推动形成专业化、网络化的科学仪器服务机构群。对于单台（套）价值在50万元以下的科学仪器设备，可采取管理单位自愿申报、行政主管部门择优加入的方式，纳入国家网络管理平台管理。对于通用科学仪器设备，通过建设仪器中心、分析测试中心等方式，集中集约管理，促进开放共享和高效利用。对于拟新建设施和新购置仪器，应强化查重评议工作，并将开放方案纳入建设或购置计划。管理单位应当自科研设施与仪器完成安装使用验收之日起30个工作日内，将科研设施与仪器名称、规格、功能等情况和开放制度提交国家网络管理平台。

鼓励国防科研单位在不涉密条件下探索开展科研设施与仪器向社会开放服务。对于利用科研设施与仪器形成的科学数据、科技文献（论文）、科技报告等科技资源，要根据各自特点采取相应的方式对外开放共享。开放共享情况要作为科技资源建设和科技计划项目管理考核的重要内容。

2.3 建立促进开放的激励引导机制。

管理单位对外提供开放共享服务，可以按照成本补偿和非营利性原则收取材料消耗费和水、电等运行费，还可以根据人力成本收取服务费，服务收入纳入单位预算，由单位统一管理。管理单位对各类科研设施与仪器向社会开放服务建立公开透明的成本核算和服务收费标准，行政主管部门要加强管理和监督。对于纳入国家网络管理平台统一管理、享受科教用品和科技开发用品进口免税政策的科学仪器设备，在符合监管条件的前提下，准予用于其他单位的科技开发、科学研究和教学活动。探索建立用户引导机制，鼓励共享共用。

统筹考虑和严格控制在新上科研项目中购置科学仪器设备。将优先利用现有科研设施与仪器开展科研活动作为各科研单位获得国家科技计划（专项、基金等）支持的重要条件。鼓励企业和社会力量以多种方式参与共建国家重大科研基础设施，组建专业的科学仪器设备服务机构，促进科学仪器设备使用的社会化服务。

2.4 建立科研设施与仪器开放评价体系和奖惩办法。

科技部会同有关部门建立评价制度，制定评价标准和办法，引入第三方专业评估机制，定期对科研设施与仪器的运行情况、管理单位开放制度的合理性、开放程度、服务质量、服务收费和开放效果进行评价考核。评价考核结果向社会公布，并作为科研设施与仪器更新的重要依据。对于通用科研设施与仪器，重点评价用户使用率、用户的反馈意见、有效服务机时、服务质量以及相关研究成果的产出、水平与贡献；对于专用科研设施与仪器，重点评价是否有效组织了高水平的设施应用专业团队以及相关研究成果的产出、水平与贡献。

管理单位应在满足单位科研教学需求的基础上，最大限度推进科研设施与仪器对外开放，不断提高资源利用率。对于科研设施与仪器开放效果好、用户评价高的管理单位，同级财政部门会同有关部门根据评价考核结果和财政预算管理的要求，建立开放共享后补助机制，调动管理单位开放共享积极性。对于不按规定如实上报科研设施与仪器数据、不按规定公开开放与利用信息、开放效果差、使用效率低的管理单位，科技行政主管部门会同有关部门在网上予以通报，限期整改，并采取停止管理单位新购仪器设备、在申报科技计划（专项、基金等）项目时不准购置仪器设备等方式予以约束。对于通用性强但开放共享差的科研设施与仪器，结合科技行政主管部门的评价考核结果，相关行政主管部门和财政部门可以按规定在部门内或跨部门无偿划拨，管理单位也可以在单位内部调配。科技行政主管部门、相关行政主管部门要建立投诉渠道，接受社会对科研设施与仪器调配的监督。

2. 5 加强开放使用中形成的知识产权管理。

用户独立开展科学实验形成的知识产权由用户自主拥有，所完成的著作、论文等发表时，应明确标注利用科研设施与仪器情况。加强网络防护和网络环境下数据安全管理，管理单位应当保护用户身份信息以及在使用过程中形成的知识产权、科学数据和技术秘密。

2. 6 强化管理单位的主体责任。

管理单位是科研设施与仪器向社会开放的责任主体，要强化法人责任，切实履行开放职责，自觉接受相关部门的考核评估和社会监督。要根据科研设施与仪器的类型和用户需求，建立相应的开放、运行、维护、使用管理制度，保障科研设施与仪器的良好运行与开放共享。要落实实验技术人员岗位、培训、薪酬、评价等政策。科学仪器设备集中使用的单位，要建立专业化的技术服务团队，不断提高实验技术水平和开放水平。各行政主管部门要切实履行对管理单位开放情况的管理和监督职责，实施年度考核，把井放水平和结果作为年度考核的重要内容。

依据

2014 年国务院发布的《国务院关于国家重大科研基础设施和大型科研仪器向社会开放的意见》（国发〔2014〕70 号）第二章。

第三节　科研经费的管理

十七、改进科研计划资金管理应采取哪些措施?

答案

改进、完善科研计划资金管理，应采取以下措施：规范、简化项目预算编制，下放预算调剂权限；及时拨付项目资金；规范直接费用支出管理；完善间接费用和管理费用管理，提高间接费用比重，加大绩效激励力度；改进项目结转结余资金管理办法；完善单位预算管理办法；明确劳务费开支范围，不设比例限制；自主规范管理横向经费。

释义

1. 规范、简化项目预算编制，下放预算调剂权限

项目申请单位应当按规定科学合理、实事求是地编制项目预算，并对仪器设备购置、合作单位资质及拟外拨资金进行重点说明。相关部门要根据科研活动规律和特点，改进预算编制方法，实行部门预算批复前项目资金预拨制度，保证科技工作者及时使用项目资金，完善预算编制指南和评估评审工作细则，健全预算评估评审的沟通反馈机制。评估评审工作的重点是项目预算的目标相关性、政策相符性、经济合理性，在评估评审中不得简单按比例核减预算。除以定额补助方式资助的项目外，应当依据科研任务实际需要和财力可能核定项目预算，不得在预算申请前先行设定预算控制额度。同时，下放预算调剂权限，在项目总预算不变的情况下，将直接费用中的材料费、测试化验加工费、燃料动力费、出版/文献/信息传播/知识产权事务费及其他支出预算调剂权下放给项目承担单位。简化预算编制科目，合并会议费、差旅费、国际合作与交流费科目，由科技工作者结合科研活动实际需要编制预算并按规定统筹安排使用，其中不超过直接费用10%的，不需要提供预算测算依据。

2. 及时拨付项目资金

项目主管部门要合理控制项目和预算评估评审时间，加强项目立项和预算下达的衔接，及时批复项目和预算。相关部门和单位要按照财政国库管理制度相关规定，结合项目实施和资金使用进度，及时合规办理资金支付。实行部门预算批复前项目资金预拨制度，保证科研任务顺利实施。对于有明确目标的重大项目，按照关键节点任务完成情况进行拨款。

3. 规范直接费用支出管理

科学界定与项目研究直接相关的支出范围，各类科技计划（专项、基金等）的支出科目和标准原则上应保持一致。调整劳务费开支范围，将项目临时聘用人员的社会保险补助纳入劳务费科目中列支。进一步下放预算调整审批权限，同时严格控制会议费、差旅费、国际合作与交流费，项目实施中发生的三项支出之间可以调剂使用，但不得突破三项支出预算总额。

4. 完善间接费用和管理费用管理，提高间接费用比重，加大绩效激励力度

中央财政科技计划（专项、基金等）中实行公开竞争方式的研发类项目，均要设立间接费用，核定比例可以提高到不超过直接费用扣除设备购置费的一定比例：500 万元以下的部分为 20%，500 万元至 1000 万元的部分为 15%，1000 万元以上的部分为 13%。对实行间接费用管理的项目，间接费用的核定与项目承担单位信用等级挂钩，由项目主管部门直接拨付到项目承担单位。间接费用用于补偿项目承担单位为项目实施所发生的间接成本和绩效支出，项目承担单位应当建立健全间接费用的内部管理办法，加大对科技工作者的激励力度，取消绩效支出比例限制，在统筹安排间接费用时，要处理好合理分摊间接成本和对科技工作者激励的关系，绩效支出安排与科技工作者在项目工作中的实际贡献挂钩。项目承担单位不得在核定的间接费用或管理费用以外再以任何名义在项目资金中重复提取、列支相关费用。

5. 改进项目结转结余资金管理办法

项目在研期间，年度剩余资金可以结转下一年度继续使用。项目完成任务目标并通过验收，且承担单位信用评价好的，项目结余资金按规定在两年内由单位统筹安排用于科研活动的直接支出，并将使用情况报项目主管部门，两年后未使用完的，按规定收回；未通过验收和整改后通过验收的项目，或承担单位信用评价差的，结余资金按原渠道收回。

6. 完善单位预算管理办法

财政部门按照核定收支、定额或者定项补助、超支不补、结转和结余按规定使用的原则，合理安排科研院所和高等学校等事业单位预算。科研院所和高等学校等事业单位要按照国家规定合理安排人员经费和公用经费，保障单位正常运转。

7. 明确劳务费开支范围，不设比例限制

劳务费预算应当结合当地实际以及相关人员参与项目的全时工作时间等因素合理编制。参与项目研究的研究生、博士后、访问学者以及项目聘用的研究人员、科研辅助人员等，均可开支劳务费。项目聘用人员的劳务费开支标准，参照当地科学研究和技术服务业从业人员平均工资水平，根据其在项目研究中承担的工作任务确定，其社会保险补助纳入劳务费科目列支。劳务

费预算不设比例限制，由项目承担单位和科技工作者据实编制。

8. 自主规范管理横向经费

项目承担单位以市场委托方式取得的横向经费，纳入单位财务统一管理，由项目承担单位按照委托方要求或合同约定管理使用。

依 据

（1）2016 年中共中央办公厅、国务院办公厅印发的《关于进一步完善中央财政科研项目资金管理等政策的若干意见》第二章；

（2）2014 年国务院印发的《国务院关于改进加强中央财政科研项目和资金管理的若干意见》（国发〔2014〕11 号）第五章。

十八、中央高校、科研院所三种不同类型的经费（差旅会议费、仪器设备采购费、基本项目建设费）的管理制度分别是什么？

答 案

中央高校、科研院所可根据教学、科研、管理工作实际需要，研究制定差旅费管理办法，因教学、科研需要举办的业务性会议，由中央高校、科研院自行确定会议费开支范围、标准。中央高校、科研院所可自行采购科研仪器设备，对中央高校、科研院所采购进口仪器设备实行备案制管理。继续实行进口科研教学用品免税政策。对中央高校、科研院所利用自有资金、不申请政府投资建设的项目，由中央高校、科研院所自主决策，报主管部门备案，不再进行审批。

释 义

1. 差旅会议管理

1.1 改进中央高校、科研院所教学科研人员差旅费管理。

中央高校、科研院所可根据教学、科研、管理工作实际需要，按照精简高效、厉行节约的原则，研究制定差旅费管理办法，合理确定教学科研人员乘坐交通工具等级和住宿费标准。对于难以取得住宿费发票的，中央高校、科研院所在确保真实性的前提下，据实报销城市间交通费，并按规定标准发放伙食补助费和市内交通费。

1.2 完善中央高校、科研院所会议管理。

中央高校、科研院所因教学、科研需要举办的业务性会议（如学术会议、研讨会、评审会、座谈会、答辩会等），会议次数、天数、人数以及会议费开支范围、标准等，由中央高校、科研院所按照实事求是、精简高效、厉行节约的原则确定。会议代表参加会议所发生的城市间交通费，原则上按差旅费管理规定由所在单位报销；因工作需要，邀请国内外专家、学者和有关人员参加会议，对确需负担的城市间交通费、国际旅费，可由主办单位在会议费等费用中报销。

2. 仪器设备采购管理

2.1 改进中央高校、科研院所政府采购管理。

中央高校、科研院所可自行采购科研仪器设备，自行选择科研仪器设备评审专家。财政部要简化政府采购项目预算调剂和变更政府采购方式审批流程。中央高校、科研院所要切实做好设备采购的监督管理，做到全程公开、透明、可追溯。

2.2 优化进口仪器设备采购服务。

对中央高校、科研院所采购进口仪器设备实行备案制管理。继续落实进口科研教学用品免税政策。

3. 基本建设项目管理

3.1 扩大中央高校、科研院所基本建设项目管理权限。

对中央高校、科研院所利用自有资金、不申请政府投资建设的项目，由中央高校、科研院所自主决策，报主管部门备案，不再进行审批。国家发展和改革委员会和中央高校、科研院所主管部门要加强对中央高校、科研院所基本建设项目的指导和监督检查。

3.2 简化中央高校、科研院所基本建设项目审批程序。

中央高校、科研院所主管部门要指导中央高校、科研院所编制五年建设规划，对列入规划的基本建设项目不再审批项目建议书。简化中央高校、科研院所基本建设项目城乡规划、用地以及环评、能评等审批手续，缩短审批周期。

依据

2016 年中共中央办公厅、国务院办公厅印发的《关于进一步完善中央财政科研项目资金管理等政策的若干意见》第三章、第四章、第五章。

十九、科研项目财务审计的要求有哪些?

答案

财务审计报告是财务验收的重要依据，财务验收前，应当选择符合要求的会计师事务所进行财务审计。科技部对财务审计和财务验收进行随机抽查，对财务审计，重点抽查审计依据充分性、结论可靠性、审计工作质量及对重大违规问题的披露情况。

释义

财务审计报告是财务验收的重要依据。项目执行期满后，由项目牵头承担单位审核汇总后向专业机构提出财务验收申请。由专业机构按照有关规定组织财务验收。财务验收前，应当选择符合要求的会计师事务所进行财务审计。存在下列行为之一的，不得通过财务验收：

（1）编报虚假预算，套取国家财政资金；

（2）未对重点研发计划资金进行单独核算；

（3）截留、挤占、挪用重点研发计划资金；

（4）违反规定转拨、转移重点研发计划资金；

（5）提供虚假财务会计资料；

（6）未按规定执行和调剂预算；

（7）虚假承诺其他来源的资金；

（8）资金管理使用存在违规问题，拒不整改；

（9）其他违反国家财经纪律的行为。

科技部对财务审计和财务验收进行随机抽查。对财务审计，重点抽查审计依据充分性、结论可靠性、审计工作质量及对重大违规问题的披露情况；对财务验收，重点抽查验收程序规范性、依据充分性、结论可靠性和项目结余资金管理情况。

依据

2016年财政部、科技部印发的《国家重点研发计划资金管理办法》（财科教〔2016〕113号）第六章。

二十、课题预算评审、评估制度是什么？课题预算中的哪些内容需要依其审核？

答案

课题预算评审，是指管理部门在审定课题预算前组织评审专家组，由专家组按照规范的程序和公允的标准对课题预算进行的咨询和评判活动。预算评估，是指科技部或其授权的单位在审定课题预算前，按照专业化的原则，委托具有科技评估能力的单位，按照规范的程序和公允的标准对课题预算进行的专业化咨询和评判活动。预算评估评审的内容包括预算来源和支出，重点是支出预算，主要包括支出总量、比例结构、人均强度以及预算实物量等，主要审核预算是否符合各计划的管理规定、预算内容与课题合同任务是否相关以及课题预算涉及的价格、数量等方面的合理性。

释义

科技部归口管理的国家科技计划课题，应引入预算评估评审机制，建立课题立项与预算评估评审之间既相互衔接、又相互制约的机制。预算评估评审工作的主要任务是对课题申报预算的目标相关性、政策相符性和经济合理性进行评价，目的是为管理部门对课题预算决策提供咨询。预算评估评审坚持独立、客观、公正、科学的原则，并自觉接受有关方面的监督。因重大自然灾害、突发重大疾病疫情等需要紧急决策的国家特殊目标的课题，可不进行预算评估评审，但必须建立严格的内部决策审批程序，由条件财务司、商业务管理司提出预算安排建议，报部务会讨论通过后执行。

课题预算评估评审的主要依据是课题正式申报的预算书、计划任务书以及在评估评审过程中采集的其他信息。预算评估评审的内容包括预算来源和支出，重点是支出预算，主要包括支出总量、比例结构、人均强度以及预算实物量等，主要审核预算是否符合各计划的管理规定，预算内容与课题合同任务是否相关以及课题预算涉及的价格、数量等方面的合理性。涉及预算各个科目，包括设备费、材料费、测试化验加工费、燃料动力费、差旅费、会议费、国际合作与交流费、出版/文献/信息传播/知识产权事务费、劳务费、专家咨询费、管理费等。

关于人员费，重点审核列支人员费是否符合有关标准及相关管理规定，课题组成员从专项经费预算中列支人员费的合理性，参与课题研究的流动人员列支人员费的情况。

关于设备费，重点审核仪器设备预算与课题研究内容的相关性、仪器设备共用共享情况，符合《中央级新购大型科学仪器设备联合评议工作管理办法》（试行）的，按其规定执行。

关于国际合作与交流费，重点审核国际合作与交流费预算与课题研究任务的相关性，压缩一般性出国考察任务。

关于间接费用，重点审核列支间接费用是否符合相关管理规定，依托单位提供的各种支撑条件与课题研究任务的相关性。

关于协作研究支出，必须以课题任务书中明确列示的协作研究任务为依据，重点审核协作研究支出与任务内容的相关性及开支合理性。

关于材料费、测试化验费等业务性支出，重点审核各项支出内容是否存在交叉重复，支出标准是否符合国家有关政策规定和公允性原则，支出结构和总量是否符合经济合理性原则等。

依 据

（1）2006 年科技部印发的《科技部科技计划课题预算评估评审规范》（国科发财字〔2006〕99 号）第二条、第三条、第四条、第十一条；

（2）2006 年科技部印发的《科技部科技计划课题预算评估评审实施细则（暂行）》（国科发财字〔2006〕405 号）第二十八条。

二十一、预算评审和预算评估活动，在适用的课题和基本程序方面有什么不同？

答 案

在适用课题方面，专项经费在 1000 万元以上重大课题原则上采取预算评估的方式，由科技部条件财务司组织；专项经费在 1000 万元以下的课题一般采取预算评审的方式，由承担科技计划过程管理工作的相关部属事业单位或科技部授权的其他单位（以下简称评审组织单位）组织。支撑计划项目课题预算，由条件财务司委托或授权相关单位组织专家评审；其他计划（专项）课题预算，由条件财务司组织开展评估评审。

课题经费预算评估的程序包括预算评估委托、形式审查、基本评估、重点评估、综合分析、报告形成与提交等六个程序；课题经费预算评审的程序包括评审委托或授权、形式审查、组建评审专家组、专家组评审、报告形成与提交等五个程序。

释 义

1. 课题经费预算评估的程序

（包括预算评估委托、形式审查、基本评估、重点评估、综合分析、报告形成与提交等程序。）

1.1 预算评估的委托，是预算评估委托方与评估机构在双方协商、自愿的基础上，通过合同或协议的方式进行。委托合同或协议中应对评估的目的、内容、时间进度要求、保密要求、评估结论的用途及其公开范围、评估费用，以及委托方与评估机构在评估活动中的权利义务等重要内容进行约定。

1.2 评估机构对课题预算的政策相符性、目标相关性和经济合理性进行基本分析与评价，采用政策对比、目标任务对比、数据分析、专家咨询与调研、案例参照等方法，利用多方面信息形成课题预算的基本评估结论。如还存在疑难问题，则启动重点评估程序，否则，进入报告形成和提交阶段。

1.3 重点评估程序为非强制程序，只对部分课题启动。当课题预算存在问题较多或分析判断难度较大时，启动本程序。评估机构根据课题的具体情况，确定重点评估的内容和方法，如对申请购置（试制）的大型设备进行专题论证、组织课题答辩、对重点问题进行专题调研等。

1.4 评估机构综合分析，形成课题预算评估报告，按委托协议和相关要求，提交评估报告及有关说明。

2. 课题经费预算评审的程序

（包括评审委托或授权、形式审查、组建评审专家组、专家组评审、报告形成与提交等五个程序。课题预算评审工作一般通过会议方式组织。）

2.1 条件财务司委托或授权有关单位组织承办课题预算评审工作，通过合同或协议的方式进行，明确双方的责任与义务，以及评审的进度、费用等要求。

2.2 评审组织单位制定课题预算评审工作方案和评审手册，包括评审的目的、依据、内容、程序和方法、进度安排、标准、各方行为准则以及规范化工作文档等，如课题材料形式审查表、评审专家承诺书、专家信息登记表、预算评审专家意见表、预算评审报告、专家评审活动经历与表现记录表等各类工作文档，对评审活动进行规范，并向科技部条件财务司提交。

2.3 评审组织单位根据专家遴选原则，按照统一的专家使用规范，从科技部相关专家库中遴选专家，按课题所属领域和研究内容组建预算评审专家组，并报科技部条件财务司审核备案。

2.4 预算评审专家组名单通过科技部条件财务司审核备案后，原则上评审组织单位应提前将课题预算评审材料送交预算评审专家，让专家有充分时间审阅有关材料。在正式召开专家评审会前，评审组织单位应对专家组进行培训，学习有关文件和材料，使专家了解相关政策、预算评审活动的目的、原则、要求、方法及标准、行为准则，掌握评审活动的规范化要求，评审专家签订“专家承诺书”。

2.5 预算评审专家对课题预算进行评审，形成每个专家的评审意见和专家组集体的预算评审报告。

依据

（1）2006年科技部印发的《科技部科技计划课题预算评估评审规范》第六条；

（2）2006年科技部印发的《科技部科技计划课题预算评估评审实施细则（暂行）》第七条、第十三条至第二十六条。

二十二、重点专项概算的申报和审核流程是怎么样的？如果发生了概算需要调整调剂和结转的情况，应当如何处理？

答案

重点专项概算包括总概算和年度概算。由专业机构根据重点专项的目标和任务，编报重点专项概算，报财政部、科技部。财政部、科技部委托相关机构对重点专项概算进行评估。根据评估结果，结合财力可能，财政部核定并批复重点专项中央财政资金总概算和年度概算。

重点专项任务目标发生重大变化等导致中央财政资金总概算确需调整的，专业机构在履行相关任务调整审批程序后，提出调整申请，经科技部审核后，按程序报财政部审批。总概算不变，重点专项年度间重大任务调整等导致年度概算需要调整的，由专业机构提出申请，经科技部审核后，按程序报财政部审批。因概算变化等确需调剂的，由专业机构提出申请，按程序报财政部批准。在重点专项实施周期内，由于年度任务调整等导致专业机构当年未下达给项目牵头承担单位的资金，可以结转下一年度继续使用。由于重点专项因故中止等原因，专业机构尚未下达给项目牵头承担单位的资金，按规定上缴中央财政。

释义

重点专项概算，是指对专项实施周期内，专项任务实施所需总费用的事前估算，是重点专项预算安排的重要依据。重点专项概算包括总概算和年度概算。专业机构根据重点专项的目标和任务，编报重点专项概算，报财政部、科技部。重点专项概算应当同时编制收入概算和支出概算，确保收支平衡。重点专项收入概算包括中央财政资金概算和其他来源的资金概算。重点专项支出概算包括支出总概算和年度支出概算。

专业机构应当在充分论证、科学合理分解重点专项任务基础上，根据任务相关性、配置适当性和经济合理性的原则，按照任务级次和不同研发阶段编列支出概算。财政部、科技部委托相关机构对重点专项概算进行评估。根据评估结果，结合财力可能，财政部核定并批复重点专项中央财政资金总概算和年度概算。

中央财政资金总概算一般不予调整。重点专项任务目标发生重大变化等导致中央财政资金总概算确需调整的，专业机构在履行相关任务调整审批程序后，提出调整申请，经科技部审核后，按程序报财政部审批。

专业机构根据核定的概算组织项目预算申报和评估，提出项目安排建议和重点专项中央财政资金预算安排建议，项目安排建议按程序报科技部，预算安排建议按照预算申报程序报财政部。无部门预算申报渠道的专业机构，通过科技部报送。科技部对项目安排建议进行合规性审核。财政部结合科技部意见，按照预算管理要求向专业机构下达重点专项中央财政资金预算（不含具体项目预算），并抄送科技部。

重点专项中央财政资金预算一般不予调剂，因概算变化等确需调剂的，由专业机构提出申请，按程序报财政部批准。在重点专项实施周期内，由于年度任务调整等导致专业机构当年未下达给项目牵头承担单位的资金，可以结转下一年度继续使用。由于重点专项因故中止等原因，专业机构尚未下达给项目牵头承担单位的资金，按规定上缴中央财政。

依 据

2016 年科技部、财政部印发的《国家重点研发计划资金管理办法》（财科教〔2016〕113 号）第二章。

二十三、如何对重点专项项目资金的间接费用进行管控？

答 案

结合承担单位信用情况，对重点专项项目资金的间接费用实行总额控制，按照不超过课题直接费用扣除设备购置费后的一定比例核定。具体比例如下：500 万元及以下部分为 20%；500 万元至 1000 万元的部分为 15%；1000 万元以上的部分为 13%。

释 义

重点专项项目资金间接费用，是指承担单位在组织实施项目过程中发生的无法在直接费用中列支的相关费用，主要包括：承担单位为项目研究提供的房屋占用，日常水、电、气、暖消耗，有关管理费用的补助支出，以及激励科技工作者的绩效支出等。

间接费用由承担单位统筹安排使用。承担单位应当建立健全间接费用的内部管理办法，公开透明、合规合理使用间接费用，处理好分摊间接成本和对科技工作者激励的关系。绩效支出安排应当与科技工作者在项目工作中的实际贡献挂钩。

课题中有多个单位的，间接费用在总额范围内由课题承担单位与参与单位协商分配。承担单位不得在核定的间接费用以外，再以任何名义在项目资金中重复提取、列支相关费用。

依 据

2016 年科技部、财政部印发的《国家重点研发计划资金管理办法》（财科教〔2016〕113 号）第三章。

二十四、重点专项项目预算评估有哪些要求？评估的后续工作又有哪些？

答 案

重点专项项目预算评估应当按照规范的程序和要求，坚持独立、客观、公正、科学的原则，对项目以及课题申报预算的政策相符性、目标相关性和经济合理性进行评估。预算评估过程中不得简单按比例核减直接费用预算，同时应当建立健全与项目申报单位的沟通反馈机制。专业机构根据预算评估结果，提出重点专项项目预算安排建议，并予以公示。

释 义

由专业机构委托相关机构开展项目预算评估。预算评估机构应当具有丰富的国家科技计划预算评估工作经验、熟悉国家科技计划和资金管理政策、建立了相关领域的科技专家队伍支撑、拥有专业的预算评估人才队伍等。

专业机构根据财政部下达的重点专项预算和科技部对项目安排建议的审核意见，向项目牵头承担单位下达重点专项项目预算，并与项目牵头承担单位签订项目任务书（含预算）。项目任务书（含预算）是项目和课题预算执行、财务验收和监督检查的依据。项目任务书（含预算）应以项目预算申报书为基础，突出绩效管理，明确项目考核目标、考核指标及考核方法，明晰各方责权，明确课题承担单位和参与单位的资金额度，包括其他来源资金和其他配套条件等。

依 据

2016年科技部、财政部印发的《国家重点研发计划资金管理办法》（财科教〔2016〕113号）第二十五至二十八条。

二十五、科技工作者和科研单位如何合理合法使用科研项目资金？如何简化报销流程，尤其是设备维修费用报销方面？

答 案

科技工作者和项目承担单位要依法依规使用项目资金，改进科研项目资金结算方式，完善科研信用管理，加大对违规行为的惩处力度。项目承担单位要建立健全科研和财务管理等相结合的内部控制制度，规范项目资金管理，在职责范围内及时审批项目预算调整事项。对于从中央财政以外渠道获得的项目资金，按照国家有关财务会计制度规定以及相关资金提供方的具体要求管理和使用。

中央高校、科研院所可根据教学、科研、管理工作实际需要，按照精简高效、厉行节约的原则，研究制定差旅会议费管理办法；扩大中央高校、科研院所基本建设项目管理权限，简化中央高校、科研院所基本建设项目审批程序。在设备维修费用管理方面，中央高校、科研院所可自行采购科研仪器设备，自行选择科研仪器设备评审专家。财政部要简化政府采购项目预算调剂和变更政府采购方式审批流程。中央高校、科研院所要切实做好设备采购的监督管理，做到全程公开、透明、可追溯。

释 义

1. 规范科研项目资金使用行为

科技工作者和项目承担单位不得擅自调整外拨资金，不得利用虚假票据套取资金，不得通过编造虚假合同、虚构人员名单等方式虚报冒领劳务费和专家咨询费，不得通过虚构测试化验内容、提高测试化验支出标准等方式违规开支测试化验加工费，不得随意调账变动支出、随意修改记账凭证、以表代账应付财务审计和检查。

2. 改进科研项目资金结算方式

科研院所、高等学校等事业单位承担项目所发生的会议费、差旅费、小额材料费和测试化验加工费等，要按规定实行“公务卡”结算；企业承担的项目，上述支出也应当采用非现金方式结算。项目承担单位对设备费、大宗材料费和测试化验加工费、劳务费、专家咨询费等支出，原则上应当通过银行转账方式结算。

3. 完善科研信用管理

建立覆盖指南编制、项目申请、评估评审、立项、执行、验收全过程的科研信用记录制度，由项目主管部门委托专业机构对项目承担单位和科技工作者、评估评审专家、中介机构等参与主体进行信用评级，并按信用评级实行分类管理。各项目主管部门应共享信用评价信息。建立“黑名单”制度，将严重不良信用记录者记入“黑名单”，阶段性或永久取消其申请中央财政资助项目或参与项目管理的资格。

4. 加大对违规行为的惩处力度

建立完善覆盖项目决策、管理、实施主体的逐级考核问责机制。有关部门要加强科研项目和资金监管工作，严肃处理违规行为，按规定采取通报批评、暂停项目拨款、终止项目执行、追回已拨项目资金、取消项目承担者一定期限内项目申报资格等措施，涉及违法的移交司法机关处理，并将有关结果向社会公开。建立责任倒查制度，针对出现的问题，倒查项目主管部门相关人员的履职尽责和廉洁自律情况，经查实存在问题的依法依规严肃处理。

依据

（1）2017 年财政部、科技部、教育部、发改委印发的《关于进一步做好中央财政科研项目资金管理等政策贯彻落实工作的通知》（财科教〔2017〕6 号）；

（2）2014 年国务院印发的《关于改进加强中央财政科研项目和资金管理的若干意见》（国发〔2014〕11 号）第六章。

二十六、如何管理国家科技支撑计划的无偿资助性经费？

答 案

课题承担单位应制定内部管理办法，建立健全内部控制制度，加强对国家科技支撑计划的无偿资助性专项经费的监督和管理，对专项经费及其自筹经费分别进行单独核算。财政部、科技部对专项经费拨付使用的情况进行监督检查。无偿资助性经费管理建立承诺机制。课题承担单位法定代表人、课题负责人在编报预算时应当共同签署承诺书，保证所提供信息的真实性，并对信息虚假导致的后果承担责任。无偿资助性经费管理建立信用管理机制。科技部对项目组织单位、课题承担单位、课题负责人、中介机构和评审评议专家在专项经费管理方面的信誉度进行评价和记录。

释 义

1. 无偿资助性项目的预算执行

专项资金的拨付，按照财政资金支付管理的有关规定执行。经费使用中涉及政府采购的，按照政府采购有关规定执行。课题承担单位应当严格按照《国家科技支撑计划专项经费管理办法》的规定，制定内部管理办法，建立健全内部控制制度，加强对专项经费的监督和管理，对专项经费及其自筹经费分别进行单独核算。课题承担单位应当严格按照该办法规定的课题经费开支范围和标准办理支出。严禁使用课题经费支付各种罚款、捐款、赞助、投资等，严禁以任何方式变相谋取私利。预算执行过程中实行重大事项报告制度。在课题实施期间出现课题计划任务调整、课题负责人变更或调动单位、课题承担单位变更等影响经费预算执行的重大事项，课题负责人、课题承担单位应当及时报项目组织单位及科技部批准。

2. 无偿资助性项目的监督检查

财政部、科技部对专项经费拨付使用的情况进行监督检查。科技部会同财政部组织专家或委托中介机构对专项经费的使用和管理进行专项财务检查或中期评估。专项财务检查和中期评估的结果，将作为调整项目或课题预算安排、按进度核拨经费的重要依据。项目完成后，项目组织单位应当及时向科技部提出财务验收申请，财务验收是进行项目和课题验收的前提。科技部负责组织对项目和课题进行财务审计与财务验收，财务审计是财务验收的重要依据。

科技部应当结合财务审计和财务验收，逐步建立科研项目经费的绩效评价制度。对于预算执行过程中，不按规定管理和使用专项经费、不及时编报决算、不按规定进行会计核算的单位，科技部将会同财政部予以停拨经费或通报批评，情节严重的可以终止项目或课题。对于未通过财务验收，存在弄虚作假，截留、挪用、挤占专项经费等违反财经纪律的行为，科技部、财政部可以取消有关单位或个人今后三年内申请国家科研项目的资格，并向社会公告。同时建议有关部门给予纪律处分。构成犯罪的，依法移送司法机关追究刑事责任。

依 据

2006年财政部、科技部印发的《国家科技支撑计划专项经费管理办法》（财教〔2006〕160号）第四章、第五章。

二十七、什么是研发费用加计扣除？

答 案

加计扣除，是指企业开展研发活动中实际发生的研发费用，未形成无形资产计入当期损益的，在按规定据实扣除的基础上，按照本年度实际发生额的50%，从本年度应纳税所得额中扣除；形成无形资产的，按照无形资产成本的150%在税前摊销。

释 义

1. 研发费用加计扣除所指的研发活动

是指企业为获得科学与技术新知识，创造性运用科学技术新知识，或实质性改进技术、产品（服务）、工艺而持续进行的具有明确目标的系统性活动。

2. 加计扣除研发费用

是指企业开展研发活动中实际发生的研发费用，未形成无形资产计入当期损益的，在按规定据实扣除的基础上，按照本年度实际发生额的50%，从本年度应纳税所得额中扣除；形成无形资产的，按照无形资产成本的150%在税前摊销。研发费用的具体范围如下。

2.1 人员人工费用。直接从事研发活动人员的工资薪金、基本养老保险费、基本医疗保险费、失业保险费、工伤保险费、生育保险费和住房公积金，以及外聘研发人员的劳务费用。

2.2 直接投入费用。研发活动直接消耗的材料、燃料和动力费用。用于中间试验和产品试制的模具、工艺装备开发及制造费，不构成固定资产的样品、样机及一般测试手段购置费，试制产品的检验费。用于研发活动的仪器、设备的运行维护、调整、检验、维修等费用，以及通过经营租赁方式租入的用于研发活动的仪器、设备租赁费。

2.3 折旧费用。用于研发活动的仪器、设备的折旧费。

2.4 无形资产摊销。用于研发活动的软件、专利权、非专利技术（包括许可证、专有技术、设计和计算方法等）的摊销费用。

2.5 新产品设计费、新工艺规程制定费、新药研制的临床试验费、勘探开发技术的现场试验费。

2.6 其他相关费用。与研发活动直接相关的其他费用，如技术图书资料费、资料翻译费、专家咨询费、高新科技研发保险费，研发成果的检索、分析、评议、论证、鉴定、评审、评估、验收费用，知识产权的申请费、注册费、代理费，差旅费、会议费等。此项费用总额不得超过可加计扣除研发费用总额的10%。

3. 不适用税前加计扣除政策的开发活动

3.1 企业产品（服务）的常规性升级。

3.2 对某项科研成果的直接应用，如直接采用公开的新工艺、材料、装置、产品、服务或知识等。

3.3 企业在商品化后为顾客提供的技术支持活动。

3.4 对现存产品、服务、技术、材料或工艺流程进行的重复或简单改变；市场调查研究、效率调查或管理研究。

3.5 作为工业（服务）流程环节或常规的质量控制、测试分析、维修维护。

3.6 社会科学、艺术或人文学方面的研究。

依据

2015 年财政部、国家税务总局、科技部印发的《关于完善研究开发费用税前加计扣除政策的通知》，（财税〔2015〕119 号）。

二十八、中关村国家自主创新示范区科技重大专项项目（课题）经费间接费用如何列支？

答案

间接费用采取分类核定、比例控制、统筹安排、自主分配、规范使用的原则。间接费用采用重大专项项目成本费用摊销的方法，在专户内按月核算编列相应支出。

释义

中关村国家自主创新示范区科技重大专项试点项目，是指国务院批准的 16 个国家科技重大专项；经严格论证程序报市委、市政府批准的北京科技重大专项，包括“科技北京”行动计划（2009—2012）确定的重大科技工程、《北京市中长期科学和技术发展规划纲要（2008—2020 年）》确定的 18 个重大科技专项以及“北京市调整和振兴产业实施方案”中的科技重大项目。

间接费用，是指在科技重大专项组织实施试点项目过程中发生的管理、协调和监督费用，以及其他无法在直接费用中列支的相关费用，承担试点项目的试点单位是间接费用统筹管理和使用的主体。根据试点项目、试点单位性质，间接费用按照项目组织实施过程中相关工作内容，主要包括以下五种。

（1）科研条件支撑费，是指试点项目在组织实施过程中，对高校、有财政事业费拨款的科研院所使用其内部非独立经济核算单位现有仪器设备及房屋使用费、水电气暖消耗费、图书馆及资料室使用费、网络信息运行管理服务费；没有财政事业费拨款以及转制科研院所企业固定资产房屋设备折旧费、低值易耗品摊销费等各支撑条件费用的补助支出。

（2）协调管理费，是指试点项目组织实施过程中发生的内部非独立经济核算单位项目前期申请费、可行性论证、外协合作费、财务核算费用、资料档案保管费等科研管理组织、协调等管理工作经费。

（3）监督检查费，是指试点项目组织实施过程中发生的内部验收论证、检查审计等监督工作经费。

（4）科技工作者激励费，是指根据对科技工作者的绩效考核，结合科研实绩由所在单位根据国家及北京市有关规定统筹安排的科技工作者激励支出经费。

（5）其他间接费用。

依据

2010年中关村国家自主创新示范区领导小组印发的《中关村国家自主创新示范区科技重大专项项目（课题）经费间接费用列支管理办法（试行）》（中示区组发〔2010〕15号）第一章、第二章。

二十九、如何利用科技型中小企业技术创新基金？

答案

创新基金的使用和管理遵守国家有关法律、行政法规和相关规章制度，遵循诚实申请、公正受理、科学管理、择优支持、公开透明、专款专用的原则。

释义

1. 申请创新基金支持的项目需符合的条件

1.1 符合国家产业、技术政策。

1.2 技术含量较高，技术创新性较强。

1.3 项目产品有较大的市场容量、较强的市场竞争力。

1.4 无知识产权纠纷。

2. 承担项目的企业应具备的条件

2.1 在中国境内注册，具有独立企业法人资格。

2.2 主要从事高新技术产品的研制、开发、生产和服务业务。

2.3 企业管理层有较高经营管理水平，有较强的市场开拓能力。

2.4 职工人数不超过 500 人，具有大专以上学历的科技人员占职工总数的比例不低于 30%，直接从事研究开发的科技人员占职工总数的比例不低于 10%。

2.5 有良好的经营业绩，资产负债率合理；每年用于高新技术产品研究开发的经费不低于销售额的 5%。

2.6 有健全的财务管理机构，有严格的财务管理制度和合格的财务人员。

3. 创新基金投入的方式

创新基金以贷款贴息、无偿资助和资本金投入的方式支持科技型中小企业的技术创新活动。

3.1 贷款贴息，主要用于支持产品具有一定水平、规模和效益，银行已经贷款或有贷款意向的项目；项目新增投资在 3000 万元以下，资金来源基本确定，投资结构合理，项目实施周期不超过 3 年；创新基金贴息总额一般不超过 100 万元，个别重大项目不超过 200 万元。

3.2 无偿资助，主要用于科技型中小企业技术创新活动中新技术、新产品研究开发及中试放大等阶段的必要补助；项目新增投资一般在 1000 万元以下，资金来源基本确定，投资结构合理，项目实施周期不超过 2 年；企业需有与申请创新基金资助数额等额以上的自有资金匹配；创新基金资助数额一般不超过 100 万元，个别重大项目不超过 200 万元。

3.3 资本金投入具体办法另行制定。

4. 创新基金项目年度重点支持范围

科技部每年年初制定并发布年度《科技型中小企业技术创新基金若干重点项目指南》，明确创新基金项目年度重点支持范围。

5. 申请创新基金的申请材料

5.1 科技型中小企业申请创新基金，应按科学技术部科技型中小企业技术创新基金管理中心（以下简称管理中心）发布的《科技型中小企业技术创新基金项目申请须知》准备和提供相应的申请材料。

5.2 企业提交的创新基金申请材料必须真实可靠，并经项目推荐单位推荐。

5.3 推荐单位是指熟悉企业及项目情况的当地省级科技主管部门。推荐单位出具推荐意见之前应征求省级财政部门对项目的意见，并将推荐项目名单抄送省级财政部门备案。

6. 项目的受理及审查

6.1 项目推荐单位和管理中心要采取公开方式受理申请，并提出审查意见。

6.2 受理审查内容包括：资格审查、形式审查、内容审查。受理审查合格后，管理中心将组织有关机构和专家进行立项审查。对受理审查不合格的项目，管理中心自收到项目申请材料之日起三十日内在创新基金网站上发出《不受理通知书》。

依 据

2005 年科技部、财政部印发的《科技型中小企业技术创新基金项目管理暂行办法》（国科发计字〔2005〕60 号）第一章、第二章、第三章。

三十、（高校）如何预防科研计划资金使用中可能出现的违规行为？

答 案

预防科研计划资金使用中可能出现的违规行为，就要加强科研经费统一管理；规范经费支出管理；严格外拨经费审核；严禁违规使用经费；按规定加强间接费用管理；完善校内科研绩效管理办法；健全监督检查机制；推进财务信息公开；落实责任追究制度。

释 义

1. 加强科研经费统一管理

纵向科研经费和横向科研经费应当全部纳入学校财务统一管理，按照相关科研经费管理办法、委托方或科研合同的要求合理使用。涉及国有资产（包括知识产权等无形资产）的使用和处置管理，应按国有资产管理相关规定办理手续，不得以任何方式隐匿、私自转让、非法占有国有资产或利用国有资产谋取私利。

2. 规范经费支出管理

学校要完善科研经费支出审核制度，严格票据审核，必要时应要求项目负责人提供明细单等有效证明，杜绝虚假票据；建立银行卡支付制度，依据有关规定发放给个人的劳务性费用，要严格审核发放人员资格、标准，一律通过个人银行卡发放，以零现金方式支付；严格执行国家政府采购制度的规定，购买货物、工程或服务的支出，必须通过法定的采购方式、采购方法和采购程序来进行。

3. 严格外拨经费审核

科研项目的外拨经费支出应当以合作（外协）项目合同为依据，按照合同约定的外拨经费额度、拨付方式、开户银行和账号等条款办理。合作（外协）单位是公司、企业的，应提供收款单位法人营业执照、组织机构代码证、税务登记证、资质证书等相关资料；合作（外协）单位是高校、科研院所、社会团体等公益性组织的，应提供收款单位组织机构代码等相关资料。项目负责人应对合作（外协）业务的真实性、相关性负责。

4. 严禁违规使用经费

学校科技工作者应严格按照预算批复或合同（任务书）的支出范围和标准使用经费，严禁以任何方式挪用、侵占、骗取科研经费。严禁编造虚假合同、编制虚假预算；严禁违规将科研经费转拨、转移到利益相关的单位或个人；严禁购买与科研项目无关的设备、材料；严禁虚构经济业务、使用虚假票据套取科研经费；严禁在科研经费中报销个人家庭消费支出；严禁虚列、伪造名单，虚报冒领科研劳务性费用；严禁借科研协作之名，将科研经费挪作他用；严禁设立“小金库”。

5. 按规定加强间接费用管理

按照有关科研项目经费管理办法规定提取间接费用的，学校要合理确定项目间接费用标准，以直接提取方式将间接费用纳入学校财务统一管理，并结合实际制定间接费用分配及使用办法。间接费用按照有关规定用于补偿学校、院系为支持科研活动开展而发生的无法在直接费用中列支的相关费用。

6. 完善校内科研绩效管理办法

学校要建立以高水平成果、高层次人才为导向的科研绩效评价体系。学校可按有关规定统筹利用科研经费间接费用中的绩效支出、中央高校绩效拨款、学校学费收入等经费渠道，在对科研工作进行绩效考核的基础上，结合科技工作者实绩，建立健全鼓励创新、体现实绩的科研绩效管理机制。

7. 健全监督检查机制

健全包括审计、监察、财政、科技等部门，主管部门和社会中介机构在内的科研经费监督体系，建立科研项目的财务审计与财务验收制度。学校要将科研经费使用管理纳入内部审计部门的重点审计范围，对全部科研项目实施抽查审计，对重大、重点科研项目开展全过程跟踪审计。

8. 推进财务信息公开

学校要建立非涉密项目信息公开和回访制度，在学校内部公开项目组人员构成、协作单位及人员组成、预算批复、预算调整、经费支出、外拨经费、资产购置等情况。探索建立科研项目经费支出明细、报销票据分级公开制度。实行科研经费审计报告公开，整改情况公开，处理结果公开。

9. 落实责任追究制度

有关部门和学校要将专项审计、中期财务检查、财务验收和绩效评价等结果作为项目申请和科研经费预算分配的重要依据。对发生违纪违法问题的单位和个人，按照《财政违法行为处罚处分条例》《事业单位工作人员处分暂行规定》等规定进行严肃处理，依情节轻重给予行政处罚或处分。涉嫌犯罪的，依法移送司法机关追究刑事责任。

依 据

2012年教育部、财政部印发的《关于加强中央部门所属高校科研经费管理的意见》（教财〔2012〕7号）第四章、第五章、第六章。

三十一、横向课题经费结题验收后有结余的，是否可以作为科技工作者的奖励资金发放现金？

答案

在一定条件下，课题剩余资金可以结转下一年度继续使用，但不可以作为科技工作者的奖励资金直接发放现金。

释义

项目完成任务目标并通过验收，且承担单位信用评价好的，课题结余资金按规定在两年内由单位统筹安排用于科研活动的直接支出，并将使用情况报项目主管部门；未通过验收和整改后通过验收的项目，或承担单位信用评价差的，或两年内未使用完毕，结余资金按原渠道收回。

依据

（1）2016 年中共中央办公厅、国务院办公厅印发《关于进一步完善中央财政科研项目资金管理等政策的若干意见》（中办发〔2016〕50 号）第二章；

（2）2014 年国务院印发的《国务院关于改进加强中央财政科研项目和资金管理的若干意见》（国发〔2014〕11 号）第五章。

第四节 科技活动的评价

三十二、针对不同类型的科技活动，评价标准有哪些不同？

答案

针对不同类型的科技活动，评价的导向、重点等均有所不同。

（1）战略性基础研究项目评价应以解决经济、社会、国家安全以及科学自身发展中的重大基础科学问题为导向，突出国家目标与科学发展目标的有机结合，以科学前沿的原始性创新和集成性创新、对国家重大需求的潜在贡献以及优秀人才培养为评价重点。

（2）自由探索性基础研究项目评价应以保障科学研究自由，鼓励科学探索和原始性创新为导向，注重对科学价值和人才培养的评价。

（3）应用研究项目评价应紧密结合经济建设和社会发展的需求，以技术推动和市场牵引为导向，以技术理论、关键技术和核心高技术的创新与集成水平、自主知识产权的产出、潜在的经济效益、社会效益等要素为评价重点。

（4）科学技术产业化项目评价以建立企业为主体的科学技术成果转化与产业化机制，发展高新技术产业，优化调整产业结构为导向，以培育具有自主创新能力的高新技术企业为评价重点。

（5）社会公益性研究项目评价应以研究解决国家战略性公益事业发展的共性科学技术问题，增强科学技术为重大社会公益问题提供科学技术支撑和服务的能力，为社会、经济协调发展，为人民生活水平的提高提供技术保障为导向，以技术支撑及服务体系的先进有效性，共享与服务的能力和水平，以及潜在的社会效益等作为评价重点。

（6）科学技术条件建设与支撑服务项目评价应以为科学技术、经济、社会发展和国家安全等提供科学技术条件支撑和公共服务为导向，以对国民经济、社会和科学技术可持续发展的贡献为评价重点。

（7）基础研究成果应以在基础研究领域阐明自然现象、特征和规律，作出重大发现和重大创新，以及新发现、新理论等的科学水平、科学价值作为评价重点。在国内外有影响的学术期刊上发表的代表性论文及被引用情况应作为评价的重要参考指标。

（8）应用技术成果应以运用科学技术知识在科学研究、技术开发、后续开发和应用推广中取得新技术、新产品，获得自主知识产权，促进生产力水平提高，实现经济和社会效益为评价重点。应用技术成果的技术指标、投入产出比和潜在市场经济价值等应作为评价的重要参考指标。

（9）软科学研究成果应以研究成果的科学价值和意义，观点、方法和理论的创新性以及对决策科学化和管理现代化的作用和影响作为评价重点。软科学研究成果的研究难度和复杂程度、经济和社会效益等应作为评价的重要参考指标。

（10）科学技术计划评价应以满足科学技术、经济、社会发展和国家安全的战略需求为导向，以促进国民经济和社会发展中重大的科学技术问题以及科学技术前沿重大问题的突破和解决为评价重点。

释义

（1）科学技术评价，是指受托方根据委托方明确的目的，按照规定的原则、程序和标准，运用科学、可行的方法对科学技术活动以及与科学技术活动相关的事项所进行的论证、评审、评议、评估、验收等活动。科学技术评价是科学技术管理工作的重要组成部分，是推动国家科学技术事业持续健康发展，促进科学技术资源优化配置，提高科学技术管理水平的重要手段和保障。

（2）科学技术评价工作应当遵循“目标导向、分类实施、客观公正、注重实效”的要求，必须有利于鼓励原始性创新，有利于促进科学技术成果转化和产业化，有利于发现和培育优秀人才，有利于营造宽松的创新环境，有利于防止和惩治学术不端行为。

（3）科学技术评价工作必须坚持公平、公正、公开的原则，保证评价活动依据客观事实作出科学的评价。科学技术计划评价应以满足科学技术、经济、社会发展和国家安全的战略需求为导向，以促进国民经济和社会发展中重大的科学技术问题以及科学技术前沿重大问题的突破和解决为评价重点。科学技术计划评价主要是针对国家或地方重大科学技术计划（含“工程”和“专项”）的设立和实施效果进行评价，为改进科学技术计划的决策与管理、优化资源配置提供依据。

（4）科学技术项目评价实行分类评价。根据各类科学技术项目的不同特点，选择确定合理的评价程序、评价标准和方法，注重评价实效。研究与发展机构应以加强国家创新体系建设、建立现代研究与发展管理制度为导向，以机构的发展目标与定位、研究与发展能力、人才队伍建设、条件建设与服务水平、运行机制与创新环境建设以及科学技术产出绩效等方面为评价重点。科学技术成果评价以鼓励创新、加快人才培养、促进科学技术成果转化和产业化、增进科学技术和经济、社会发展密切结合为导向，以科学价值或技术水平、市场前景为评价重点。

依据

2003年科技部印发的《科学技术评价办法（试行）》（国科发基字〔2003〕308号）第一章、第二章、第四章、第五章。

三十三、科学技术成果评价以委托的形式进行，委托方和受托方分别应当履行哪些义务？

答案

1. 委托方应当履行的义务

委托方应对受托方的科学技术评价工作提出明确的规范性要求，并与受托方签订书面合同或任务书。应根据需要委托专业评价机构或评价专家委员会作为受托方对成果进行评价。

2. 受托方应当履行的义务

受托方接受委托后，应当根据合同约定制订评价工作方案，在取得委托方认可后，独立开展评价工作，任何组织和个人不得干涉。对申报国家或地方科学技术奖励的成果进行评价，应当遵守国家有关科学技术奖励法规及其他相关规定。成果评价结果应在充分的国内外对比数据或检索证明材料的基础上，对成果的科学、技术和经济内涵进行全面分析，不得滥用“国内先进”“国内首创”“国际领先”“国际先进”“填补空白”等抽象用语。严禁弄虚作假和搞形式主义。参与评价工作的有关各方和人员必须严格遵守法律、法规和其他相关规定，保证科学技术评价的公正性和客观性。要建立健全评价机构和评价专家的信誉制度，在评价工作结束后，委托方应对受托方评价工作的公正性、客观性等方面作如实记录；受托方应对评价专家在评价工作中的公正性、客观性、评价意见、工作态度等方面作如实记录；委托方应当建立专业评价机构、评价专家的违规和失误记录档案。

释义

科学技术评价工作的行为主体包括评价委托方、受托方及被评价方。委托方是指提出评价需求的一方，主要是各级科学技术行政管理部门或其他负有管理科学技术活动职责的机构等；受托方是指受委托方委托，组织实施或实施评价活动的一方，主要包括专业的评价机构、评价专家委员会或评价专家组等；被评价方是指申请、承担或参与委托方所组织实施的科学技术活动的机构、组织或个人。

科学技术成果评价以鼓励创新、加快人才培养、促进科学技术成果转化和产业化，增进科学技术和经济、社会发展密切结合为导向，以科学价值或技术水平、市场前景为评价重点。

各级科学技术行政管理部门一般不对被评价方自行提出的要求组织成果评价。委托方应减少直接组织的成果评价数量，特别是面向市场的应用技术类成果的评价数量。一般科学技术项目结题验收后不再对成果另行评价，但重大项目或有重要创新、重大价值的成果应根据需要适时进行评价。采用专家推荐制提交评价的成果，应当由三名以上熟悉该领域的专家联合或分别向委托方署名推荐产生。被评价方应当提供完整、齐全的技术资料和相关文档，必要时，应当提供专业检测、检索机构等专门机构出具的检测、检索报告或证明材料。提供给评价专家的与被评价成果相关的各项资料中应隐去成果完成单位名称和完成人的姓名。

任何单位或个人发现科学技术评价活动存在问题的，可以向委托方、科学技术评价监督委员会提出申诉和举报。申诉人、举报人应当提供书面材料，表明真实身份，并提供必要的证明材料。委托方、科学技术评价监督委员会应当依照《科学技术评价办法（试行）》的有关规定作出处理。对署名举报的，应当对举报人及举报内容保密。在对申诉或举报的问题调查核实、作出处理后，应将核实、处理结果告知申诉人或举报人并听取意见。对匿名举报的材料，有具体事实的，应当进行初步核实，并确定处理办法。

依据

2003年科技部印发的《科学技术评价办法（试行）》（国科发基字〔2003〕308号）第八章、第九章。

三十四、国家大学科技园发展绩效的评价如何进行？有哪些评价指标？

答案

科技部、教育部作为国家大学科技园的主管部门，负责组织实施国家大学科技园的评价工作，即确定评价时间，聘请评价专家，审定专家组的评价意见，确定并公布评价结果。具体的评价工作包括基础条件复核评价与发展绩效评价两个阶段。

评价指标包括：

（1）园区服务与运营：主要从国家大学科技园园区的创业服务体系和园区的运行机制与管理体系等方面来衡量园区具备的创新创业条件；

（2）创新绩效：衡量国家大学科技园作为国家自主创新的重要基地，在创新成果孵化与培育方面的绩效；

（3）成果转化能力：衡量国家大学科技园作为产学研合作示范基地，在科技成果转化方面的绩效；

（4）孵化绩效：衡量国家大学科技园作为培育高新技术企业的摇篮，在孵化高新技术企业方面的绩效；

（5）人才培养与集聚：衡量国家大学科技园作为创新创业人才培养和集聚基地，在人才培养与集聚方面取得的绩效；

（6）社会贡献：衡量国家大学科技园作为高校服务于经济和社会发展的主要渠道，在促进经济发展和就业方面的绩效。

释义

1. 园区服务与运营

1.1 创业公共服务体系：为入园企业提供工商、税务、金融、信息、咨询、市场推广、人才交流与培训、物业、投融资（包括孵化基金、种子基金、风险投资、融资担保等）等服务。

1.2 技术服务与转移体系：为园区企业技术创新活动提供专业技术支撑的专业服务平台的建设和运行情况，以及为提高园区科技成果转化能力，园区在技术转移服务方面具有的条件和采取的相关措施。

1.3 股权结构与运营管理：国家大学科技园的运营机构是否具备合理的股权结构，是否具备保证园区健康快速发展的决策机制；运营机构的运营和管理能力包括组织机构设置是否科学，应具备的各项职能能否有效行使，各项规章制度是否健全，基础管理文档是否完备，业务流程是否合理，管理控制手段是否有效，依托学校与地方政府的沟通是否顺畅有效等。

1.4 服务支出占总支出的比例：上年度，运营机构用于服务企业的支出占总支出的比例，其反映运营机构在服务方面的现金投入。服务支出包括直接从事园区服务的人员费用、场地费用、办公费用和其他服务型支出。该指标综合反映了运营机构的服务能力。

2. 创新绩效

2.1 园区企业平均新增自主知识产权数：用园区企业在考核周期内新增的自主知识产权总数除以园区企业总数（上年度末数据）。园区企业包括在孵企业和规模以上企业，不包括行政隶属于依托高校的机构产生的自主知识产权。自主知识产权是指园区企业通过自主研发、受让、受赠、并购等方式拥有的知识产权，以及通过5年以上的独占许可拥有其主要产品（服务）的核心技术的知识产权。自主知识产权主要包括专利、软件著作权、集成电路布图设计专有权、植物新品种、新药等。

2.2 园区内高新技术企业所占的比例：截至上年度末，园区内被认定为高新技术企业的数量占园区企业总数的比例。

2.3 园区企业研发经费总投入占总收入的比例：上年度，园区企业研究经费的总投入占总收入的比例。该指标反映了园区企业对研发和技术创新的重视程度以及园区的研发创新强度。其中，总收入包括企业技术收入和产品销售收入。

3. 成果转化能力

3.1 转化高校科技成果：考核周期内，以技术合同、租赁合同、服务合同等为依据，高校（任何高校）有实用价值的科技成果经园区转化形成新产品、新工艺、新材料、新产业的数量。科技成果包括高校本身、校内机构、高校在册师生的技术成果。这一指标反映了大学科技园推动成果转化的数量成果。

3.2 园区依托高校科技成果创办的企业数：截至上年度末，园区内依托高校科技成果创办的企业总数，能直接反映高校科技成果产业化的情况。

3.3 园区与学校科研管理部门的联动：园区与学校科研管理部门之间是否在机构、人员、制度等方面存在有利于成果转化的直接或间接的联系与合作。

4. 孵化绩效

4.1 在孵企业数：本年度内符合科技部、教育部制定的《国家大学科技园认定和管理办法》中所规定的在孵企业条件的企业总数。反映大学科技园企业孵化的数量成果。

4.2 年度毕业率：年度毕业企业数与在孵企业数的比率，反映孵化器在入孵企业选择、在孵企业培育方面的工作效率。毕业企业数，是指经大学科技园孵化3年后，经营状况良好，主导产品有一定的生产规模，年技工贸总收入达500万元以上，且有100万元以上的固定资产和自有资金的企业数。包括仍留在园区内的企业和迁出园区的企业。不包括入园时就不符合在孵企业条件的大中型企业。

4.3 在孵企业获得的平均融资额：考核周期内，园区在孵企业所获融资总额与在孵企业数的比值。反映了在孵企业获得各种资金（包括风险投资、银行贷款、产业化基金等）的能力。

5. 人才培养与集聚

5.1 高校学生进入科技园实习/实践人天数：上年度，高校学生在校期间进入园区进行实习或实践的人天数。

5.2 园区学生创业企业数：截至上年度末，园区内由在校或毕业未超过两年（含两年）的本（专）科学生、研究生独自创办的或团队合作创办的具备独立企业法人资格的企业数量。学生创业企业应具备以下条件：（1）企业注册地及工作场所应在依托单位内；（2）企业创办人为在校本（专）科生、研究生，应届毕业生和毕业两年内（含两年）的往届毕业生；（3）企业创办人或团队所占公司股份不低于30%；（4）企业成立时间一般不超过3年；（5）企业一般应为科技型企业。

5.3 接纳应届高校毕业生就业人数：考核周期内，应届毕业本（专）科生、研究生首次就业与科技园内企业签订就业合同的人数。

5.4 园区引进的海外高层次人才数：考核周期内，园区企业引进的海外高层次人才数量。海外高层次人才以各省、自治区、直辖市、特别行政区认定结果为标准。引进海外高层次人才可采取核心人才引进、团队引进、高新技术项目开发引进等方式，也可采取岗位聘用、项目聘用和任职等方式。

6. 社会贡献

6.1 对依托高校的贡献：在考核周期内，国家大学科技园对依托高校在资金、科研工作、学科建设等方面的贡献。国家大学科技园与依托高校之间通过收益分配、合作研究、资源共享共建等方式，促进依托高校的学科与科研的发展。具体包括：园区企业与依托高校合作成立技术研发中心；园区企业与依托高校合作承担科技项目、共同获得各级各类科技奖励等。

6.2 对地方经济的贡献：主要考察在考核周期内，园区企业上缴税收总额，园区提供的就业岗位总数以及园区企业对区域技术创新的促进作用。

依 据

2010 年科技部、教育部印发的《国家大学科技园评价指导意见》。

三十五、评价科技企业孵化器有哪些指标，分别是如何计算得出的？

答 案

评价科技企业孵化器的指标包括服务能力、孵化绩效、社会贡献三类指标，具体包括孵化效率、研发效率、获奖情况、毕业企业、团队建设、资源集聚、基础服务、融资服务、拓展服务、持续发展、吸纳就业、成功企业、品牌特色等指标。计算方式分为定性指标计分、定量指标计分以及综合评价计分。具体计分方式如下：对二级指标数据采用功效函数法进行无量纲化和百分化处理，得出定量指标计分；对国家级孵化器年度报告和实地考察结果，按照等级予以赋值并打分，经过无量纲化处理，得出定性指标计分；根据综合评价计算公式，得出综合评价得分。

释义

1. 服务能力

1.1 服务人员数量与在孵企业总数的比例：指孵化器服务人员数量与孵化器内在孵企业总数的比例。

1.2 接受专业培训的孵化器从业人员比例：指孵化器的从业人员参加国家孵化器行业认可的专业培训，并取得资格或证书的人数与孵化器从业人员总数的比例。

1.3 创业导师数量与在孵企业总数比例：指孵化器聘请的，并在省级以上科技主管部门备案的创业导师的数量与在孵企业总数的比例。

1.4 孵化器签约的中介服务机构数量：指与孵化器签订合同的为在孵企业提供各类专业服务的中介机构的数量，包括会计、律师事务所等。

1.5 考核期内公共技术服务平台建设情况和服务效果：指在考核期内，孵化器对公共技术服务平台的建设和完善情况，以及在孵企业使用公共服务平台的情况。

1.6 统计和总结报告的完整性、准确性和时效性：指在考核期内，孵化器承担的火炬计划统计、总结报告及有关数据调查等工作，是否完整、真实、准确、及时。

1.7 考核期内孵化基金投资在孵企业的数量占在孵企业总数的比例：指在考核期内，获得孵化基金股权投资的在孵企业的数量与在孵企业总数的比例。

1.8 考核期内获得投融资的在孵企业数量与在孵企业总数的比例：指在考核期内，获得股权和债权融资的在孵企业的数量与在孵企业总数的比例。

1.9 考核期内孵化器在创业苗圃和加速器建设方面的工作：指在考核期内，孵化器在建设创业苗圃和加速器方面的工作。

1.10 考核期内孵化器开展国际合作和海外高层次人才引进的工作：指在考核期内，孵化器在开展国际孵化业务培训、国际技术转移、国际项目对接，以及引进留学人员和海外高层次人才到孵化器创业等方面的工作。

1.11 考核期内孵化器服务收入占总收入的比重：指在考核期内，孵化器为在孵企业提供各类服务所获得的收入（不包括房租或物业管理等收入）与孵化器总收入的比例。

1.12 考核期内孵化器获得省级以上各级政府部门支持的各类项目和荣誉的数量：指在考核期内，孵化器本身获得省级以上各部门（包括科技、教育、人社、工信、商务等）支持的各类项目和荣誉的数量。

2. 孵化绩效

2.1 考核期内新增在孵企业数量占在孵企业总数的比例：指在考核期内，新增入孵企业数量与在孵企业总数的比例。

2.2 考核期内毕业企业数量占在孵企业总数的比例：指在考核期内，孵化器的毕业企业数量占在孵企业总数的比例。

2.3 获得知识产权的在孵企业数量占在孵企业总数的比例：指获得各类知识产权授权（包括专利、软件著作权、集成电路布图设计专有权、植物新品种等）的在孵企业数量与在孵企业总数的比例。

2.4 考核期内在孵企业研发总投入占营业总收入的比重：指在考核期内，在孵企业用于技术研究开发的资金总额与在孵企业营业总收入的比例。

2.5 考核期内获得省级以上科技计划和科技奖励的在孵企业数量占在孵企业总数的比例：指在考核期内，获得各类省级以上科技计划（基金）立项和省级以上科技奖励的在孵企业的数量占在孵企业总数的比例。科技计划包括但不限于自然科学基金、973 计划、863 计划、科技攻关计划、重点新产品计划、科技惠民计划、成果重点推广计划、科技型中小企业技术创新基金、农业科技成果转化资金、火炬计划、支撑计划、星火计划、科技基础条件平台建设计划、国际科技合作计划、重点试验计划、工程技术研究中心、软科学研究计划、科研院所计划开发专项等。

2.6 考核期内孵化器中获得省级以上科技领军人才计划的人数：指在考核期内，在孵化器内获得省级以上科技领军人才计划的人数，包括“千人计划”“万人计划”“长江学者”等。

2.7 考核期内毕业企业的平均营业收入：指在考核期内，毕业企业实现的平均营业收入。

2.8 考核期内毕业企业平均缴税金额：指在考核期内，毕业企业实现的平均缴税金额。

3. 社会贡献

3.1 考核当年在孵企业就业人员总数：指在考核评价的当年，在孵企业的就业人员总数。

3.2 考核期内大学生创办企业数量：指在考核期内，大学生在孵化器内创办的科技企业数量。

3.3 考核期内获得高新技术企业的在孵企业数量占在孵企业总数的比例：指在考核期内，获得省级高新技术企业的在孵企业的数量与在孵企业总数的比例。

3.4 孵化器毕业企业中上市、被并购或销售收入超过5000万元的企业数量：指从孵化器毕业的企业中，上市、被其他企业收购或控股的，或销售收入超过5000万元的企业的累计数量。

3.5 考核期内孵化器开展的特色工作及突出服务案例：指在考核期内，孵化器组织的有关人员培训、项目对接、产品展示、人才引进、市场开拓、国际合作等特色服务活动，以及考核期内孵化器对在孵企业服务中成效显著的案例。

3.6 孵化模式在区域范围内的辐射效应及对当地创新创业文化氛围的营造能力：指孵化器的孵化和服务模式在当地的引领和辐射作用，以及通过宣传火炬创新创业品牌，在当地营造的文化氛围。

依据

2007年科技部印发的《国家级科技企业孵化器评价指标体系（试行）》。

第五节　科技奖励

三十六、我国科技奖励制度的基本原则是什么？

答案

我国的科学技术奖励制度以“尊重劳动、尊重知识、尊重人才、尊重创造”为基本原则。国家科学技术奖的推荐评审和授予，在科学技术奖励评审过程中遵循公开、公平、公正的原则，实行科学的评审制度，不受任何组织和个人的非法干预。

释 义

国家科技奖励制度，是指国家为了表彰与鼓励在科学技术进步活动中作出突出贡献的公民、组织，调动科学技术工作者的积极性和创造性，加速科学技术事业的发展，提高综合国力而设置的一系列奖项及相应措施。

我国为了提高科技奖励的法治化水平，促进依法奖励，专门制定了《国家科学技术奖励条例》和《国家科学技术奖励条例实施细则》。这些法规规章开宗明义，规定了我国科技奖励制度的基本原则。科技奖励制度的基本原则，是指导我国科技奖励的总的方针与精神，对于更深刻地理解科技奖励制度具有重要价值。

我国的科学技术奖励以“尊重劳动、尊重知识、尊重人才、尊重创造”为基本原则。具体而言，国家科学技术奖励工作应当以习近平新时代中国特色社会主义思想为指导，鼓励团结协作、联合攻关，鼓励自主创新、攀登科学技术高峰，促进人才培养，营造创新环境，加速科教兴国、人才强国和可持续发展战略的实施，推进创新型国家建设。

依 据

（1）2013 年修订的《国家科学技术奖励条例》（国务院令第 638 号）第三条、第四条；

（2）2008 年科学技术部发布的《国家科学技术奖励条例实施细则》（科学技术部令第 13 号）第三条、第四条。

三十七、如果构成职务作品、法人作品和职务发明创造，职务作品、法人作品和职务发明创造的奖励有哪些？

答 案

一般职务作品的著作权由作者享有，通常不存在奖励。特殊职务作品的作者享有署名权，著作权的其他权利由法人或者非法人组织享有，法人或者非法人组织可以给予作者奖励。

我国著作权法并未规定法人作品的奖励制度。

与职务作品的奖励不同，职务发明创造的奖励是单位应负的义务。奖励的方式、数额采取约定或者内部规章规定优先的原则。未约定的，法律规定最低限度的奖励数额与方式。单位可以在不违反具体规定的基础上灵活奖励。

释义

1. 职务作品

职务作品，是公民为完成法人或者其他组织工作任务所创作的作品。其中，工作任务是指公民在法人或者该组织中应当履行的职责。

1.1 特殊职务作品，主要是指利用法人或者其他组织的物质技术条件创作，并由法人或者其他组织承担责任的工程设计图、产品设计图、地图、计算机软件等职务作品以及法律、行政法规规定或者合同约定著作权由法人或者其他组织享有的职务作品。其中，物质技术条件，是指该法人或者该组织为公民完成创作专门提供的资金、设备或者资料。

1.2 一般职务作品，除特殊职务作品以外的所有职务作品都属于一般职务作品。

1.3 奖励。对于一般职务作品，著作权通常由作者享有，因而作者通常不享有奖励。但是，由于是职务作品，作者的著作权受到一定限制。法人或者其他组织有权在其业务范围内优先使用。作品完成两年内，未经单位同意，作者不得许可第三人以与单位使用的相同方式使用该作品。在职务作品完成两年内，经单位同意，作者许可第三人以与单位使用的相同方式使用作品所获报酬，由作者与单位按约定的比例分配。

对于特殊职务作品，除署名权以外的著作权由法人或者非法人组织享有。在这种情况下，作者的收益只能通过奖励实现，因而法人或者非法人组织可以给予作者奖励。应当注意的是，是否给予奖励是法人或者非法人组织的权利。

2. 法人作品

法人作品，是指由法人或者非法人组织主持，代表法人或者其他组织意志创作，并由法人或者其他组织承担责任的作品。

对于法人作品，虽然著作权完全属于法人或非法人组织，但是法律对作者是否享有奖励未置可否。这通常是因为法人或非法人组织在组织创作人员时，已经通过雇佣合同或者特别约定规定了收益获取方式。创作人的收益可通过内部约定来实现。

3. 职务发明创造

职务发明创造，是执行本单位的任务或者主要是利用本单位的物质技术条件所完成的发明创造。执行本单位的任务所完成的职务发明创造，包括在本职工作中作出的发明创造、履行本单位交付的本职工作之外的任务所作出的发明创造以及退休、调离原单位后或者劳动、人事关系终止后 1 年内作出的，与其在原单位承担的本职工作或者原单位分配的任务有关的发明创造。本单位，包括临时工作单位。本单位的物质技术条件，是指本单位的资金、设备、零部件、原材料或者不对外公开的技术资料等。

被授予专利权的单位应当对职务发明创造的发明人或者设计人给予奖励；发明创造专利实施后，根据其推广应用的范围和取得的经济效益，对发明人或者设计人给予合理的报酬。被授予专利权的单位可以与发明人、设计人约定或者在其依法制定的规章制度中规定奖励、报酬的方式和数额。企业、事业单位给予发明人或者设计人的奖励、报酬，按照国家有关财务、会计制度的规定进行处理。未约定也未在其依法制定的规章制度中规定奖励的方式和数额的，应当自专利权公告之日起 3 个月内发给发明人或者设计人奖金。一项发明专利的奖金最低不少于 3000 元；一项实用新型专利或者外观设计专利的奖金最低不少于 1000 元。由于发明人或者设计人的建议被其所属单位采纳而完成的发明创造，被授予专利权的单位应当从优发给奖金。

依据

（1）2013 年国务院发布的《中华人民共和国著作权法实施条例》（国务院令第 633 号）第十一条、第十二条；

（2）2010 年修订的《中华人民共和国著作权法》第十六条；

（3）2010 年国务院发布的《中华人民共和国专利法实施细则》（国务院令第 569 号）第七十七条；

（4）2008 年修订的《中华人民共和国专利法》第十六条。

三十八、科技成果转化后，科技工作者可以获得哪些奖励？

答案

职务科技成果转化后，由科技成果完成单位对完成、转化该项科技成果作出重要贡献的人员给予奖励和报酬。

科技成果完成单位可以规定或者与科技人员约定奖励和报酬的方式、数额和时限。单位制定相关规定，应当充分听取本单位科技人员的意见，并在本单位公开相关规定。未规定也未与科技人员约定奖励和报酬的方式和数额的，按照下列标准对完成、转化职务科技成果作出重要贡献的人员给予奖励和报酬：

（1）将该项职务科技成果转让、许可给他人实施的，从该项科技成果转让净收入或者许可净收入中提取不低于 50% 的比例；

（2）利用该项职务科技成果作价投资的，从该项科技成果形成的股份或者出资比例中提取不低于 50% 的比例；

（3）将该项职务科技成果自行实施或者与他人合作实施的，应当在实施转化成功投产后连续三年至五年，每年从实施该项科技成果的营业利润中提取不低于 5% 的比例。

国家设立的研究开发机构、高等院校制定转化科技成果收益分配制度时，要按照规定充分听取本单位科技人员的意见，并在本单位公开相关制度，规定或者与科技人员约定奖励和报酬的方式和数额应当符合规定标准。依法对职务科技成果完成人和为成果转化作出重要贡献的其他人员给予奖励时，按照以下规定执行：

（1）以技术转让或者许可方式转化职务科技成果的，应当从技术转让或者许可所取得的净收入中提取不低于 50% 的比例用于奖励；

（2）以科技成果作价投资实施转化的，应当从作价投资取得的股份或者出资比例中提取不低于 50% 的比例用于奖励；

（3）在研究开发和科技成果转化中作出主要贡献的人员，获得奖励的份额不低于奖励总额的 50%；

（4）对科技人员在科技成果转化工作中开展技术开发、技术咨询、技术服务等活动给予的奖励，可参照执行。

释　义

国家鼓励研究开发机构、高等院校通过转让、许可或者作价投资等方式，向企业或者其他组织转移科技成果。国家设立的研究开发机构和高等院校应当采取措施，优先向中小微企业转移科技成果，为“大众创业、万众创新”提供技术供给。国家设立的研究开发机构、高等院校对其持有的科技成果，可以自主决定转让、许可或者作价投资，除涉及国家秘密、国家安全外，不需审批或者备案。国家设立的研究开发机构、高等院校有权依法以持有的科技成果作价入股确认股权和出资比例，并通过发起人协议、投资协议或者公司章程等形式对科技成果的权属、作价、折股数量或者出资比例等事项明确约定，明晰产权。

国有企业、事业单位依照2015年修订的《中华人民共和国促进科技成果转化法》规定对完成、转化职务科技成果作出重要贡献的人员给予奖励和报酬的支出计入当年本单位工资总额，但不受当年本单位工资总额限制、不纳入本单位工资总额基数。

依　据

（1）2016年国务院发布的《实施〈中华人民共和国促进科技成果转化法〉若干规定》（国发〔2016〕16号）第（六）条；

（2）2015年修订的《中华人民共和国促进科技成果转化法》第四十四条。

三十九、科技成果转化后，原课题组离职人员是否可以享受利益分配？

答　案

在满足一定的条件下，原课题组离职人员可以按照约定享受利益分配。

释　义

根据原课题组离职人员可以享受利益分配的条件不同，分为以下情况。

国家设立的研究开发机构、高等院校科技人员在履行岗位职责、完成本职工作的前提下，经征得单位同意，可以兼职到企业等从事科技成果转化活动，或者离岗创业，在原则上不超过 3 年时间内保留人事关系，从事科技成果转化活动。研究开发机构、高等院校应当建立制度规定或者与科技人员约定兼职、离岗从事科技成果转化活动期间和期满后的权利和义务。离岗创业期间，科技人员所承担的国家科技计划和基金项目原则上不得中止，确需中止的应当按照有关管理办法办理手续。如果管理办法或者协议有约定，则离职人员可以享受相应的利益分配。

企业、事业单位可以与参加科技成果转化的有关人员签订在职期间或者离职、离休、退休后一定期限内保守本单位技术秘密的协议；有关人员不得违反协议约定，泄露本单位的技术秘密和从事与原单位相同的科技成果转化活动。如果在保密协议中有对应的支付收益的条款，则离职人员可以依约享受利益分配。

依 据

（1）2016 年国务院发布的《实施〈中华人民共和国促进科技成果转化法〉若干规定》（国发〔2016〕16 号）；

（2）2015 年修订的《中华人民共和国促进科技成果转化法》。

四十、如何明确科技成果收益分配（权属、分红和股权）的具体办法？

答 案

为加强科技成果产权对科技工作者的长期激励措施，明确科技成果收益分配，我国一些政策措施明确了科技成果收益分配的具体办法。如强化科研机构、高校履行科技成果转化长期激励的法人责任。坚持长期产权激励与现金奖励并举，探索对科技工作者实施股权、期权和分红激励，加大在专利权、著作权、植物新品种权、集成电路布图设计专有权等知识产权及科技成果转化形成的股权、岗位分红权等方面的激励力度。此外，各主管部门也明确了相应的细化措施。

释 义

1. 科技成果收益的概念

科技成果收益，是指新技术、新工艺、新材料、新产品等科技成果在产业市场中获得的许可费、转让费等收益。

2. 具体办法

2.1 国家明确提出科研机构、高校应建立健全科技成果转化内部管理与奖励制度，自主决定科技成果转化收益分配和奖励方案，单位负责人和相关责任人按照《中华人民共和国促进科技成果转化法》及《实施〈中华人民共和国促进科技成果转化法〉若干规定》予以免责，构建对科技人员的股权激励等中长期激励机制。

2.2 国家鼓励研究开发机构、高等院校通过转让、许可或者作价投资等方式，向企业或者其他组织转移科技成果。国家设立的研究开发机构和高等院校应当采取措施，优先向中小微企业转移科技成果，为“大众创业、万众创新”提供技术供给。国家设立的研究开发机构、高等院校对其持有的科技成果，可以自主决定转让、许可或者作价投资，除涉及国家秘密、国家安全外，不需审批或者备案。

2.3 国家设立的研究开发机构、高等院校有权依法以持有的科技成果作价入股确认股权和出资比例，并通过发起人协议、投资协议或者公司章程等形式对科技成果的权属、作价、折股数量或者出资比例等事项明确约定，明晰产权。以科技成果作价入股作为对科技人员的奖励涉及股权注册登记及变更的，无须报科研机构、高校的主管部门审批。

2.4 加快出台科研机构、高校以科技成果作价入股方式投资未上市中小企业形成的国有股，在企业上市时豁免向全国社会保障基金转持的政策。

3. 特别提示

3.1 对于担任领导职务的科技人员获得科技成果转化奖励，按照分类管理的原则执行。

3.1.1 国务院部门、单位和各地方所属研究开发机构、高等院校等事业单位（不含内设机构）正职领导，以及上述事业单位所属具有独立法人资格单位的正职领导，是科技成果的主要完成人或者对科技成果转化作出重要贡献的，可以按照《中华人民共和国促进科技成果转化法》的规定获得现金奖励，原则上不得获取股权激励。

3.1.2 其他担任领导职务的科技人员，是科技成果的主要完成人或者对科技成果转化作出重要贡献的，可以按照《中华人民共和国促进科技成果转化法》的规定获得现金、股份或者出资比例等奖励和报酬。

3.1.3 科研机构、高校的正职领导和领导班子成员中属中央管理的干部，所属单位中担任法人代表的正职领导，在担任现职前因科技成果转化获得的股权，任职后应及时予以转让，逾期未转让的，任期内限制交易。限制股权交易的，在本人不担任上述职务一年后解除限制。

3.2 国有企业科技工作者按照合同约定薪酬，探索对聘用的国际高端科技人才、高端技能人才实行协议工资、项目工资等市场化薪酬制度。符合条件的国有科技型企业，可采取股权出售、股权奖励、股权期权等股权方式，或项目收益分红、岗位分红等分红方式进行激励。

3.3 国家鼓励企业建立健全科技成果转化的激励分配机制，充分利用股权出售、股权奖励、股票期权、项目收益分红、岗位分红等方式激励科技人员开展科技成果转化。对符合条件的股票期权、股权期权、限制性股票、股权奖励以及科技成果投资入股等实施递延纳税优惠政策，鼓励科技工作者创新创业，进一步促进科技成果转化。

依据

（1）2016年国务院发布的《实施〈中华人民共和国促进科技成果转化法〉若干规定》（国发〔2016〕16号）；

（2）2016年中共中央办公厅、国务院办公厅发布的《关于实行以增加知识价值为导向分配政策的若干意见》；

（3）2015年修订的《中华人民共和国促进科技成果转化法》。

四十一、科学技术奖励监督委员会如何对国家科学技术奖的推荐、评审和异议处理工作进行监督？

答案

任何单位和个人发现国家科学技术奖的评审和异议处理工作中存在问题

的，可以向科学技术奖励监督委员会进行举报和投诉。有关方面收到举报或者投诉材料的，应当及时转交科学技术奖励监督委员会。

国家科学技术奖各评审委员会和奖励办公室应当定期向科学技术奖励监督委员会报告有关国家科学技术奖的推荐、评审和异议处理的工作情况。必要时，科学技术奖励监督委员会可以要求进行专题汇报。

科学技术奖励监督委员会对评审活动进行经常性监督检查，对在评审活动中违反《国家科学技术奖励条例》及其实施细则有关规定的单位和个人，可以分别情况建议有关方面给予相应的处理。

对通过剽窃、侵夺他人科学技术成果，弄虚作假或者其他不正当手段谋取国家科学技术奖的单位和个人，尚未授奖的，由奖励办公室取消其当年获奖资格；已经授奖的，经国家科学技术奖励委员会审核，由科学技术部报国务院批准后撤销奖励，追回奖金，并公开通报。情节严重者，取消其一定期限内或者终身被推荐国家科学技术奖的资格。同时，建议其所在单位或主管部门给予相应的处分。

释 义

科学技术奖励监督是特定机构对国家科学技术奖的推荐、评审等工作进行监督，对异议进行处理，保证评审科学，奖励公开公平公正，并不受任何组织或者个人的非法干涉的制度。

根据《国家科学技术奖励条例》第八十七条的规定，国家科学技术奖励委员会设立的科学技术奖励监督委员会负责对国家科学技术奖的推荐、评审和异议处理工作进行监督。科学技术奖励监督委员会组成人选由科学技术部提出，报国家科学技术奖励委员会批准。

依 据

（1）2013 年国务院发布的《国家科学技术奖励条例》（国务院令第 638 号）；

（2）2008 年科学技术部发布的《国家科学技术奖励条例实施细则》（科学技术部令第 13 号）。

第四章　科技活动纠纷解决

第一节　知识产权侵权救济

一、科研活动中常见的侵权行为有哪些?

答案

科研活动需要投入大量的人力、物力和财力，同时也对人类发展和社会进步有着巨大的推动作用。保护科技工作者和科研单位的合法权益，鼓励创新，制止侵权是我国科技法律体系的重要任务。在产品研发、成果发表、科技成果转化等活动中，常见的侵权行为包括侵害国家秘密、侵害商业秘密、侵害专利权、侵害著作权、侵害商标权等。

释义

1. 相关概念

1.1 国家秘密，是指关系国家安全和利益，依照法定程序确定，在一定时间内只限一定范围的人员知悉的事项；国家科学技术秘密，是指关系国家安全和利益，泄露后可能造成下列后果之一的科学技术事项：(1) 削弱国家防御和治安能力；(2) 降低国家科学技术国际竞争力；(3) 制约国民经济和社会长远发展；(4) 损害国家声誉、权益和对外关系。

1.2 商业秘密，是指不为公众所知悉、具有商业价值并经权利人采取相应保密措施的技术信息和经营信息。

1.3 专利权，是发明创造人或其权利受让人对特定的发明创造在一定期限内依法享有的独占实施权。

1.4 著作权，也称版权，是指基于文学、艺术和科学作品依法产生的权利，包括发表权、署名权、修改权、保护作品完整权等著作人身权，以及复制权、发行权、出租权、展览权、表演权、信息网络传播权、改编权等著作财产权。

1.5 商标权，是指商标所有人依法对其注册商标享有的权利，包括专有使用权、禁止权、转让权、许可权。

2. 注意事项

2.1 从事涉及国家秘密的科技工作者应当注意遵守保密规定和保密协议，严守国家秘密。从事对外科学技术交流合作活动、发表论文、申请专利、参加学术交流等公开行为前应按规定采取保密措施。

2.2 员工跳槽泄露前单位商业秘密的，员工本人和接收单位均可能构成侵权。实践中，负有保密义务的技术人员跳槽到竞争对手公司，利用所获知的商业秘密从事产品研发的，技术人员本人属于违反《中华人民共和国反不正当竞争法》规定的保密义务，披露、使用或允许他人使用其所掌握的商业秘密的行为；接收公司属于明知他人实施了侵犯商业秘密的违法行为，仍获取、使用该商业秘密，也视为侵犯商业秘密。侵权情节严重的，可能被追究刑事责任。

依 据

(1) 2017 年修改的《中华人民共和国反不正当竞争法》第九条；

(2) 2010 年修改的《中华人民共和国著作权法》第十条、第十七条；

(3) 2010 年修改的《中华人民共和国保守国家秘密法》第二条；

(4) 2008 年修改的《中华人民共和国专利法》第八条、第十一条；

(5) 1999 年颁布的《中华人民共和国合同法》第三百三十九条。

二、知识产权侵权救济的主要途径有哪些？如何选择最佳救济途径？

答 案

我国多元化的纠纷解决机制一般包括民间调解、行政裁决、仲裁和诉讼等。具体到对知识产权侵权行为的救济途径，则包括谈判协商、行政处理、仲裁解决、民事诉讼、刑事控告等；涉及货物进出口的，还可以申请知识产权海关保护。针对不同的侵权行为，权利人可以根据自身需求和各种救济途径的特点选择最佳途径。

释义

1. 相关概念

1.1 行政处理。即向行政主管机关进行投诉，要求行政主管机关对侵权行为进行行政处理。

1.2 仲裁解决。仲裁是指当事人之间根据订立的仲裁协议，自愿将其争议提交由非司法机构的仲裁员组成的仲裁庭进行裁决，并受该裁决约束的一种争议解决方式。

1.3 民事诉讼。指纠纷当事人通过向具有管辖权的法院起诉另一方当事人解决民事纠纷的争议解决方式。

1.4 刑事控告。指由遭受犯罪行为直接侵害的被害人提出，要求追究被控告人刑事责任的一种救济手段。

1.5 知识产权海关保护。是指海关对与进出口货物有关并受中华人民共和国法律、行政法规保护的商标专用权、著作权、专利权（以下统称“知识产权”）实施的保护。

2. 知识产权侵权救济途径特点分析

2.1 谈判协商。

优点：谈判协商是最快速、直接的争议解决方式。通过平等、自愿地协商，双方当事人就侵权赔偿达成和解协议，或直接达成许可、特许经营的合作关系，有利于彻底解决纠纷，节约司法资源和当事人双方的时间和金钱成本。

不足：双方可能因为诉求差距过大，难以达成一致意见。

2.2 行政处理。

优点：通过权利人向当地行政主管部门进行行政投诉，行政主管部门可以对侵权方处以行政处罚，强制要求其停止侵权行为，并有权没收和销毁侵权产品及制造侵权产品的设备和工具。行政处理较诉讼而言处理周期通常较短，是比较方便快捷的救济途径，有利于权利人及时保护权利。同时，行政处理不影响另行进行民事诉讼维权，行政主管部门对侵权产品进行查封、扣押过程中拍摄的照片、查封扣押的侵权产品实物等通常可以作为民事诉讼的证据使用。

不足：由于行政主管部门通常对处罚权的行使非常谨慎，因此一般只处理属于侵权情节明显的案件，而对复杂案件通常倾向于不处理或建议当事人直接提起民事诉讼。

2.3 仲裁解决。

通过双方事先签订或事后达成的有效仲裁协议或仲裁条款，纠纷双方可以采用仲裁方式解决纠纷。

优点：其一，由于仲裁机构选定和聘任的仲裁员大多是相关领域的专家，一般都具备与所涉案件相关的专业知识，因此更有利于准确、客观、科学地解决具有较强专业性的知识产权纠纷。其二，仲裁程序比诉讼更为灵活，根据当事人的选择，很多环节可以简化；仲裁期间较短，一般四个月左右可以结案，且一裁终局，有利于快速解决纠纷，节省时间成本和金钱成本。其三，仲裁原则上不公开审理，只有经双方当事人协议公开的才可以公开进行，且合议和裁决结果不对外公布，因此有利于对商业秘密的保护。其四，我国是《承认及执行外国仲裁裁决公约》（《纽约公约》）的成员国。截至2018年6月20日，《纽约公约》成员国已达到158个，中国的仲裁裁决在公约成员国间申请承认和执行无须考虑这些国家是否与我国订立了司法协助条约，因此仲裁方式更有利于裁决的域外承认与执行。

不足：其一，在我国，知识产权仲裁发展仍不够平衡，专门的知识产权仲裁机构数量较少且地域分布不均，当事人对仲裁方式解决知识产权纠纷的途径也较为陌生。其二，受案范围较窄，知识产权仲裁案件主要涉及特许经营、技术服务、技术转让、技术咨询、出版、版权等方面的合同纠纷，较少涉及知识产权侵权纠纷，有的仲裁机构则直接将知识产权受案范围限定为知识产权合同纠纷。其三，仲裁实行一裁终局制度，法院撤销仲裁裁决的理由极为有限，因此一旦仲裁结果有失公正，当事人也难以获得其他救济途径。

2.4 民事诉讼。

优点：其一，民事诉讼严格依照民事诉讼法等法律程序进行审理，追求程序正义，且我国实行两审终审和审判监督制度，相对能够保证案件审理具有较高的公正性。其二，人民法院的判决具有权威性，有国家强制力作为后盾，可以有效保障生效判决得到及时执行。

不足：其一，民事诉讼程序严格，环节多，花费时间长，当事人要耗费大量的时间和金钱成本。其二，地方保护主义仍然存在，法院为维护本地利益，难以做到真正的客观公正。其三，判决较难得到域外承认与执行。

2.5 刑事控告。

某些侵犯知识产权的违法行为达到一定的严重程度可能构成侵犯知识产权罪。受犯罪行为侵害的被害人可以向公安机关经侦部门提起刑事控告。

依 据

（1）2017 年修改的《中华人民共和国仲裁法》第九条、第十六条等；

（2）2017 年修改的《中华人民共和国民事诉讼法》第十条、第十八条等；

（3）2010 年修改的《中华人民共和国知识产权海关保护条例》第三条、第四条；

（4）1997 年修改的《中华人民共和国刑法》第二百一十七条。

三、知识产权侵权诉讼过程中权利人如何固定和收集对自己有利的证据？

答 案

证据是诉讼的灵魂。作为专利权、著作权、商标权、商业秘密等知识产权的合法权利人，为制止他人的侵权行为，维护自身的合法权益，有义务提供证据证明自己的合法权益受到侵犯。证据是否全面、充分、准确，直接关系到侵权主张能否获得法院的支持以及侵权赔偿金额的高低。从证据范围上看，至少包括权属证据、侵权证据、侵权人的主体证据和赔偿依据的证据等。科技工作者应当树立证据意识，在证据产生时即注意调查、保存和管理，若在准备启动维权时才考虑到取证问题往往可能为时已晚。

释义

1. 权属证据

权属证据即证明原告是该知识产权的合法权利人，以及该知识产权目前在中国合法有效的证据。

1.1 专利权侵权纠纷中，如专利权证书、最近一次缴纳年费的收据；系被许可人的，如与许可人之间签署的许可合同等。

1.2 著作权侵权纠纷中，如著作权登记证、完整的登记软件的源代码、作品底稿、出版物、依法取得著作财产权利的合同等。

1.3 商标权侵权纠纷中，如商标注册证及续展手续；系被许可人的，如与许可人之间签署的许可合同等。

2. 侵权证据

侵权证据即证明他人实施了侵权行为的证据。包括侵权主体、侵权产品/作品、具体的侵权行为、侵权主体的主观要件、侵权行为所产生的不利后果、产品说明书、产品包装、宣传资料、买卖合同、发票、名片、往来函件、聊天记录、通话录音等。

3. 主体证据

主体证据即证明侵权人主体信息的证据。《中华人民共和国民事诉讼法》规定，起诉必须有明确的被告。实践中，被告是企业的，要求提供准确的企业名称和住址等信息；被告为个体工商户的，要求提供个体工商户的准确字号和经营者的基本信息等内容；被告为个人的，要求提供身份证号码、住址以及联系电话等信息。

4. 赔偿证据

赔偿证据即证明损害赔偿计算依据的证据。包括权利人因侵权所受实际损失的证据、侵权人因侵权所获得利益的证据、受侵害知识产权的许可使用费证据，以及证明侵权规模、侵权主观恶意的证据等。此外，知识产权案件中权利人可以要求侵权人赔偿为制止侵权行为所支付的合理开支，因此还应当提供所支出的调查取证费、公证费、鉴定费、律师费等合理费用的正式发票（有些法院还要求提供律师委托代理合同）。

依 据

（1）2017 年修改的《中华人民共和国民事诉讼法》第六十四条、第六十九条、第八十一条、第一百一十九条；

（2）2013 年修改的《中华人民共和国商标法》第六十六条；

（3）2013 年修改的《计算机软件保护条例》第七条；

（4）2010 年修改的《中华人民共和国著作权法》第五十一条；

（5）2008 年修改的《中华人民共和国专利法》第六十七条。

四、权利人发现商业秘密被侵害，可以采取哪些法律手段维护自己的合法权益？

答 案

保护商业秘密不受侵犯，不仅是企业保持竞争优势，维护商业秘密持有人合法权益的需要，也是建立公平、合理、诚实有信的市场竞争秩序，促进社会主义市场经济长期健康发展的需要。侵犯商业秘密，不仅直接损害了权利人的经济利益，更是对市场经济秩序的严重破坏。根据我国法律规定，对侵犯商业秘密的行为，权利人可以采取向行政机关投诉、向法院起诉的方式进行维权，对于情节严重的侵权行为，还可以直接向公安机关报案，经过刑事诉讼程序追究侵权者的刑事责任。

释 义

1. 行政投诉手段

1.1 主管机关。

根据我国法律、行政法规的规定，如法律、行政法规没有特别规定，侵犯商业秘密行为由县级以上工商行政管理机关负责认定处理。各级工商行政管理机关拥有依法查处、制止侵犯商业秘密行为的职权。

1.2 应提交的证据。

1.2.1 权利人认为其商业秘密受到侵害，向工商行政管理机关申请查处侵权行为时，应当提供商业秘密及侵权行为存在的有关证据。

1.2.2 权利人能证明被申请人所使用的信息与自己的商业秘密具有一致

性或者相同性，同时能证明被申请人有获取其商业秘密的条件，而被申请人不能提供或者拒不提供其所使用的信息是合法获得或者使用的证据的，工商行政管理机关可以根据有关证据，认定被申请人有侵权行为。

1.3 行政处罚的内容。

经营者侵犯商业秘密的，由监督检查部门责令停止违法行为，处十万元以上五十万元以下的罚款；情节严重的，处五十万元以上三百万元以下的罚款。

2. 民事诉讼手段

侵犯商业秘密属于不正当竞争行为，权利人可向人民法院起诉，要求侵权人承担停止侵权、赔偿损失的民事责任。根据《中华人民共和国民事诉讼法》的规定，原告须为与案件有直接利害关系的公民、法人和其他组织，诉状中须记载明确的被告、具体的诉讼请求和事实、理由，并提供相关证据。（具体要求见本节第三题、第七题）

3. 刑事控告手段

根据《中华人民共和国刑法》规定，实施侵犯他人商业秘密的行为，给商业秘密的权利人造成重大损失的，构成侵犯商业秘密罪，处三年以下有期徒刑或者拘役，并处或者单处罚金；造成特别严重后果的，处三年以上七年以下有期徒刑，并处罚金。

依据

（1）2017 年修改的《中华人民共和国反不正当竞争法》第九条、第二十一条；

（2）2017 年修改的《中华人民共和国民事诉讼法》第一百一十九条、第一百二十一条；

（3）2011 年修改的《中华人民共和国刑法》第二百一十九条；

（4）1999 年颁布的《中华人民共和国合同法》第四十三条。

五、诉讼过程中，如何避免商业秘密的二次泄露？

答案

对于涉及商业秘密的案件，如何在诉讼过程中有效保护商业秘密，防止维权行为反而导致商业秘密的二次泄露，成为科技工作者和相关权利人十分关心的问题。对此，我国的民事诉讼相关法律主要设置有不公开审理、不公开质证、限制对涉及商业秘密内容裁判文书的查阅等制度。了解并充分利用上述制度规定，有助于权利人解除后顾之忧，敢于诉讼，敢于维权，也能使权利人的商业秘密在诉讼过程中得到最大限度的保护。

释 义

1. 不公开审理制度

为实现社会公众对司法权的监督，保障司法权的公平、公正行使，我国民事诉讼法规定人民法院审理民事案件应当公开进行。但出于对国家秘密、个人隐私和商业秘密的保护，同时规定涉及国家秘密、个人隐私的案件不公开审理，离婚案件和涉及商业秘密的案件，当事人申请不公开审理的，可以不公开审理。

2. 不公开质证制度

质证是指当事人、诉讼代理人及第三人在法庭的主持下，对当事人及第三人提出的证据就其真实性、合法性、关联性以及证明力的有无、大小予以说明和质辩的活动或过程。质证是诉讼中的关键环节，直接影响法官对证据的采信，以及最终的裁判结果。因此，为保障质证效用的充分发挥，使案件获得公正地裁决，法律规定除存在可以不公开质证的情形外，均应当公开质证。但是，为防止商业秘密等不应当泄露的秘密事项在质证过程中被对方当事人进一步知晓，《中华人民共和国民事诉讼法》第六十八条规定："对涉及国家秘密、商业秘密和个人隐私的证据应当保密，需要在法庭出示的，不得在公开开庭时出示;"《最高人民法院关于适用〈中华人民共和国民事诉讼法〉的解释》第一百零三条第三款规定："涉及国家秘密、商业秘密、个人隐私或者法律规定应当保密的证据，不得公开质证。"

3. 限制公开涉密裁判文书制度

为便于社会各群体对司法的监督，实现司法公正，裁判文书网上公开制度近年来已在全国范围内全面实行，但同时也对涉及国家秘密、商业秘密和个人隐私的裁判文书限制公开。《中华人民共和国民事诉讼法》第一百五十六条规定："公众可以查阅发生法律效力的判决书、裁定书，但涉及国家秘密、商业秘密和个人隐私的内容除外。"《最高人民法院关于适用〈中华人民共和国民事诉讼法〉的解释》第二百五十五条规定："对于查阅判决书、裁定书的申请，人民法院根据下列情形分别处理：……（五）申请查阅的内容涉及国家秘密、商业秘密、个人隐私的，不予准许并告知申请人。"

依据

（1）2017年修改的《中华人民共和国民事诉讼法》第六十八条、第一百三十四条、第一百五十六条；

（2）2015年公布施行的《最高人民法院关于适用〈中华人民共和国民事诉讼法〉的解释》第一百零三条、第二百五十五条、第二百七十条。

六、哪些行为构成对计算机软件著作权的侵害，权利被侵害时应该如何救济？

答案

侵害计算机软件著作权的行为，即计算机软件侵权行为。如果他人未经软件著作权人的许可，又缺乏法律特别授权，实施受计算机软件著作权人专有权利控制的行为则构成侵权。权利人针对计算机软件侵权行为有三种救济途径。

释义

1. 侵害计算机软件著作权的行为

根据《计算机软件保护条例》第二十三条和第二十四条的规定，侵害软件著作权的行为主要有以下几种。

1.1 未经软件著作权人许可，发表或者登记其软件。

1.2 将他人软件作为自己的软件发表或者登记。

1.3 未经合作者许可，将与他人合作开发的软件作为自己单独完成的软件发表或者登记。

1.4 在他人软件上署名或者更改他人软件上的署名。

1.5 未经软件著作权人许可，修改、翻译其软件。

1.6 复制或部分复制他人软件。

1.7 向公众发行、出租、通过信息网络传播他人软件。

1.8 故意避开或者破坏著作权人为保护其软件著作权而采取的技术措施。

1.9 故意删除或者改变软件权利管理电子信息。权利管理电子信息类似于技术保护措施，删除或者改变此类信息的构成侵权。

1.10 转让或者许可他人行使著作权人的软件著作权。

1.11 其他侵犯软件著作权的行为。

侵害计算机软件著作权的行为不限于以上几种，其他行为如果侵害了软件著作权人的合法权利，同样可以认定为侵权。而且，需要注意的是，如果行为人没有实施上述行为，但是向实施上述侵权行为的人提供了设备、场所或者工具，或者为侵权复制品提供了仓储、运输等服务，有可能会构成帮助侵权。

此外，《计算机软件保护条例》第三十条规定，软件的复制品持有人不知道也没有合理理由应当知道该软件是侵权复制品的，不承担赔偿责任；但是，应当停止使用、销毁该侵权复制品。

2. 权利被侵害时的救济途径

对于侵犯计算机软件著作权的违法行为，权利人有三种救济途径：与侵权人协商、请求著作权行政管理部门处理、向法院起诉。

如果软件著作权人有证据证明他人正在实施或者即将实施侵犯其权利的行为，如不及时制止，将会使其合法权益受到难以弥补的损害的，可以在提起诉讼前向人民法院申请采取责令停止有关行为和财产保全的措施，也可以在提起诉讼前向人民法院申请保全证据。

依据

（1）2013 年国务院发布的《计算机软件保护条例》（国务院令第 632 号）第二十三条、第二十四条、第二十六条、第二十七条、第三十条。

（2）2010 年修订的《中华人民共和国著作权法》第五十条、第五十一条。

七、权利人如何利用行政、民事、刑事程序进行合法维权？

答案

在知识产权受到侵害时，科技工作者或者相关权利人通常既可以向人民法院提起民事诉讼，也可以向相关行政主管部门进行行政投诉。对行政处理结果不服的，仍可以继续向人民法院起诉。对于侵权行为已经触犯刑法，达到犯罪程度的，可以直接向公安机关经侦部门提起刑事控告。此外，在民事程序中，针对某些必要情形，还可以在起诉前申请法院先行责令侵权人停止侵权行为。

释义

1. 向行政主管部门进行行政投诉的基本要求

1.1 请求人是被侵权知识产权的权利人或者利害关系人。

1.2 有明确的被投诉人。

1.3 有明确的请求事项和具体事实、理由。

1.4 属于受案行政主管部门的受案范围和管辖。

2. 向人民法院提起民事诉讼的基本要求

2.1 原告是与本案有直接利害关系的公民、法人和其他组织。须载明原告的姓名、性别、年龄、民族、职业、工作单位、住所、联系方式，法人或者其他组织的名称、住所和法定代表人或者主要负责人的姓名、职务、联系方式；

2.2 有明确的被告。须载明被告的姓名、性别、工作单位、住所等信息，法人或者其他组织的名称、住所等信息。

2.3 有具体的诉讼请求和事实、理由。

2.4 属于人民法院受理民事诉讼的范围和受诉人民法院管辖。

3. 向公安机关经侦部门提起刑事控告的基本要求

3.1 控告人是知识产权刑事犯罪的被害人。

3.2 提交控告状，载明控告人基本信息、被控告人基本信息及控告的事实和理由。

4. 诉前行为保全（诉前禁令）制度

为及时有效地保护知识产权权利人的合法权益，防止因诉讼程序时间过长、不能及时制止侵权行为导致对权利人的合法权益造成不可弥补的损害，我国专利法、商标法和著作权法等法律法规均对侵犯知识产权行为的诉前行为保全措施（诉前禁令）作了专门规定。

诉前行为保全，是指在权利人提起诉讼前，人民法院根据权利人的申请责令侵权人停止有关行为的措施。

适用诉前行为保全措施的要求：

4.1 专利权人、商标权人、著作权人及相关利害关系人有证据证明他人正在实施或者即将实施侵犯自身知识产权的行为；

4.2 如不及时制止该侵权行为，将会使权利人的合法权益受到难以弥补的损害；

4.3 权利人在起诉前向人民法院提出责令侵权人停止有关行为的申请；

4.4 申请人提出申请时，应当提供相应担保；

4.5 法院采取行为保全措施后，权利人应当在法律规定的期间内起诉。

依 据

（1）2017 年修改的《中华人民共和国民事诉讼法》第一百一十九条、第一百二十一条；

（2）2013 年修改的《中华人民共和国商标法》第六十五条；

（3）2010 年修改的《中华人民共和国著作权法》第五十条；

（4）2008 年修改的《中华人民共和国专利法》第六十六条。

八、完成技术成果的个人享有在有关技术成果文件上写明自己是技术成果完成者的权利和取得荣誉证书、奖励的权利，该等权利受到侵害时，权利人是否可以向人民法院提起侵权之诉？是否属于人民法院的受理范围？

答 案

我国法律规定，完成技术成果的个人享有在有关技术成果文件上写明自己是技术成果完成者的权利和取得荣誉证书、奖励的权利；职务科技成果转化后，由科技成果完成单位对完成、转化该项科技成果作出重要贡献的人员给予奖励和报酬。根据最高人民法院《民事案件案由规定》，根据不同情形，侵害技术成果完成者上述权利的，属于“技术成果完成人署名权、荣誉权、奖励权纠纷”或“职务技术成果完成人奖励、报酬纠纷”，权利人可以向人民法院提起诉讼。

释 义

技术成果，是指利用科学技术知识、信息和经验作出的涉及产品、工艺、材料及其改进等的技术方案，包括专利、专利申请、技术秘密、计算机软件、集成电路布图设计、植物新品种等。

作为技术成果应当是一种技术方案，不包含技术内容的其他劳动成果不属于技术成果。如北京市朝阳区人民法院在曹舒与三星（中国）投资有限公司技术成果完成人署名权、荣誉权、奖励权纠纷一审民事判决书［2015 朝民（知）初字第 32262 号］中认定，“《规划案》一文中提出的笔记本产品与施华洛世奇水晶合作的想法，并不属于技术成果，仅是一个创意……”，遂判决驳回原告全部诉讼请求。

依 据

（1）2015 年修订的《中华人民共和国促进科技成果转化法》第四十四条、第四十五条；

（2）2004 年发布的《最高人民法院关于审理技术合同纠纷案件适用法律若干问题的解释》第一条；

（3）1999 年颁布的《中华人民共和国合同法》第三百二十六条、第三百二十八条。

第二节 合同纠纷与救济

九、实务中常见的知识产权合同纠纷主要有哪些?

答 案

1981 年，我国制定《中华人民共和国经济合同法》，1985 年制定《中华人民共和国涉外经济合同法》，1987 年制定《中华人民共和国技术合同法》。1999 年，《中华人民共和国合同法》制定实施，上述三部法律失效，其中

1999 年制定的《中华人民共和国合同法》第十八章用 43 个条文吸收了上述三部法的部分内容，其中有关技术合同的内容包括：技术开发合同、技术转让合同、技术咨询合同、技术服务合同。

在科技成果转化实践中，涉及最多的主要是技术合同，但是，科技工作者在从事科技活动过程中不可避免地还会签订多种知识产权合同，涉及对知识产权权利与义务的约定。其常见的知识产权合同纠纷主要包括：专利合同纠纷、著作权合同纠纷、商业秘密合同纠纷、技术合同纠纷等。专利合同纠纷又包括许可合同、转让合同等纠纷；著作权合同纠纷主要是软件著作权相关的纠纷；商业秘密合同纠纷主要涉及商业秘密的侵权；技术合同纠纷则主要是当事人就技术开发、转让、咨询或者服务订立的确立相互之间权利和义务的合同。

释 义

知识产权合同系指平等主体的自然人、法人、其他组织之间设立、变更、终止知识产权权利与义务关系的协议，性质上属于民事合同。最高人民法院《民事案件案由规定》中单独划分出一类知识产权合同纠纷，继而细化为十一项，各项目之下又包含诸多子项。

1. 著作权合同纠纷

1.1 委托创作合同纠纷；

1.2 合作创作合同纠纷；

1.3 著作权转让合同纠纷；

1.4 著作权许可使用合同纠纷；

1.5 出版合同纠纷；

1.6 表演合同纠纷；

1.7 音像制品制作合同纠纷；

1.8 广播电视播放合同纠纷；

1.9 邻接权转让合同纠纷；

1.10 邻接权许可使用合同纠纷；

1.11 计算机软件开发合同纠纷；

1.12 计算机软件著作权转让合同纠纷；

1.13 计算机软件著作权许可使用合同纠纷。

2. 商标合同纠纷

2.1 商标权转让合同纠纷；

2.2 商标使用许可合同纠纷；

2.3 商标代理合同纠纷。

3. 专利合同纠纷

3.1 专利申请权转让合同纠纷；

3.2 专利权转让合同纠纷；

3.3 发明专利实施许可合同纠纷；

3.4 实用新型专利实施许可合同纠纷；

3.5 外观设计专利实施许可合同纠纷；

3.6 专利代理合同纠纷。

4. 技术合同纠纷

4.1 技术委托开发合同纠纷；

4.2 技术合作开发合同纠纷；

4.3 技术转化合同纠纷；

4.4 技术转让合同纠纷；

4.5 技术咨询合同纠纷；

4.6 技术服务合同纠纷；

4.7 技术培训合同纠纷；

4.8 技术中介合同纠纷；

4.9 技术进口合同纠纷；

4.10 技术出口合同纠纷；

4.11 职务技术成果完成人奖励、报酬纠纷；

4.12 技术成果完成人署名权、荣誉权、奖励权纠纷。

5. 植物新品种合同纠纷

5.1 植物新品种育种合同纠纷；

5.2 植物新品种申请权转让合同纠纷；

5.3 植物新品种权转让合同纠纷；

5.4 植物新品种实施许可合同纠纷。

6. 集成电路布图设计合同纠纷

6.1 集成电路布图设计创作合同纠纷；

6.2 集成电路布图设计专有权转让合同纠纷；

6.3 集成电路布图设计许可使用合同纠纷。

7. 商业秘密合同纠纷

7.1 技术秘密让与合同纠纷；

7.2 技术秘密许可使用合同纠纷；

7.3 经营秘密让与合同纠纷；

7.4 经营秘密许可使用合同纠纷。

8. 特许经营合同纠纷

9. 企业名称（商号）合同纠纷

9.1 企业名称（商号）转让合同纠纷；

9.2 企业名称（商号）使用合同纠纷。

10. 特殊标志合同纠纷

11. 网络域名合同纠纷

11.1 网络域名注册合同纠纷；

11.2 网络域名转让合同纠纷；

11.3 网络域名许可使用合同纠纷。

12. 知识产权质押合同纠纷

由此可见，知识产权合同纠纷覆盖知识产权的方方面面，并不单指某一种合同纠纷。《民事案件案由规定》是以民法理论对民事法律关系的分类为基础，结合现行立法及审判实践，从案由的编排体系上划分为十大部分，作为第一级案由。规定中列明的知识产权合同纠纷类型是实践中比较常见的类型，而随着科技的发展、知识产权内容及形式的不断拓展，知识产权合同类型必然更加丰富，纠纷的形式也更加多样化。

依据

2011 年最高人民法院发布的《民事案件案由规定》（法发〔2011〕42 号）。

十、合作方签订知识产权合同的主要注意事项有哪些?

答案

技术合同作为特殊的知识产权合同类型之一，签订的内容由当事人约定，应当特别注意技术合同一般包括以下条款：项目名称；标的的内容、范围和要求；履行的计划、进度、期限、地点、地域和方式；技术情报和资料的保密；风险责任的承担；技术成果的归属收益的分成办法；验收标准和方法；价款、报酬或者使用费及其支付方式；违约金或者损失赔偿的计算方法；解决争议的方法；名词和术语的解释。

不同类型的知识产权合同虽各具特殊性，但是鉴于构成要素、权利属性以及法律逻辑等因素的相通，我们结合知识产权类合同的共性，对比其他种类合同的特性，归纳出对科技工作者在签订知识产权合同中的主要注意事项包括以下几点：（1）标的具体、完整、无误、有效；（2）合同权利明确具体、范围清晰；（3）标的交付、验收应当具体、明确，具有可行性；（4）缔约双方的保密义务；（5）合同签订后需要备案或登记等。

释义

1. 标的具体、完整、无误、有效

知识产权合同的标的是作为无形资产的知识产权，甚至所指向的技术成果可能尚未面世，相比较于一般合同，其标的具有一定的特殊性。如果合同缺少对合同标的具体描述，则合同的标的就不具有特定性和确定性。另外，合同各方都应当明确自身对知识产权享有的权利是否完整无瑕疵，如：许可方许可的权利应在有效期间内；转让方保证转让知识产权不侵犯第三人合法权益、不存在权属争议。

《中华人民共和国商标法》第三十九条规定：“注册商标的有效期为十

年，自核准注册之日起计算。”也就是说商标的许可、转让合同有效期间应当确保注册商标合法有效，不存在权属争议；《中华人民共和国商标法》第四十二条规定：“商标注册人对其在同一种商品上注册的近似的商标，或者在类似商品上注册的相同或者近似的商标，应当一并转让。……转让注册商标经核准后，予以公告。受让人自公告之日起享有商标专用权。”实践中商标注册人为保护核心的主注册商标往往会注册相应的近似商标作为防御或者联合商标。那么，在转让主商标时，为保障主商标权利也就是标的完整、权力无瑕疵，相关联的近似商标也应当共同转让。

2. 合同权利明确具体、范围清晰

知识产权权利的特殊性要求合同对于权利范围约定必须明确，如许可合同需明确约定许可使用权利的内容、方式（如普通许可、排他许可、独占许可）、地域范围、使用时间，停止许可后相关衍生权利的归属、处分；技术开发合同中明确成果、后续开发成果的归属、使用、收益分配等。

《中华人民共和国合同法》第三百五十四条规定：“当事人可以按照互利的原则，在技术转让合同中约定实施专利、使用技术秘密后续改进的技术成果的分享办法。没有约定或者约定不明确，依照本法第六十一条的规定仍不能确定的，一方后续改进的技术成果，其他各方无权分享。”专利许可合同中，被许可方使用专利的过程中很可能会对被许可的专利有所改进，改进以后的技术和被许可的基础专利相互独立，却又具有极高的关联性。如双方对相关权利未明确约定归属或权益分配，虽然根据法律规定新技术的权利人为改进方，但是在许可关系结束后，作为被许可人的改进方丧失了对基础专利的使用权，对于改进技术的使用则可能与基础专利权存在冲突，合法性存疑，从而引起纠纷。

《中华人民共和国商标法实施条例》第六十九条规定：“许可他人使用其注册商标的，许可人应当在许可合同有效期内向商标局备案并报送备案材料。备案材料应当说明注册商标使用许可人、被许可人、许可期限、许可使用的商品或者服务范围等事项。”强调了当事人之间许可合同约定的部分必要事项。

《中华人民共和国著作权法》第十条规定了著作权人可以许可他人行使

相关著作权，并依照约定、有关规定获得报酬。著作权包括：复制权、发行权、出租权、展览权、表演权、放映权、广播权、信息网络传播权、摄制权、改编权、翻译权、汇编权等，许可合同应予以具体明确许可权利的范围。

3. 标的交付、验收应当具体、明确，具有可行性

不论是许可使用、转让，还是开发合同等都涉及知识产权从一方转移给另一方，知识产权合同标的的特殊性决定了其交付方式的特殊性。例如，发明专利的转让交付，就不仅仅是一项专利证书的占有转移，还涉及权利人的登记变更、相应的技术文档转移、具体的技术指导等；同样鉴于知识产权合同标的的特殊性，其验收方法也不同于一般有形资产，相应的标的验收方法应当明确、具体、具有可行性。

根据《中华人民共和国合同法》第三百六十一条规定："技术服务合同的受托人应当按照约定完成服务项目，解决技术问题，保证工作质量，并传授解决技术问题的知识。"其中，传授解决技术问题的知识本身并不是合同的标的，但是明确规定一方传授的义务，则是鉴于技术服务合同具有高科技性、专业性等特点。假设一方仅交付成果，则后果可能是由于技术障碍等原因导致接收方无法正常使用该技术。因此，在合同中明确约定相应的交付义务、具体的验收方法对于保障合同目的顺利实现具有必要性。

4. 缔约双方的保密义务

由于知识产权合同的特殊性，尤其是技术合同的秘密性，缔约各方的保密义务尤其重要。例如，技术秘密转让合同缔约过程中，受让人需要了解技术秘密的内容，才能确定是否受让并签订合同，在技术秘密合同签订之前，有意向的受让人就需承担相应的保密义务。

5. 合同签订后需要备案或登记

多数知识产权合同有法律明文规定为要式合同，并且合同签订后须向相关部门备案或登记，如：注册商标许可使用的，商标使用许可应报商标局备案、公告，未经备案的使用许可不得对抗善意第三人；专利申请权或者专利权转让的，应当订立书面合同，并向国务院专利行政部门登记、公告，转让自登记之日起生效。

依 据

（1）2013 年修改的《中华人民共和国商标法》第三十九条、第四十二条、第四十三条；

（2）2013 年修改施行的《计算机软件保护条例》第十条、第十一条、第十九条；

（3）2010 年修改施行的《中华人民共和国著作权法》第十八条、第二十三条、第二十四条、第二十五条、第二十八条；

（4）2008 年修改的《中华人民共和国专利法》第十条、第四十二条；

（5）1999 年生效的《中华人民共和国合同法》第三百二十四条、第三百四十九条、第三百五十四条、第三百六十一条。

十一、知识产权合同纠纷产生的主要原因是什么？如何避免发生纠纷？

答 案

《最高人民法院知识产权案件年度报告（2017）》显示，2017 年度最高人民法院知识产权庭共新收各类知识产权案件 897 件。这些案件的基本规律和特点是：专利和商标案件仍在受理案件中占最大比重；专利民事案件出现较大增长；专利民事案件中争议较多的问题为技术特征划分和权利要求解释，涉及职务发明创造发明人奖励、报酬纠纷的关联案件较多；技术合同和特许经营合同纠纷案件中，合同违约、合同解除等问题较为突出。也基本反映出了知识产权合同纠纷产生的原因。

释 义

知识产权合同纠纷产生的原因纷繁复杂，结合司法实务，说明以下几点主要原因。

1. 合同重要内容约定不明确

本章节在第十题中比较详细归纳了签订知识产权合同的注意事项。签订知识产权合同应该对争议高发点给予充分重视，粗略分析现有司法判例，针对合同约定的模糊、疏漏而产生的纠纷不占少数。例如，（2016）最高法民再251号合同纠纷一案，当事人关于技术开发成果的验收标准仅规定了该技术生产处的产品合格（符合国家标准）而未规定相应的产品商品化标准。就是因为合同中未对技术的验收、接收标准进行书面明确约定，导致相关方的主张未获得支持，造成了不必要的损失。

2. 合同变更未采取书面形式

“口说无凭，立字为据”说的就是合同签订形式的重要性。法律上虽然承认口头约定的一般有效性，但是鉴于其难以为证，在实践中很容易引发不必要的纠纷。

3. 合同标的存在瑕疵

合同标的是合同法律关系的客体，权利义务指向的对象。如合同标的本身存在瑕疵或问题，容易导致合同根本目的无法实现，从而引发纠纷。《中华人民共和国合同法》第三百四十四条就明确规定：“专利实施许可合同只在该专利权的存续期间内有效。专利权有效期限届满或者专利权被宣布无效的，专利权人不得就该专利与他人订立专利实施许可合同。”

4. 行使权利超出法定或约定权利范围

知识产权合同的特殊性要求合同当事人对知识产权合同约定的权利范围有明确清晰的认识，并且严格在约定或法定范围内行使权利。

如广播电台广播他人已发表的作品属于著作权法定许可的范围，但是未为作者署名，则易侵犯著作权人的署名权。另外，著作权法允许对原作进行部分改动，但改动应当是为了满足播放要求、适应播放特点的适当改动，改动增加了新的内容，产生了新的作品，不仅仅是出于播放的需要，构成改编，则易侵害作者的改编权。

综上所述，知识产权合同纠纷产生的原因多种多样，但是究其根本，主要是因为如上所述的合同本身存在缺陷以及履约方的一方或多方故意或过失违约。科技工作者在签订知识产权合同之前应当注意审核合同存在的法律风险，尽量避免合同存在漏洞、隐患；合同各方也应当诚实信用地履行合同，坚持契约精神，才能够最大限度地避免纠纷发生。

依 据

（1）2010 年修改施行的《中华人民共和国著作权法》第十条、第十一条、第二十二条、第四十三条、第四十七条、第四十八条、第四十九条；

（2）2002 年施行的《最高人民法院关于审理著作权民事纠纷案件适用法律若干问题的解释》第二十条、第二十四条、第二十五条、第二十六条；

（3）1999 年生效的《中华人民共和国合同法》第三百四十四条、第三百五十一条、第三百五十二条、第三百五十九条、第三百六十二条。

十二、技术委托开发合同、合作开发合同中的权利归属条款、保密条款、新产品或新技术的后续开发条款及争议解决条款如何约定？

答 案

1. 权利归属条款

《中华人民共和国合同法》规定了委托开发合同、合作开发合同中的成果归属问题，遵循“有约定从约定”的原则。在技术开发合同中，因技术成果取得的方式不同，当事人可以约定不同的技术成果的归属和分享办法。

1.1 对履行技术开发合同所完成的技术成果，属委托开发所完成的发明创造，申请专利的权利属于研究开发方。研究开发方取得专利权的，委托方可以免费实施该项专利。研究开发方就其发明创造转让其申请权的，委托方可以优先受让专利申请权。

1.2 属合作开发所完成的发明创造，申请专利的权利属于合作开发各方共有。一方转让其共有的专利申请权的，另一方或者其他各方可以优先受让该专利申请权。一方声明放弃其共有的专利申请权的，可以由一方单独或其他各方共同申请。发明创造被授予专利权后，放弃专利申请权的一方可以免费实施该项专利。技术开发合同所完成的非专利技术成果，当事人可以在合同中明确双方均有使用权，一方使用而另一方不使用时，可以由使用方适当给予未使用方一定的使用费；转让权归双方共有，并在合同中订明分配的比例。

2. 保密条款

技术开发合同保密条款是技术开发合同的重要条款。保密条款的约定应当注意以下事项。

2.1 明确保密范围。甲乙双方确认秘密信息包括但不限于以下内容。

2.1.1 技术信息。

技术信息的范围包括但不限于技术方案、工程设计、电路设计、制造方法、工艺流程、技术指标、计算机软件、数据库、试验结果、图纸、样机、操作手册、技术文档、涉及商业秘密的业务函电等。具体包括但不限于：技术资料和文件、开发过程中的阶段性技术成果、技术数据、针对技术问题的技术诀窍、公司在以后发展过程中自行研制、生产、销售的产品技术以及公司为了公司及全体员工利益不受侵害而另行规定的技术保密范围。

2.1.2 经营信息。

具体包括但不限于：经营策略、管理诀窍、客户名单、货源情报、投标标底、生产、经营方案文件、对甲方生产经营产生重大影响的其他信息。

2.1.3 双方其他商业秘密。

比如技术情报、营销信息、销售数据、销售收入等，会议纪要、报告、请示、批示等文件材料和信息，所有其他标注保密性或专有的信息等。

2.1.4 其他。

一方依照法律规定或有关协议的约定，对外承担保密义务的事项等。

2.2 明确保密主体。在多数知识产权合同中，合同各方都应当承担保密义务，而不仅仅是某一方的义务。如：技术转让合同中，让与人当然了解其所转让的技术成果的内容，转让技术之后，如果让与人又向其他方泄露该技术成果的内容，则受让人的合法利益将受到损害，技术成果的价值也将受损。

2.3 明确保密期限。甲乙双方确认，乙方的保密义务自甲方盖章和乙方签字之日起开始，至甲方宣布解密或者秘密信息实际上已经公开为止。

2.4 明确违约责任。若一方不履行本协议所规定的保密义务，应向守约方支付违约金。

3. 新技术的后续开发条款

新技术的后续开发是技术开发合同涉及的重要内容之一，针对新技术的后续开发，当事人可以按照互利的原则，在技术开发合同中约定新技术后续开发改进的技术成果的分享办法。如：合同有效期内，互相告知后续改进的技术成果；双方或一方对合同技术取得的部分改进技术，免费向另一方提供；改进技术的所有权归属主要改进方。

4. 争议解决条款

争议解决条款应当明确、具体。

4.1 因本协议引起的或与本协议有关的争议，由双方友好协商解决，协商不成时，双方均有权向有管辖权的人民法院提起诉讼；

4.2 因本协议引起的或与本协议有关的任何争议，由双方友好协商解决，协商不成的，双方均同意提交某某仲裁委员会仲裁，并同意按照该会届时有效的仲裁规则仲裁。

需要注意的是，双方可以基于效率或者利益最大化等考虑，选择争议解决的诉讼管辖或者仲裁机构，但是二者只能择其一。

释义

技术开发合同，是指当事人之间就新技术、新产品、新工艺或者新材料及其系统的研究开发所订立的合同。包括委托开发合同和合作开发合同。

委托开发合同，是一方当事人委托另一方当事人进行技术开发所订立的合同。委托他人进行技术开发的一方为委托人，受他人委托进行技术开发的一方为研究开发人。

合作开发合同，是以合作各方共同参与为前提，由两个或两个以上的公民、法人和其他组织，共同出资、共同参与、共同研究开发完成同一研究开发项目，共同享受效益、共同承担风险的合同。

依据

1999 年生效的《中华人民共和国合同法》第三百三十条、第三百三十九条、第三百四十条、第三百四十一条、第三百四十四条、第三百四十七条、第三百五十一条。

十三、知识产权普通许可合同、排他许可合同和独占许可合同情况下纠纷处理的主要区别是什么？

答案

在知识产权普通许可合同、排他许可合同和独占许可合同等三种不同许可方式的纠纷处理中，最主要的区别是诉讼主体的不同。

根据《中华人民共和国商标法》及相关司法解释规定，在注册商标专用权被侵害时，“独占使用许可合同的被许可人可以向人民法院提起诉讼；排他使用许可合同的被许可人可以和商标注册人共同起诉，也可以在商标注册人不起诉的情况下，自行提起诉讼；普通使用许可合同的被许可人经商标注册人明确授权，可以提起诉讼”。也就是说，独占许可的被许可人可以作为独立的诉讼主体提起商标侵权之诉，在排他许可和普通许可的情况下，被许可人在特定情况下可以提起商标侵权之诉。

在专利侵权诉讼中，《中华人民共和国专利法》第六十条规定：“未经专利权人许可，实施其专利，即侵犯其专利权，引起纠纷的，由当事人协商解决；不愿协商或者协商不成的，专利权人或者利害关系人可以向人民法院起诉，也可以请求管理专利工作的部门处理。”2001 年 7 月 1 日施行的《最高人民法院关于对诉前停止侵犯专利权行为适用法律问题的若干规定》第一条对利害关系人的范围作出了明确解释，即“包括专利实施许可合同的被许可人、专利财产权利的合法继承人等”。同时规定：“专利实施许可合同被许可人中，独占实施许可合同的被许可人可以单独向人民法院提出申请；排他实施许可合同的被许可人在专利权人不申请的情况下，可以提出申请。”可见，在专利侵权诉讼中，独占实施许可的被许可人是享有独立诉权的，而排他实施许可的被许可人同样享有诉权，但其诉权只有在专利权人不行使诉权的情况下方可行使。

释 义

知识产权许可是指知识产权权利所有人（许可方）将所涉知识产权授予被授权人（被许可方）按照约定使用的活动。知识产权许可主要分为三类：独占许可、排他许可、普通许可。

1. 独占许可合同

即被许可方在一定的地域和期限内，对受让的知识产权享有独占的使用权，许可方和任何第三方在规定的期限内都不得在该地域使用该种知识产权。独占许可一般在商标与专利领域应用，因其苛刻的限制使用条件，为此受让方要支付较高的使用费，同时享受技术、品牌优势带来的市场优势。

2. 排他许可合同

指许可方在合同规定的期限和地域内，允许引进方使用其知识产权；许可方不得再将此项知识产权许可给第三方，但许可方自己保留使用此项知识产权的权利。其限制程度比独占许可低，比普通许可高。

3. 普通许可合同

指许可方在合同规定的期限和地域内，允许被许可人使用其知识产权的同时，本人仍然保留使用权，而且还保留了许可其他人使用的权利。这类许可费用较低。

依 据

（1）2008 年实施的《中华人民共和国专利法》第六十条；

（2）2002 年最高人民法院发布的《最高人民法院关于审理商标民事纠纷案件适用法律若干问题的解释》（法释〔2002〕32 号）第三条、第四条；

（3）2001 年最高人民法院发布的《最高人民法院关于印发全国法院知识产权审判工作会议关于审理技术合同纠纷案件若干问题的纪要的通知》（法〔2001〕84 号）第六十三条。

第三节　劳动纠纷与救济

十四、作为公务员的科技工作者与单位发生人事争议，应如何救济？

答案

1. 公务员对人事处理争议的救济

1.1 救济范围。

公务员可对处分、辞退或者取消录用、降职、定期考核定为不称职、免职、申请辞职、提前退休未予批准、未按规定确定或者扣减工资、福利、保险待遇等情形的人事处理不服的，可以进行救济。

1.2 对涉及本人的人事处理决定可申请复核、申诉。

公务员对于涉及本人的人事处理不服的，可以自知道该人事处理之日起三十日内向原处理机关申请复核；对复核结果不服的，可以自接到复核决定之日起十五日内，按照规定向同级公务员主管部门或者作出该人事处理的机关的上一级机关提出申诉；也可以不经复核，自知道该人事处理之日起三十日内直接提出申诉；对省级以下机关作出的申诉处理决定不服的，可以向作出处理决定的上一级机关提出再申诉。行政机关公务员对处分不服向行政监察机关申诉的，如若仍不服的可在三十日内向上一级监察机关申请复核。

1.3 对侵犯其合法权益的可提出控告。

公务员认为机关及其领导人员侵犯其合法权益的，可以依法向上级机关或者有关的专门机关提出控告。

2. 聘任制公务员因聘任合同与单位发生争议的救济

2.1 救济范围：因聘任合同与聘任单位发生争议。

2.2 救济途径。

聘任制公务员与所在机关之间因履行聘任合同发生争议的，可以自争议发生之日起六十日内向人事争议仲裁委员会申请仲裁。当事人对仲裁裁决不服的，可以自接到仲裁裁决书之日起十五日内向人民法院提起诉讼。

仲裁裁决生效后，一方当事人不履行的，另一方当事人可以申请人民法院执行。

2.3 申请仲裁的时效为：自争议发生之日起六十日内向人事争议仲裁委员会申请仲裁。

释 义

作为公务员的科技工作者与单位发生人事争议，首先应当区分科技工作者是公务员还是聘任制公务员，两者在人事争议的救济方式上是不同的。公务员与单位的人事争议，适用申诉控告的方式予以救济；而聘任制公务员与聘任单位的人事争议，可向人事争议仲裁委员会申请仲裁，对仲裁裁决不服的，可以向人民法院提起诉讼。

公务员是指依法履行公职、纳入国家行政编制、由国家财政负担工资福利的工作人员。

聘任公务员，是指机关根据工作需要，经省级以上公务员主管部门批准，可以对专业性较强的职位和辅助性职位实行聘任制。聘任公务员可以参照公务员考试录用的程序进行公开招聘，也可以从符合条件的人员中直接选聘。机关聘任公务员，应当签订书面的聘任合同，确定机关与所聘公务员双方的权利、义务。

依 据

（1）2017 年修正的《中华人民共和国公务员法》第一章第三条、第十五章、第十六章；

（2）2017 年人力资源和社会保障部发布的《劳动人事争议仲裁办案规则》（人力资源和社会保障部令第 33 号）第二条。

十五、事业单位科技工作者与单位发生人事争议，应如何救济？

答 案

事业单位科技工作者与单位发生人事争议时的救济方式及程序要求如下。

1. 申请仲裁

人事争议仲裁是司法的前置程序。

1.1 申请仲裁的时效期间是一年。仲裁时效期间从当事人知道或者应当知道其权利被侵害之日起计算。

1.2 仲裁程序。当事人应从知道或应当知道其权利受到侵害之日起一年内，以书面形式向有管辖权的人事争议仲裁委员会申请仲裁。仲裁委员会对符合条件的仲裁申请应当予以受理，并在收到仲裁申请之日起五日内向申请人出具受理通知书：仲裁庭裁决案件，应当自仲裁委员会受理仲裁申请之日起四十五日内结束。案情复杂需要延期的，经仲裁委员会主任或者其委托的仲裁院负责人书面批准，可以延期并书面通知当事人，但延长期限不得超过十五日。

2. 向人民法院提起诉讼

人事争议案件经仲裁机构作出裁决后，当事人对人事争议仲裁机构所作的人事争议仲裁裁决不服，自收到仲裁裁决之日起十五日内向人民法院提起诉讼的，人民法院应当依法受理。

一方当事人在法定期间内不起诉又不履行仲裁裁决，另一方当事人向人民法院申请执行的，人民法院应当依法执行。

释义

事业单位，是指由国家行政机关举办，受国家行政机关领导，没有生产收入，所需经费由公共财政支出，不实行经济核算，主要提供教育、科技、文化、卫生等活动非物质生产和劳务服务的社会公共组织，事业单位接受政府领导，是表现形式为组织或机构的法人实体。

依据

（1）2017 年人力资源和社会保障部发布的《劳动人事争议仲裁办案规则》（人力资源和社会保障部令第 33 号）；

（2）2014 年国务院发布的《事业单位人事管理条例》第三十七条、第三十八条（国务院令第 652 号）；

（3）2014 年中共中央组织部人力资源和社会保障部发布的《事业单位工作人员申诉规定》（人社部发〔2014〕45 号）；

（4）2003 年最高人民法院发布的《最高人民法院关于人民法院审理事业

单位人事争议案件若干问题的规定》（法释〔2003〕13号）第三条。

十六、事业单位科技工作者对涉及本人的考核结果、处分决定不服的，应如何救济？

答案

（1）事业单位工作人员对涉及本人的人事处理不服的，可以申请复核；对复核结果不服的，可以提出申诉、再申诉。

（2）可申请复核或提起申诉、再申诉的人事处理的范围是：处分，清退违规进人，撤销奖励，考核定为基本合格或者不合格，未按国家规定确定或者扣减工资福利待遇，法律、法规、规章规定可以提出申诉的其他人事处理。

（3）时效期间：三十日。复核的时效期间自申请人知道或者应当知道人事处理之日起计算；申诉、再申诉的时效期间自申请人收到复核决定、申诉处理决定之日起计算。

（4）申请人向有管辖权的受理单位提交申请书，同时提交原人事处理决定、复核决定或者申诉处理决定等材料的复印件。

（5）受理单位应当对申请人提交的申请书是否符合受理条件进行审查，在接到申请书之日起十五日内，作出受理或者不予受理的决定，并以书面形式通知申请人。不予受理的，应当说明理由。

（6）审理时限：受理复核申请的单位应当自接到申请书之日起三十日内作出维持、撤销或者变更原人事处理的复核决定，并以书面形式通知申请人。受理申诉、再申诉申请的单位应当自决定受理之日起六十日内作出处理决定。案情复杂的，可以适当延长，但是延长期限不得超过三十日。

（7）执行：处理决定应当在发生效力后三十日内执行。

释义

事业单位考核，是指事业单位根据聘用合同规定的岗位职责任务，对工作人员的表现进行的工作绩效考核。考核分为平时考核、年度考核和聘期考核。年度考核的结果可以分为优秀、合格、基本合格和不合格等档次，聘期考核的结果可以分为合格和不合格等档次。

事业单位处分，事业单位工作人员有损害国家声誉和利益的，失职渎职的，利用工作之便谋取不正当利益的，挥霍、浪费国家资财的，严重违反职业道德、社会公德的行为之一的，应当给予处分。处分分为警告、记过、降低岗位等级或者撤职、开除。

依据

（1）2014 年国务院发布的《事业单位人事管理条例》（国务院令第 652 号）第五章；

（2）2014 年中共中央组织部、人力资源社会保障部发布的《事业单位工作人员申诉规定》（人社部发〔2014〕45 号）。

第四节　科技奖励相关争议解决

十七、国家科学技术奖励的异议处理如何进行?

答案

《国家科学技术奖励条例》及其实施细则规定了国家科学技术奖励的异议制度的运行及流程。

1. 任何单位或者个人向奖励办公室提出异议，应按照以下方式进行

1.1 异议材料准备：应当提供书面异议材料，并提供必要的证明文件。在规定时间内未按要求提供相关证明材料的，视为放弃异议。

1.2 异议人应当表明真实身份，以匿名方式提出的异议一般不予受理。

个人提出异议的，须写明本人真实姓名、工作单位、联系电话和详细地址，并亲笔签名；以单位名义提出异议的，须写明单位名称、联系人、联系电话和详细地址，由单位法定代表人签字并加盖本单位公章。

1.3 受理期限：应当在受理项目公布之日起六十日内向奖励办公室提出，逾期不予受理。

1.4 受理机构：应当向奖励办公室提出异议，不得擅自将异议材料直接提交评审组织或者其委员。

2. 奖励办公室在接到异议材料后，应按照以下方式进行

2. 1 奖励办公室在接到异议材料后应当进行审查，对符合规定并能提供充分证据的异议，应予受理。

2. 2 应当对异议者的身份予以保密；确实需要公开的，应当事前征求异议者的意见。负有保密的义务的人员包括：奖励办公室、提名者，以及其他参与异议调查、处理的有关人员。

对公布项目的创新性、先进性、实用性及提名材料真实性等内容的异议由奖励办公室负责协调，由有关提名者协助。提名者接到异议通知后，应当在规定的时间内核实异议材料，并将调查、核实情况报送奖励办公室审核。必要时，奖励办公室可以组织评审委员和专家进行调查，提出处理意见。

2. 3 涉及被提名者及其排序的异议由提名者负责协调，提出初步处理意见报送奖励办公室审核。涉及跨部门的异议处理，由奖励办公室负责协调，相关提名者协助，其处理程序参照前款规定办理。

2. 4 奖励办公室应当向相关的国家科学技术奖评审委员会报告异议核实情况及处理意见，提请国家科学技术奖评审委员会决定，并将决定意见通知异议方和被提名者。

2. 5 奖励办公室应当及时向科学技术奖励监督委员会报告异议处理情况。

3. 涉及异议的提名者，应当按照以下方式进行处理

3. 1 接到异议材料后，在异议通知规定的时间内未提出调查、核实报告和协调处理意见的，该项目不提交评审。

3. 2 异议处理过程中，涉及异议的任何一方应当积极配合，不得推诿和延误。被提名单位、个人在规定时间内未按要求提供相关证明材料的，视为承认异议内容。

释 义

国家科学技术奖励的异议制度，是指国家科学技术奖励接受社会的监督，任何单位或者个人对公布项目的创新性、先进性、实用性及提名材料真实性和项目主要完成人、主要完成单位持有异议的，可向奖励办公室提出异议，并进行审核处理。

依据

（1）2013 年国务院《国家科学技术奖励条例》（国务院令第 638 号）；

（2）2008 年科技部发布的《国家科学技术奖励条例实施细则》（科学技术部令第 13 号）第六十三条至第七十条。

十八、对通过剽窃、侵夺他人科学技术成果，弄虚作假或者其他不正当手段谋取国家科学技术奖的单位和个人，如何进行处罚？

答案

对通过剽窃、侵夺他人科学技术成果，弄虚作假或者其他不正当手段谋取国家科学技术奖的单位和个人，尚未授奖的，由奖励办公室取消其当年获奖资格；已经授奖的，经国家科学技术奖励委员会审核，由科学技术部报国务院批准后撤销奖励，追回奖金，并公开通报。情节严重者，取消其一定期限内或者终身被推荐国家科学技术奖的资格。同时，建议其所在单位或主管部门给予相应的处分。

释义

1. 国家科技奖评审对象应当遵守的规定

1.1 不得在提名材料中剽窃、侵夺他人成果，提供虚假材料、信息，夸大成果水平、应用情况。

1.2 不得虚构相关事实，人为拼凑、包装项目。

1.3 不得隐瞒相关事实，违规重复报奖。

1.4 不得捏造或歪曲事实，恶意中伤、贬低其他被提名者或者评审专家。

1.5 不得请托任何机构、人员进行可能影响当年评审公正性的活动；不得本人或委托他人以包括使用微信或 QQ 等即时通信工具、短信及电话咨询、电子邮件、登门拜访等各种方式联系有关专家进行请托、游说等可能影响评审公正性的活动。

1.6 不得违反规定程序，擅自将相关材料提交评审组织或者评审专家。

1.7 不得向评审组织工作人员、评审专家、提名者赠送礼品、礼金、有价证券、支付凭证、商业预付卡、电子红包、宴请或提供旅游、娱乐健身等任何可能影响评审公正性的活动。

1.8 不得在异议处理中弄虚作假、拒不配合调查，或从事其他妨碍调查工作正常进行的行为。

1.9 不得以任何形式探听处于保密阶段的评委名单及其他评审过程中的保密信息。

1.10 违规到评审会议驻地游说评委、询问评审信息等任何干扰评审的活动。

2. 国家科技奖评审对象违反相关规定的法律后果

2.1 要记入科技奖励诚信档案，奖励办或科技部根据权限，可以分别情况给予责令改正、记录不良信誉、通报批评、取消相关项目参评资格或获奖资格、取消相关单位和个人一定期限内参与国家科技奖的资格等处理。

2.2 对已经授奖、经查实符合《国家科学技术奖励条例》及其实施细则规定的撤销奖励条件的，经国家科学技术奖励委员会审核，由科技部报国务院批准后撤销奖励，追回奖金，公开通报，并可取消其一定期限内或者终身参与国家科技奖励活动的资格。

2.3 对构成违纪的，建议其所在单位或主管部门给予相应的处分；涉嫌违法的，依法移送司法机关处理。

依据

（1）2017 年国务院办公厅发布的《国务院办公厅印发关于深化科技奖励制度改革方案的通知》（国办函〔2017〕55 号）；

（2）2015 年国家科学技术奖励办公室发布的《国家科学技术奖评审行为准则与督查暂行规定》（国科奖字〔2015〕13 号）第十条、第十六条；

（3）2015 年国家科学技术奖励工作办公室发布的《国家科学技术奖励评审工作纪律》（国科奖字〔2015〕14 号）第四条；

（4）2013 年国务院发布的《国家科学技术奖励条例》（国务院令第 638 号）第二十一条；

（5）2008年科技部发布的《国家科学技术奖励条例实施细则》（科学技术部令第13号）第九十二条。

十九、提名者提供虚假数据、材料，协助被提名单位和个人骗取国家科学技术奖的，如何进行处罚？

答案

提名者提供虚假数据、材料，协助被提名单位和个人骗取国家科学技术奖的，由科学技术部予以通报批评；情节严重的，暂停或者取消其推荐资格；对负有直接责任的主管人员和其他直接责任人员，建议其所在单位或主管部门给予相应的处分。

释义

提名国家科学技术奖的活动的提名者包括专家学者、组织机构和相关部门。提名者应承担提名、答辩、异议答复等责任，并对相关材料的真实性和准确性负责。

1. 提名者应当遵守的规定

1.1 不得与被提名对象协同弄虚作假、提供虚假材料，或者明知其存在重大问题隐匿不报，提名不符合条件的项目。

1.2 不得探听评审组织处于保密阶段的工作安排信息、评审专家名单及其他评审过程中的保密信息。

1.3 不得组织、联系相关领域专家进行可能影响评审公正性的活动。

1.4 不得违反保密规定泄露提名材料涉密内容和异议人或举报人姓名。

1.5 不得纵容或协助有关单位和人员向评审组织工作人员和评审专家赠送礼品、礼金、有价证券、支付凭证、商业预付卡、宴请或其他好处。

1.6 不得在异议处理工作中无正当理由推诿、拖延，拒不开展调查、恶意拖延调查、不配合调查。

1.7 不得在异议处理工作中敷衍塞责或徇私舞弊，作出不公正的调查处理意见。

2. 提名者违反相关规定的法律后果

2.1 连续两次出现形式审查不合格项目的提名专家或机构，提名资格暂停一年。

2.2 除边远地区及特别行政区的部门外，连续三次提名均未获奖的提名者，提名资格暂停一年。（边远地区是指西藏、新疆、新疆生产建设兵团、内蒙古、宁夏、广西、甘肃、青海、贵州、云南、海南，特别行政区是指香港特别行政区及澳门特别行政区。）

2.3 奖励办或科技部根据权限，可以分别情况给予责令改正、记录不良信誉、通报批评、取消相关项目参评资格、暂停或者取消其国家科技奖提名资格等处理。提名者恢复提名资格时，需向奖励办公室提出申请，经审核同意后方可提名。

2.4 相关人员构成违纪的，建议其所在单位或主管部门给予相应的处分。

2.5 涉嫌违法的，依法移送司法机关处理。

依据

（1）2017 年国家科学技术奖励工作办公室发布的《国家科学技术奖提名制实施办法（试行）》（国科奖字〔2017〕43 号）第十五条、第二十一条、第二十二条、第二十三条、第二十四条；

（2）2015 年国家科学技术奖励办公室发布的《国家科学技术奖评审行为准则与督查暂行规定》（国科奖字〔2015〕13 号）第九条、第十五条；

（3）2015 年国家科学技术奖励办公室发布的《国家科学技术奖励评审工作纪律》（国科奖字〔2015〕14 号）第三条；

（4）2008 年科技部修改的《国家科学技术奖励条例实施细则》（科学技术部令第 13 号）第九十三条。

二十、参与国家科学技术奖评审工作的专家在评审活动中违反评审行为准则和相关规定的，如何进行处罚？

答案

参与国家科学技术奖评审工作的专家在评审活动中违反评审行为准则和

相关规定的，由科学技术部分别情况给予责令改正、记录不良信誉、警告、通报批评、解除聘任或者取消资格等处理；同时可以建议其所在单位或主管部门给予相应的处分。

释 义

国家科技奖评审专家（以下简称评审专家）是指接受评审组织者聘请，参加国家科技奖评审活动的相关领域专家、学者。

1. 评审专家在评审活动中应当遵守的规定

1.1 与被提名者、被提名项目存在可能影响评审公正性的关系的，应当主动向评审组织者说明并回避；本人是被提名者的，不得作为评审专家。

1.2 不得违反保密规定，泄露评审专家身份、评审活动有关情况，泄露或使用评审对象的技术秘密、评审资料等。

1.3 不得利用评审专家的特殊身份和影响力，以任何形式为被提名者进行可能影响评审公正性的活动。

1.4 不得因个人恩怨或利益关系，恶意贬低评审对象和其他评审专家。

1.5 不得擅自将收到的异议和相关材料提交评审组织讨论或者转发给其他评审专家。

1.6 不得接受被提名者、完成单位及其有关人员赠送的礼品、礼金、有价证券、支付凭证、商业预付卡、电子红包、宴请或旅游、娱乐健身等任何可能影响公正性的活动。

1.7 不得在项目考察和异议处理活动中，协同有关单位弄虚作假、徇私舞弊，违背科学道德，作出不公正的评价意见。

2. 评审专家违反相关规定的法律后果

2.1 评审专家在国家科技奖评审活动中违反相关规定，要记入科技奖励诚信档案。奖励办可以分别情况给予责令改正、记录不良信誉、通报批评、解除聘任或者取消其参加评审活动的资格等处理。

2.2 构成违纪的，可以建议其所在单位或主管部门给予纪律处分。

2.3 涉嫌违法的，依法移送司法机关处理。

依据

（1）2015 年国家科学技术奖励办公室发布的《国家科学技术奖评审行为准则与督查暂行规定》（国科奖字〔2015〕13 号）第八条、第十四条；

（2）2015 年国家科学技术奖励工作办公室发布的《国家科学技术奖励评审工作纪律》（国科奖字〔2015〕14 号）第二条；

（3）2008 年科技部发布的《国家科学技术奖励条例实施细则》（科学技术部令第 13 号）第九十四条、第九十五条。

第五章　刑事责任风险防范

第一节　刑事责任基础问题

为有效地实现刑事责任风险防范，科技工作者及其相关单位必须对犯罪与刑罚的基础问题具有明晰的认识。

一、什么是犯罪？

答 案

犯罪，是指依照法律应当受刑罚处罚的危害社会的行为。

释 义

《中华人民共和国刑法》实行罪刑法定原则，即法律明文规定为犯罪行为的，才能定罪处罚，法律没有明文规定为犯罪行为的，不能定罪处罚。《中华人民共和国刑法》在界定犯罪时明确：一切危害国家主权、领土完整和安全，分裂国家、颠覆人民民主专政的政权和推翻社会主义制度，破坏社会秩序和经济秩序，侵犯国有财产或者劳动群众集体所有的财产，侵犯公民私人所有的财产，侵犯公民的人身权利、民主权利和其他权利，以及其他危害社会的行为，依照法律应当受刑罚处罚的，都是犯罪，但是情节显著轻微危害不大的，不认为是犯罪。

犯罪分故意犯罪和过失犯罪。明知自己的行为会发生危害社会的结果，并且希望或者放任这种结果发生，因而构成犯罪的，是故意犯罪。应当预见自己的行为可能发生危害社会的结果，因为疏忽大意而没有预见，或者已经预见而轻信能够避免，以致发生这种结果的，是过失犯罪。

行为在客观上虽然造成了损害结果，但不是出于故意或者过失，而是由于不能抗拒或者不能预见的原因所引起的，不是犯罪。

依 据

《中华人民共和国刑法》第三条、第十三条、第十四条、第十五条、第十六条。

二、单位不是自然人，因此单位实施的行为不会构成犯罪吗？

答 案

在法律有明文规定的情况下，单位实施的行为也会构成犯罪。

释 义

犯罪分为自然人犯罪和单位犯罪。

自然人就是我们通常所说的个人，在刑法上一般要求年满十六周岁以上的个人才能承担刑事责任。已满十四周岁不满十六周岁的人，犯特殊类型犯罪的，也要承担刑事责任，比如犯故意杀人、故意伤害致人重伤或者死亡、强奸、抢劫、贩卖毒品、放火、爆炸、投毒罪等。

公司、企业、事业单位、机关、团体实施的危害社会的行为，法律规定为单位犯罪的，应当负刑事责任。刑法中很多罪名涉及单位犯罪，比如单位行贿罪、侵犯商业秘密罪等。

"单位犯罪"中所说的单位，包括公司、企业、事业、机关、团体等，也包括单位的分支机构、内设机构、部门。

判断是不是单位犯罪，关键在于是不是以单位名义实施犯罪，且获取的非法利益归单位所有。以单位的分支机构或者内设机构、部门的名义实施犯罪，违法所得亦归分支机构或者内设机构、部门所有的，也是单位犯罪。

盗用单位名义实施犯罪，违法所得由实施犯罪的人私分的，不是单位犯罪，按照个人犯罪进行定罪处罚。此外，个人为进行违法犯罪活动而设立的公司、企业、事业单位实施犯罪的，或者公司、企业、事业单位设立后，以实施犯罪为主要活动的，不以单位犯罪论处，也按照个人犯罪定罪处罚。

依据

（1）《中华人民共和国刑法》第十七条、第三十条；

（2）2017 年最高人民检察院发布的《关于办理涉互联网金融犯罪案件有关问题座谈会纪要》；

（3）2014 年全国人大常委会发布的《关于〈中华人民共和国刑法〉第三十条的解释》；

（4）2001 年最高人民法院印发的《全国法院审理金融犯罪案件工作座谈会纪要》；

（5）1999 年最高人民法院发布的《关于审理单位犯罪案件具体应用法律有关问题的解释》。

三、单位犯罪只处罚单位，不处罚个人吗？

答案

单位犯罪的，对单位判处罚金，并对其直接负责的主管人员和其他直接责任人员判处刑罚。法律有特殊规定的，对单位不判处罚金，只对相关人员判处刑罚。

释义

我国刑法对单位犯罪的处罚原则，一般是采取双罚制，即构成单位犯罪的，既要对单位判处罚金，还要对单位直接负责的主管人员和其他直接责任人员判处刑罚。在刑法分则和其他法律另有规定的情况下，对单位犯罪也可以采取单罚制，即对单位不判处罚金，只对相关人员判处刑罚。

单位犯罪直接负责的主管人员，是在单位实施的犯罪中起决定、批准、授意、纵容、指挥等作用的人员，一般是单位的主管负责人，包括法定代表人。其他直接责任人员，是在单位犯罪中具体实施犯罪并起较大作用的人员，既可以是单位的经营管理人员，也可以是单位的职工，包括聘任、雇用的人员。应当注意的是，在单位犯罪中，对于受单位领导指派或奉命而参与实施了一定犯罪行为的人员，一般不宜作为直接责任人员追究刑事责任。对单位犯罪中的直接负责的主管人员和其他直接责任人员，应根据其在单位犯罪中的地位、作用和犯罪情节，分别处以相应的刑罚。主管人员与直接责任人员，在个案中，不是当然的主、从犯关系，有的案件，主管人员与直接责任人员在实施犯罪行为的主从关系不明显的，实践中司法机关可不区分主、从犯。但具体案件可以分清主、从犯，且不分清主、从犯，在同一法定刑档次、幅度内量刑无法做到罪刑相适应的，应当分清主、从犯，依法处罚。

依 据

（1）《中华人民共和国刑法》第三十一条；

（2）2017 年最高人民检察院发布的《关于办理涉互联网金融犯罪案件有关问题座谈会纪要》；

（3）2001 年最高人民法院印发的《全国法院审理金融犯罪案件工作座谈会纪要》；

（4）1999 年最高人民法院发布的《关于审理单位犯罪案件具体应用法律有关问题的解释》。

四、刑法所称国有公司、企业是指所有具有国有股份的公司、企业吗？

答 案

必须是 100% 国有股份的公司、企业才是刑法上的国有公司、企业。

释 义

刑法规定的国有公司、企业不同于国家出资的公司、企业。所谓国家出资的公司、企业，包括国有独资、国有控股以及国有参股等三种形式公司、企业。刑法中的国有公司、企业仅指国有独资公司、企业，即必须是 100% 国有股份的公司、企业才是刑法上的国有公司、企业。国有控股以及国有参股的公司、企业不是刑法上的国有企业。

依 据

（1）2001 年最高人民法院发布的《关于在国有资本控股、参股的股份有限公司中从事管理工作的人员利用职务之便非法占有本公司财物如何定罪问题的批复》；

（2）《中华人民共和国审计法》第二十条、第二十一条。

五、刑法所称公共财产是指国有财产和劳动群众集体所有财产吗？

答 案

公共财产不仅仅指国有财产和劳动群众集体所有财产。

释 义

刑法所称公共财产，是指下列财产：(1) 国有财产；(2) 劳动群众集体所有的财产；(3) 用于扶贫和其他公益事业的社会捐助或者专项基金的财产。

需要注意的是，在国家机关、国有公司、企业、集体企业和人民团体管理、使用或者运输中的私人财产，以公共财产论。

依 据

《中华人民共和国刑法》第九十一条。

六、刑法所称的国家工作人员是指具有国家机关编制的人员吗？

答 案

国家工作人员，是指依照法律从事公务的人员。具体包括：国家机关中从事公务的人员；国有公司、企业、事业单位、人民团体中从事公务的人员；国家机关、国有公司、企业、事业单位委派到非国有公司、企业、事业单位、社会团体从事公务的人员；其他依照法律从事公务的人员。

释 义

从事公务，是指代表国家机关、国有公司、企业、事业单位、人民团体等履行组织、领导、监督、管理等职责。公务主要表现为与职权相联系的公共事务以及监督、管理国有财产的职务活动。如国家机关工作人员依法履行职责，国有公司的董事、经理、监事、会计、出纳人员等管理、监督国有财产等活动，属于从事公务。那些不具备职权内容的劳务活动、技术服务工作，如售货员、售票员等所从事的工作，一般不认为是公务。

国家机关中从事公务的人员是国家工作人员，包括在各级国家权力机关、行政机关、司法机关和军事机关中从事公务的人员。根据有关立法解释的规定，在依照法律、法规规定行使国家行政管理职权的组织中从事公务的人员，或者在受国家机关委托代表国家行使职权的组织中从事公务的人员，或者虽未列入国家机关人员编制但在国家机关中从事公务的人员，视为国家机关工作人员。在乡（镇）以上中国共产党机关、人民政协机关中从事公务的人员，司法实践中也应当视为国家机关工作人员。

国有公司、企业、事业单位、人民团体中从事公务的人员是国家工作人员。

国家机关、国有公司、企业、事业单位委派到非国有公司、企业、事业单位、社会团体从事公务的人员也是国家工作人员。所谓委派，即委任、派遣，其形式多种多样，如任命、指派、提名、批准等。不论被委派的人身份如何，只要是接受国家机关、国有公司、企业、事业单位委派，代表国家机关、国有公司、企业、事业单位在非国有公司、企业、事业单位、社会团体中从事组织、领导、监督、管理等工作，都可以认定为国家机关、国有公司、企业、事业单位委派到非国有公司、企业、事业单位、社会团体从事公务的人员。如国家机关、国有公司、企业、事业单位委派在国有控股或者参股的股份有限公司从事组织、领导、监督、管理等工作的人员，应当以国家工作人员论。国有公司、企业改制为股份有限公司后，原国有公司、企业的工作人员和股份有限公司新任命的人员中，除代表国有投资主体行使监督、管理职权的人外，不以国家工作人员论。

“其他依照法律从事公务的人员”应当具有两个特征：一是在特定条件下行使国家管理职能；二是依照法律规定从事公务。具体包括：（1）依法履行职责的各级人民代表大会代表；（2）依法履行审判职责的人民陪审员；（3）协助乡镇人民政府、街道办事处从事行政管理工作的村民委员会、居民委员会等农村和城市基层组织人员；（4）其他由法律授权从事公务的人员。

依据

（1）《中华人民共和国刑法》第九十三条；

（2）2010 年最高人民法院、最高人民检察院印发的《最高人民法院、最高人民检察院关于办理国家出资企业中职务犯罪案件具体应用法律若干问题的意见》；

（3）2003 年最高人民法院发布的《全国法院审理经济犯罪案件工作座谈会纪要》；

（4）2001 年最高人民法院发布的《关于在国有资本控股、参股的股份有限公司中从事管理工作人员利用职务便利非法占有本公司财物如何定罪问题的批复》。

七、我国刑法对犯罪人如何处理？

答案

判处刑罚或者予以非刑罚处罚措施、从业禁止等。根据情况，判处赔偿损失。

释义

对需要判处刑罚的犯罪人，独立或者合并适用主刑和附加刑。主刑包括管制、拘役、有期徒刑、无期徒刑和死刑。附加刑包括罚金、剥夺政治权利、没收财产。除此之外，特定情况下法院还会对犯罪人判决从业禁止。对外国人还可以独立或者附加适用驱逐出境。

对于犯罪情节轻微不需要判处刑罚的犯罪人，可以免予刑事处罚，但是可以根据案件的不同情况，予以训诫或者责令具结悔过、赔礼道歉、赔偿损失，或者由主管部门予以行政处罚或者行政处分。

由于犯罪行为而使被害人遭受经济损失的，对犯罪分子除依法给予刑事处罚外，并应根据情况判处赔偿经济损失。承担民事赔偿责任的犯罪分子，同时被判处罚金，其财产不足以全部支付的，或者被判处没收财产的，应当先承担对被害人的民事赔偿责任。

依据

《中华人民共和国刑法》第三十二条至第六十条。

第二节　商业贿赂行为刑事责任风险

八、科技工作者索取或者收受他人财物的，可能构成何种犯罪？

答案

如果该科技工作者是非国家工作人员，那么其利用职务上的便利，索取他人财物或者非法收受他人财物，为他人谋取利益，或者在经济往来中，利用职务上的便利，违反国家规定，收受各种名义的回扣、手续费，归个人所有，数额较大的，其行为构成非国家工作人员受贿罪。

如果该科技工作者是国家工作人员，那么其利用职务上的便利，索取他人财物的，或者非法收受他人财物，为他人谋取利益，或者在经济往来中，利用职务上的便利，违反国家规定，收受各种名义的回扣、手续费，归个人所有，或者利用本人职权或者地位形成的便利条件，利用其他国家工作人员的职务便利，为他人谋取不正当利益，索取或者收受请托人财物，数额较大或者具有其他严重情节，其行为构成受贿罪。

如果该科技工作者是国家工作人员的近亲属或者其他与该国家工作人员关系密切的人，其通过该国家工作人员职务上的行为，或者利用该国家工作人员职权或者地位形成的便利条件，通过其他国家工作人员职务上的行为，为请托人谋取不正当利益，索取请托人财物或者收受请托人财物，数额较大或者有其他较重情节的，构成利用影响力受贿罪。离职的国家工作人员或者其近亲属以及其他与其关系密切的人，利用该离职的国家工作人员原职权或者地位形成的便利条件实施前述行为的，也构成利用影响力受贿罪。

释义

1. 非国家工作人员受贿罪

非国家工作人员受贿罪只能由不具有国家工作人员身份的人构成，如具有国家工作人员身份，则构成受贿罪。司法实践中认定是否成立非国家工作人员受贿罪，除行为人必须是非国家工作人员身份外，重点考虑以下几个方面。

1.1 利用职务上的便利。非国家工作人员受贿罪中的“利用职务上的便利”，要求直接利用本人组织、监督、管理（主管、负责）某项工作的便利条件，即利用本人担任公司、企业或者其他单位中某种职务所享有的主管、分管、决定、处理以至经办某种事务的人、财、物决定权。不是直接利用本人职权，而是利用由本人职权或地位所形成的便利条件，通过第三者为请托人谋取利益，收受请托人财物的，不成立本犯罪。

1.2 索取或者收受了财物。我国司法实践中一直坚持将贿赂的内容界定为财物。当然，对这里的财物，应做广义理解，既包括金钱和实物，也包括可以用金钱计算数额的财产性利益。据此，无论是出于何种名目（诸如手续费、佣金、劳务费、财务费、咨询费、顾问费、好处费、公关费、报销费用、回扣、返点、礼金等），只要给付的是可以以金钱计算数额的财产性利益，均是刑法中的贿赂。贿赂的常见形式是金钱、实物、有价证券、含有金额的银行卡、代币卡（券）等，其他如提供房屋装修、旅游费用、免除债务、赠送股份等由于也可以以金钱计算数额，因而也属于贿赂范畴。

非国家工作人员受贿罪的受贿行为有三种具体形式，分别是索取贿赂、收受贿赂和收受回扣、手续费。(1) 索取、收受贿赂。索取，是主动向他人索要、要求提供财物的行为；收受，是被动接受他人给付的财物。无论是主动索取还是被动收受他人财物，构成本罪都要求为他人谋取利益的行为。(2) 收受回扣、手续费。按照刑法规定，在经济往来中，利用职务上的便利，违反国家规定，收受各种名义的回扣、手续费，归个人所有的，也构成本罪。根据反不正当竞争法的有关规定，在账外暗中给予对方单位或者个人回扣的，以行贿论；对方单位或者个人在账外暗中收受回扣的，以受贿论。反不正当竞争法规定，经营者销售或者购买商品，可以以明示方法给对方折扣，可以给中间人佣金，但是经营者给对方折扣、给中间人佣金，必须如实入账，接受折扣、佣金的经营者也必须如实入账。合法接受的折扣、佣金，不是受贿，但是违反国家规定，收受各种名义的回扣、手续费，归个人所有的，就可以构成本罪。合法的折扣、佣金与构成行贿受贿的折扣和佣金，其界限就在于是账外暗中还是如实入账。账外暗中，一般是指未在依法设立的反映其生产经营活动或者行政事业经费收支的财务账上按照财务会计制度规定明确如实记载，包括不记入财务账、转入其他财务账或者做假账等。

1.3 为他人谋取利益。特别需要注意的是，司法实践中对“为他人谋取利益”的要求是很低的，其最低限度只是允诺为他人谋取利益，并不一定要求已经实际上为他人谋取到了利益。允诺一般是明示的承诺，但是暗示的允诺也可以构成。允诺为他人谋取利益的内容是否通过实际行为部分或者全部兑现，对犯罪的成立没有影响。为他人谋取的利益的性质，是合法还是非法、正当还是不正当，对犯罪的成立也无影响。财物的交付，可以是在谋取利益之前，也可以是在谋取利益之后，既可以由行贿人直接交付，也可以是第三者转交，既可以由行为人自己直接收受，也可以指定第三者收受。为他人谋取利益，约定离职、辞职后收受财物的，依然构成非国家工作人员受贿犯罪。

1.4 达到数额较大标准。按照相关司法解释，对非国家工作人员受贿罪定罪数额起算标准一般掌握在六万元以上。数额六万元并不要求单笔受贿金额达到六万元，数次受贿金额累计达到六万元可以构成本罪。

2. 受贿罪

受贿罪只能由有国家工作人员身份的人构成。司法实践中认定是否成立受贿罪，重点考虑以下几个方面。

2.1 必须是国家工作人员。刑法所称“国家工作人员”的解释，详见第五章第一节第六题，在此不再赘述。

2.2 利用职务便利或者利用本人职权或者地位形成的便利条件。受贿中的利用职务便利，其外延较之非国家工作人员受贿罪更为宽泛。这体现了刑法对国家工作人员的从严要求的政策倾向。受贿罪的利用职务上的便利，既包括利用本人职务上主管、负责、承办某项公共事务的职权，也包括利用职务上有隶属、制约关系的其他国家工作人员的职权。担任单位领导职务的国家工作人员通过不属自己主管的下级部门的国家工作人员的职务为他人谋取利益的，也被认定为“利用职务上的便利”为他人谋取利益。

受贿罪也可以不利用本人的职务便利，只是利用本人职权或者地位形成的便利条件。利用本人职权或者地位形成的便利条件，是指行为人与被其利用的国家工作人员之间在职务上虽然没有隶属、制约关系，但是行为人利用了本人职权或者地位产生的影响和一定的工作联系，如单位内不同部门的国家工作人员之间、上下级单位没有职务上隶属、制约关系的国家工作人员之间、有工作联系的不同单位的国家工作人员之间等。

2.3 索取或者收受了财物。我国司法实践中一直坚持将贿赂的内容界定为财物。当然，对这里的财物，应做广义理解，既包括金钱和实物，也包括可以用金钱计算数额的财产性利益。据此，无论是出于何种名目（诸如手续费、佣金、劳务费、财务费、咨询费、顾问费、好处费、公关费、报销费用、回扣、返点、礼金等），只要给付的是可以以金钱计算数额的财产性利益，均是刑法中的贿赂。贿赂的常见形式是金钱、实物、有价证券、含有金额的银行卡、代币卡（券）等，其他如提供房屋装修、旅游费用、免除债务、赠送股份等由于也可以以金钱计算数额，因而也属于贿赂范畴。

受贿罪的受贿行为有三种具体形式，分别是索取贿赂、收受贿赂和收受回扣、手续费。索取、收受贿赂。索取，是主动向他人索要、要求提供财物的行为；收受，是被动接受他人给付的财物。收受回扣、手续费。按照刑法规定，在经济往来中，利用职务上的便利，违反国家规定，收受各种名义的回扣、手续费，归个人所有的，也构成本罪。根据反不正当竞争法的有关规定，在账外暗中给予对方单位或者个人回扣的，以行贿论；对方单位或者个人在账外暗中收受回扣的，以受贿论。反不正当竞争法规定，经营者销售或者购买商品，可以以明示方法给对方折扣，可以给中间人佣金，但是经营者给对方折扣、给中间人佣金，必须如实入账，接受折扣、佣金的经营者也必须如实入账。合法接受的折扣、佣金，不是受贿，但是违反国家规定，收受各种名义的回扣、手续费，归个人所有的，就可以构成本罪。合法的折扣、佣金与构成行贿受贿的折扣和佣金，其界限就在于是账外暗中还是如实入账。账外暗中，一般是指未在依法设立的反映其生产经营活动或者行政事业经费收支的财务账上按照财务会计制度规定明确如实记载，包括不记入财务账、转入其他财务账或者做假账等。

2.4 给他人谋取利益或者不正当利益。

2.4.1 如是利用本人自己的职务便利，非法收受他人财物的，必须同时具备“为他人谋取利益”的条件，否则不能构成受贿罪。这里，特别需要注意的是，司法实践中对“为他人谋取利益”的要求是很低的，其最低限度只是允诺为他人谋取利益，并不一定要求已经实际上为他人谋取到了利益。允诺一般是明示的承诺，但是暗示的允诺也可以构成。允诺为他人谋取利益的内容是否通过实际行为部分或者全部兑现，对犯罪的成立没有影响。为他人谋取的利益的性质，是合法还是非法、正当还是不正当，对犯罪的成立也无影响。财物的交付，可以是在谋取利益之前，也可以是在谋取利益之后，既可以由行贿人直接交付，也可以是第三者转交，既可以由行为人自己直接收受，也可以指定第三者收受。为他人谋取利益，约定离职、辞职后收受财物的，依然构成受贿犯罪。

2.4.2 如是利用本人自己的职务便利，索取他人财物的，无论是否“为他人谋取利益”，均可构成受贿罪。

2.4.3 如是利用本人职权或者地位形成的便利条件，通过其他国家工作人员职务上的行为，索取请托人财物或者收受请托人财物的，必须“为请托人谋取不正当利益”，才构成受贿犯罪。“谋取不正当利益”，是指行贿人谋取的利益违反法律、法规、规章、政策规定，或者要求国家工作人员违反法律、法规、规章、政策、行业规范的规定，为自己提供帮助或者方便条件。

2.4.4 此外，违背公平、公正原则，在经济、组织人事管理等活动中，谋取竞争优势的，也属于“谋取不正当利益”。

2.5 达到数额较大或者具有其他较重情节。受贿数额在三万元以上不满二十万元的，属于“数额较大”。受贿数额在一万元以上不满三万元，具有下列情形之一的，应当认定为“其他较重情节”：（1）多次索贿的；（2）为他人谋取不正当利益，致使公共财产、国家和人民利益遭受损失的；（3）为他人谋取职务提拔、调整的。

3. 利用影响力受贿罪

利用影响力受贿罪只能由有影响力的人，即国家工作人员的近亲属或者其他与该国家工作人员关系密切的人构成。近亲属和关系密切的人一般是指父母、子女、夫妻、情人等。有影响力的人利用与之有特殊关系的国家工作人员职务上的行为，或者利用该国家工作人员职权或者地位形成的便利条件，通过其他国家工作人员职务上的行为，为请托人谋取不正当利益，索取请托人财物或者收受请托人财物。需要说明的是，有影响力的人受贿行为必须完全独立于与之相关的国家工作人员，不能有与该国家工作人员共谋等行为，否则就构成受贿罪共犯。

另外，离职的国家工作人员或者其近亲属以及其他与其关系密切的人，利用该离职的国家工作人员原职权或者地位形成的便利条件实施受贿行为的，也按照利用影响力受贿罪定罪处罚。

构成利用影响力受贿罪，需要达到数额较大或者具有其他较重情节。利用影响力受贿罪数额在三万元以上不满二十万元的，属于“数额较大”。数额在一万元以上不满三万元，具有下列情形之一的，应当认定为“其他较重情节”：(1) 多次索贿的；(2) 为他人谋取不正当利益，致使公共财产、国家和人民利益遭受损失的；(3) 为他人谋取职务提拔、调整的。

依据

(1)《中华人民共和国刑法》第一百六十三条、第三百八十五条、第三百八十六条、第三百八十八条、第三百八十八条之一、第九十三条；

(2) 2016 年最高人民法院、最高人民检察院发布的《关于办理贪污贿赂刑事案件适用法律若干问题的解释》；

(3) 2008 年最高人民法院、最高人民检察院发布的《关于办理商业贿赂刑事案件适用法律问题若干问题的意见》；

(4) 2003 年最高人民法院发布的《全国法院审理经济犯罪案件工作座谈会纪要》。

九、国家机关、国有公司、企业、事业单位、人民团体，索取、非法收受他人财物，为他人谋取利益，可能构成何种犯罪？

答案

国家机关、国有公司、企业、事业单位、人民团体，索取、非法收受他人财物，为他人谋取利益，可能构成单位受贿罪。

释 义

根据《中华人民共和国刑法》第三百八十七条规定，单位受贿罪是指国家机关、国有公司、企业、事业单位、人民团体，索取、非法收受他人财物，为他人谋取利益，情节严重的行为。有关“财物”“为他人谋取利益”的解释，见前述第五章第一节第八题，在此不再赘述。根据司法解释，达到如下标准，属于情节严重：（1）单位受贿数额在十万元以上的；（2）单位受贿数额不满十万元，但有下列情形之一的：故意刁难、要挟有关单位、个人，造成恶劣影响的；强行索取财物的；致使国家或者社会利益遭受重大损失的。

依 据

（1）《中华人民共和国刑法》第三百八十七条；

（2）2016 年最高人民法院、最高人民检察院发布的《关于办理贪污贿赂刑事案件适用法律若干问题的解释》；

（3）1999 年最高人民检察院发布的《关于人民检察院直接受理立案侦查案件立案标准的规定（试行）》。

十、个人或者单位，为谋取不正当利益，给予个人或者单位贿赂的，可能构成何种商业贿赂犯罪？

答 案

为谋取不正当利益，个人或者单位给非国家工作人员贿赂，可能构成对非国家工作人员行贿罪。

为谋取不正当利益，个人给国家工作人员贿赂，构成行贿罪；单位给国家工作人员贿赂，构成单位行贿罪。

为谋取不正当利益，个人或者单位给国家机关、国有公司、企业、事业单位、人民团体贿赂，构成对单位行贿罪。

为谋取不正当商业利益，个人或者单位给予外国公职人员或者国际公共组织官员以财物的，构成对外国公职人员、国际公共组织官员行贿罪。

为谋取不正当利益，个人或者单位向国家工作人员的近亲属或者其他与该国家工作人员关系密切的人，或者向离职的国家工作人员或者其近亲属以及其他与其关系密切的人行贿的，构成对有影响力的人行贿罪。

释义

我国刑法中规定的主要行贿类犯罪包括：对非国家工作人员行贿罪、行贿罪、单位行贿罪、对单位行贿罪、对外国公职人员、国际公共组织官员行贿罪、对有影响力的人行贿罪。

这些行贿类犯罪的共同特点都是给予受贿方以财物，且为了谋取不正当利益。有关“财物”的解释，见前述第五章第一节第八题，在此不再赘述。谋取不正当利益，是指行贿一方谋取的利益违反法律、法规、规章、政策规定，或者要求受贿一方违反法律、法规、规章、政策、行业规范的规定，为自己提供帮助或者方便条件。此外，违背公平、公正原则，在经济、组织人事管理等活动中，谋取竞争优势的，也属于“谋取不正当利益”。至于行贿一方实际上是否谋取到了不正当利益，对犯罪的成立没有影响。

对非国家工作人员行贿罪，是指个人或者单位，为谋取不正当利益，给予公司、企业或者其他单位的非国家工作人员以财物，数额较大的行为。按照相关司法解释，对非国家工作人员行贿定罪数额起算标准一般掌握在六万元以上。对多次行贿未经处理的，行贿数额累计计算。

行贿罪，是指个人为谋取不正当利益，给予国家工作人员以财物的行为，或者违反国家规定，给予国家工作人员以回扣、手续费，情节严重的行为。多次行贿未经处理的，行贿数额累计计算。行贿数额在三万元以上的，应当追究刑事责任。行贿数额在一万元以上不满三万元，具有下列情形之一的，应当以行贿罪追究刑事责任：(1) 向三人以上行贿的；(2) 将违法所得用于行贿的；(3) 通过行贿谋取职务提拔、调整的；(4) 向负有食品、药品、安全生产、环境保护等监督管理职责的国家工作人员行贿，实施非法活动的；(5) 向司法工作人员行贿，影响司法公正的；(6) 造成经济损失数额在五十万元以上不满一百万元的。

单位行贿罪，是指单位为谋取不正当利益而给予国家工作人员以财物，或者违反国家规定，给予国家工作人员以回扣、手续费，情节严重的行为。

构成本罪需要情节严重。情节严重的标准有二：一是行贿数额在二十万元以上；二是行贿数额在十万元以上不满二十万元，但具有为谋取非法利益而行贿，向三人以上行贿，向党政领导、司法工作人员、行政执法人员行贿或者致使国家或者社会利益遭受重大损失的。

对单位行贿罪，是指个人或者单位为谋取不正当利益，给予国家机关、国有公司、企业、事业单位、人民团体以财物，或者在经济往来中，违反国家规定，给予上述单位各种名义的回扣、手续费的行为。构成本罪，需要达到情节严重的标准。本罪情节严重的标准有二，一是个人行贿数额在十万元以上、单位行贿数额在二十万元以上的；二是个人行贿数额虽不满十万元、单位行贿数额在十万元以上不满二十万元，但具有为谋取非法利益而行贿，向三个以上单位行贿的，向党政机关、司法机关、行政执法机关行贿的以及致使国家或者社会利益遭受重大损失情节的。

对外国公职人员或者国际公共组织官员行贿罪，是指个人或者单位为谋取不正当商业利益，给予外国公职人员或者国际公共组织官员以财物，数额较大的行为。按照相关司法解释，对非国家工作人员行贿定罪数额一般掌握在六万元以上。对多次行贿未经处理的，行贿数额累计计算。此罪在谋取不正当利益问题上范围相对要小，不是指谋取任何不正当利益，而是仅指谋取不正当商业利益。

对有影响力的人行贿罪，是指个人或者单位为谋取不正当利益，向国家工作人员的近亲属或者其他与该国家工作人员关系密切的人，或者向离职的国家工作人员或者其近亲属以及其他与其关系密切的人行贿的行为。多次行贿未经处理的，行贿数额累计计算。对有影响力的人行贿数额在三万元以上的，应当追究刑事责任。行贿数额在一万元以上不满三万元，具有下列情形之一的，应当以行贿罪追究刑事责任：（1）向三人以上行贿的；（2）将违法所得用于行贿的；（3）通过行贿谋取职务提拔、调整的；（4）向负有食品、药品、安全生产、环境保护等监督管理职责的国家工作人员行贿，实施非法活动的；（5）向司法工作人员行贿，影响司法公正的；（6）造成经济损失数额在五十万元以上不满一百万元的。

依据

（1）《中华人民共和国刑法》第一百六十四条、第三百八十九条、第三百九十条、第三百九十条之一、第三百九十一条、第三百九十三条；

（2）2016年最高人民法院、最高人民检察院发布的《关于办理贪污贿赂刑事案件适用法律若干问题的解释》；

（3）1999年最高人民检察院发布的《关于人民检察院直接受理立案侦查案件立案标准的规定（试行）》。

十一、科技工作者自己不行贿，但是介绍他人向国家工作人员行贿，可能构成何种犯罪？

答案

科技工作者自己不行贿，但是介绍他人向国家工作人员行贿，可能构成介绍贿赂罪。

释义

介绍贿赂罪，是指向国家工作人员介绍贿赂，情节严重的行为。

人们一般会认为，单纯的为行贿人与受贿人牵线搭桥的介绍行为，自己并不过手财物，也不是自己行贿，因此就不会构成犯罪。这种认识是错误的。介绍贿赂是在行贿人与受贿人之间进行撮合、引荐的行为。在介绍贿赂罪的行为模式中，收受贿赂的一方必须是国家工作人员。如向非国家工作人员（如公司、企业等单位的工作人员）介绍贿赂或者向国家机关、国有公司、企业、事业单位、人民团体介绍贿赂的，均不构成介绍贿赂罪。至于行贿方是个人还是单位，对构成本罪并无影响。构成本罪，需要达到情节严重的程度。按照有关司法解释，本罪情节严重的标准有两种情况：一是数额较大，包括介绍个人向国家工作人员行贿，数额在两万元以上的，或者介绍单位向国家工作人员行贿，数额在二十万元以上的；二是介绍贿赂数额虽不满前述标准，但具有为使行贿人获取非法利益而介绍贿赂的、三次以上或者为三人以上介绍贿赂的、向党政领导、司法工作人员、行政执法人员介绍贿赂的以及致使国家或者社会利益遭受重大损失等情形的。

依 据

（1）《中华人民共和国刑法》第三百九十二条；

（2）2016 年最高人民法院、最高人民检察院发布的《关于办理贪污贿赂刑事案件适用法律若干问题的解释》；

（3）1999 年最高人民检察院发布的《关于人民检察院直接受理立案侦查案件立案标准的规定（试行）》。

第三节 贪腐行为刑事责任风险

十二、科技工作者利用职务便利，通过虚假财务报销等手段将单位财物据为己有的行为可能构成何种犯罪？

答 案

如果该科技工作者是非国家工作人员，其利用职务上的便利，将本单位财物非法占为己有，达到数额较大标准，其行为构成职务侵占罪。

如果该科技工作者是国家工作人员，或者受国家机关、国有公司、企业、事业单位、人民团体委托管理、经营国有财产的人员，其利用职务上的便利，侵吞、窃取、骗取或者以其他手段非法占有公共财物，数额较大或者具有其他较重情节，其行为构成贪污罪。如果该科技工作者是在非国有公司、企业以及其他单位从事公务的国家工作人员，其利用职务上的便利，将该单位财物非法占为己有，达到数额较大或者具有其他严重情节的，其行为也构成贪污罪。

释 义

1. 职务侵占罪

职务侵占罪，是指公司、企业或者其他单位的非国家工作人员，利用职务上的便利，将本单位财物非法占为己有，数额较大的行为。司法实践中，认定职务侵占罪重点考虑以下几个方面。

1.1 行为人必须是公司、企业或者其他单位的非国家工作人员。尽管从刑法规定的文字上看，职务侵占罪的主体较为宽泛，但是结合本犯罪的具体行为方式，并不是公司、企业或者其他单位的所有人都可以构成本罪，只有担任一定管理职务或者因工作需要而主管、经手、管理财物，并且不具有国家工作人员身份的人才能构成本罪。

1.2 实施了侵占本单位财物的行为。职务侵占的本质在于利用职务便利，将本单位财物非法据为己有，即采用侵吞、窃取、骗取或者其他手段将本单位财物据为己有。侵吞，是典型的变占有为不法所有的行为，即将自己因为职务而占有、管理的单位财物据为已有，如经手单位财物时加以截留。窃取，通俗地说就是偷，就是“监守自盗”。骗取，则是采用虚构事实、隐瞒真相的手段而取得单位财物，比如伪造单据、虚构业绩、夸大支出，从而将单位财物据为已有。这里的财物，既包括动产和不动产，也包括有形物和无形物，如厂房、电力、煤气、天然气、工业产权、债权等；既包括公司、企业或者其他单位所有的财产，也包括公司、企业或者其他单位管理使用中的他人财产。

1.3 利用了职务便利。构成职务侵占罪，侵占单位财物的行为必须是利用了职务上的便利，包括利用在公司、企业或者其他单位担任的职务，以及因为执行职务而产生的主管、经手、管理单位财物的便利条件。如不是利用职务便利，则不构成本罪。在非国有公司、企业以及其他单位从事公务的国家工作人员，其利用职务上的便利，将该单位财物非法占为己有，达到数额较大或者具有其他严重情节的，其行为也构成贪污罪。

1.4 达到数额较大的标准。按照相关司法解释，对职务侵占罪定罪数额起算标准一般掌握在六万元以上。数额六万元并不要求单笔金额达到六万元，数次金额累计达到六万元可以构成本罪。

2. 贪污罪

贪污罪，是指国家工作人员或者受国家机关、国有公司、企业、事业单位、人民团体委托管理、经营国有财产的人员，利用职务上的便利，侵吞、窃取、骗取或者以其他手段非法占有公共财物的行为。司法实践中，认定贪污罪重点考虑以下几个方面。

2.1 行为人必须具有国家工作人员身份或者属于受委托管理、经营国有财产者。有关“国家工作人员”的解释，见前述第五章第一节第六题，在此不再赘述。虽然不具有国家工作人员身份，但是受委托管理、经营国有财产，即“受国家机关、国有公司、企业、事业单位、人民团体委托管理、经营国有财产的人员”，也可以构成贪污罪。这里的受委托管理、经营，是指因承包、租赁、临时聘用等管理、经营国有财产。

2.2 以侵吞、窃取、骗取或者其他非法手段非法占有公共财物或者单位财物。侵吞，是典型的变占有为不法所有的行为，即将自己因为职务而占有、管理的财物据为已有，如经手财物时加以截留。窃取，通俗地说就是偷，就是“监守自盗”。骗取则是采用虚构事实、隐瞒真相的手段而取得财物，比如伪造单据、虚构业绩、夸大支出，从而将公共财物据为已有。贪污罪的财产对象主要是公共财产。《中华人民共和国刑法》规定：“本法所称公共财产，是指下列财产：(1) 国有财产；(2) 劳动群众集体所有的财产；(3) 用于扶贫和其他公益事业的社会捐助或者专项基金的财产。在国家机关、国有公司、企业、集体企业和人民团体管理、使用或者运输中的私人财产，以公共财产论。”在特定情况下，还包括非公共财物，如在非国有公司、企业以及其他单位从事公务的国家工作人员，利用职务上的便利，将该单位财物非法占为已有，也构成贪污罪。

2.3 利用了职务便利。包括两种情况：一是国家工作人员利用自己职务便利，即主管、管理、经营、经手财物所形成的便利条件；二是利用自己受托管理、经营国有财产的职务所形成的便利条件。

2.4 达到数额较大或者具有其他较重情节。贪污数额在三万元以上不满二十万元的，属于“数额较大”。贪污数额在一万元以上不满三万元，具有下列情形之一的，应当认定为“其他较重情节”：(1) 贪污救灾、抢险、防汛、优抚、扶贫、移民、救济、防疫、社会捐助等特定款物的；(2) 曾因贪污、受贿、挪用公款受过党纪、行政处分的；(3) 曾因故意犯罪受过刑事追究的；(4) 赃款赃物用于非法活动的；(5) 拒不交代赃款赃物去向或者拒不配合追缴工作，致使无法追缴的；(6) 造成恶劣影响或者其他严重后果的。

依据

（1）《中华人民共和国刑法》第九十一条、第二百七十一条、第三百八十二条、第三百八十三条；

（2）2016年最高人民法院、最高人民检察院发布的《关于办理贪污贿赂刑事案件适用法律若干问题的解释》；

（3）1999年最高人民检察院发布的《关于人民检察院直接受理立案侦查案件立案标准的规定（试行）》。

十三、科技工作者利用职务便利，将单位资金挪作他用，可能构成何种犯罪？

答案

如果科技工作者是公司、企业或者其他单位的非国家工作人员，其利用职务上的便利，挪用本单位资金归个人使用或者借贷给他人，数额较大、超过三个月未还的，或者虽然未超过三个月，但数额较大、进行营利活动的，或者进行非法活动的，其行为构成挪用资金罪。

如果科技工作者是国家工作人员，其利用职务上的便利，挪用公款归个人使用，进行非法活动的，或者挪用公款数额较大、进行营利活动的，或者挪用公款数额较大、超过三个月未还的，其行为构成挪用公款罪。

国有公司、企业或者其他国有单位委派到非国有公司、企业以及其他单位从事公务的人员，其利用职务上的便利，挪用本单位资金归个人使用或者借贷给他人，数额较大、超过三个月未还的，或者虽然未超过三个月，但数额较大、进行营利活动的，或者进行非法活动的，其行为构成挪用公款罪。

释义

1. 挪用资金罪

公司、企业或者其他单位的非国家工作人员具备下列情形，可以构成挪用资金罪。

1.1 利用职务上的便利，挪用本单位资金归个人使用或者借贷给他人。

1.1.1 所谓“利用职务上的便利”，是指行为人利用自己在本单位担任职务范围内的权力和所形成便利条件，即职务上的主管、管理或者经手本单位资金的权力和方便条件。如果不是利用职务上的便利，则不能构成本罪。

1.1.2 必须实施了挪用本单位资金归个人使用或者借贷给他人的行为，即挪用行为。所谓“挪用”，是指未经合法批准，擅自将本单位资金改变用途，暂归己用，事后归还的行为。挪用资金“归个人使用”包括三种情形：第一，将本单位资金供本人、亲友或者其他自然人使用的；第二，以个人名义将本单位资金供其他单位使用的；第三，个人决定以单位名义将本单位资金供其他单位使用，谋取个人利益的。

1.2 数额较大、超过三个月未还的；或者虽未超过三个月，但数额较大、进行营利活动的；或者进行非法活动的。根据司法解释，挪用本单位资金归个人使用或者借贷给他人使用，数额在十万元以上，超过三个月未还的，或者虽未超过三个月，但是进行营利活动的，即可构成挪用资金罪。挪用本单位资金归个人使用或者借贷给他人使用，进行非法活动的，数额达到六万元以上，即可构成挪用资金罪。

2. 挪用公款罪的司法认定

国家工作人员利用职务便利，挪用公款或者其所在单位的款项，具备下列情形，即可构成挪用公款罪。

2.1 必须是国家工作人员。刑法所称“国家工作人员”的解释，详见第五章第一节第六题，在此不再赘述。

2.2 利用职务上的便利，挪用公款、所在单位款项或者特定款物，归个人使用或者借贷给他人。

2.2.1 所谓“利用职务上的便利”，是指行为人利用自己在本单位担任职务范围内的权力和所形成便利条件，即职务上的主管、管理或者经手本公款的权力和方便条件。如果不是利用职务上的便利，则不能构成本罪。

2.2.2 必须实施了挪用行为，即归个人使用或者借贷给他人的行为，即挪用行为。所谓“挪用”，是指未经合法批准，擅自将本单位资金改变用途，暂归己用，事后归还的行为。挪用资金“归个人使用”包括三种情形：第一，将本单位资金供本人、亲友或者其他自然人使用的；第二，以个人名义将本单位资金供其他单位使用的；第三，个人决定以单位名义将本单位资金供其他单位使用，谋取个人利益的。

2.2.3 一般情况下挪用的是公款，如人民币、外国货币、支票、股票、国库券、债券等；国有公司、企业或者其他国有单位委派到非国有公司、企业以及其他单位从事公务的人员挪用本单位资金即可，不要求该资金是公款；挪用用于救灾、抢险、防汛、优抚、扶贫、移民、救济款物的，可以是款物，不局限在资金。

2.3 数额较大、超过三个月未还的；或者虽未超过三个月，但数额较大、进行营利活动的；或者进行非法活动的。根据司法解释，挪用公款归个人使用或者借贷给他人使用，数额在五万元以上，超过三个月未还的，或者虽未超过三个月，但是进行营利活动的，即可构成挪用公款罪。挪用公款归个人使用或者借贷给他人使用，进行非法活动的，数额达到三万元以上，即可构成挪用公款罪。

依据

（1）《中华人民共和国刑法》第一百八十五条、第二百七十二条、第三百八十四条；

（2）2016 年最高人民法院、最高人民检察院发布的《关于办理贪污贿赂刑事案件适用法律若干问题的解释》；

（3）2003 年最高人民法院发布的《全国法院审理经济犯罪案件工作座谈会纪要》；

（4）2002 年全国人大常委会通过的《关于〈刑法〉第三百八十四条第一款的解释》。

十四、国有科研单位以单位名义，违反法律规定发放奖金，可能构成何种犯罪？

答案

国有科研单位以单位名义，违反法律规定发放奖金，可能构成私分国有资产罪。

释义

国家机关、国有公司、企业、事业单位、人民团体，违反国家规定，以单位名义将国有资产集体私分给个人，数额较大的，对其直接负责的主管人员和其他直接责任人员，处三年以下有期徒刑或者拘役，并处或者单处罚金；数额巨大的，处三年以上七年以下有期徒刑，并处罚金。

私分国有资产罪是单位犯罪，即必须是国家机关、国有公司、企业、事业单位、人民团体才能构成该罪。违反国家规定，是指违反全国人民代表大会及其常务委员会制定的法律和决定，国务院制定的行政法规、规定的行政措施、发布的决定和命令。国有资产，是指国家依法取得和认定的，或者国家以各种形式对企业投资和投资收益、国家向行政事业单位拨款等形成的财产。

根据相关司法解释，国有公司、企业违反国家规定，在改制过程中隐匿公司、企业财产，转为职工集体持股的改制后公司、企业所有的，对其直接负责的主管人员和其他直接责任人员，以私分国有资产罪定罪处罚。改制后的公司、企业中只有改制前公司、企业的管理人员或者少数职工持股，改制前公司、企业的多数职工未持股的，以贪污罪定罪处罚。

私分国有资产累计数额达到十万元，即可构成私分国有资产罪。该罪是典型的单罚制，即虽然是单位犯罪，但是不处罚单位，只处罚单位直接负责的主管人员和直接责任人员。

依据

（1）《中华人民共和国刑法》第九十六条、第三百九十六条；

（2）2010 年最高人民法院、最高人民检察院发布的《关于办理国家出资企业中职务犯罪案件具体应用法律若干问题的意见》；

（3）1999 年最高人民检察院发布的《关于人民检察院直接受理立案侦查案件立案标准的规定（试行）》。

第四节　侵犯知识产权行为刑事责任风险

十五、个人或者单位通过不正常手段获取他人商业秘密，可能构成何种犯罪?

答案

个人或者单位通过不正常手段获取他人商业秘密，可能构成侵犯商业秘密罪。

释义

单位或个人以盗窃、利诱、胁迫或者其他不正当手段获取权利人的商业秘密，或者非法披露、使用或者允许他人使用其所掌握的或获取的商业秘密，给商业秘密的权利人造成重大损失的，其行为构成侵犯商业秘密罪。

根据刑法规定，侵犯商业秘密包括直接侵犯和间接侵犯两种形式。直接侵犯商业秘密，包括三种情形：(1) 以盗窃、利诱、胁迫或者其他不正当手段获取权利人的商业秘密的行为；(2) 披露、使用或者允许他人使用以前项手段获取的权利人的商业秘密的行为；(3) 违反约定或者违反权利人有关保守商业秘密的要求，披露、使用或者允许他人使用其所掌握的商业秘密的行为。间接侵犯商业秘密，即明知或者应知是直接侵犯商业秘密所列的三种行为，仍予获取、使用或者披露他人的商业秘密的行为。

侵犯商业秘密罪是结果犯，以出现重大损失为构成犯罪要件。根据最高人民检察院、公安部《关于公安机关管辖的刑事案件立案追诉标准的规定(二)》，以下四种情况均可以认定为“重大损失”：一是给商业秘密权利人造成损失数额在五十万元以上的；二是因侵犯商业秘密违法所得数额在五十万元以上的；三是致使商业秘密权利人破产的；四是给商业秘密权利人造成重大损失的其他情形。

依据

(1)《中华人民共和国刑法》第二百一十九条、第二百二十条；

（2）2010 年最高人民检察院、公安部发布的《关于公安机关管辖的刑事案件立案追诉标准的规定（二）》；

（3）2004 年最高人民法院、最高人民检察院发布的《最高人民法院、最高人民检察院关于办理侵犯知识产权刑事案件具体应用法律若干问题的解释》。

十六、个人或者单位侵犯他人著作权，可能构成何种犯罪？

答 案

个人或者单位侵犯他人著作权，可能构成侵犯著作权罪。

释 义

个人或者单位，以营利为目的，有下列侵犯著作权情形之一，违法所得数额较大或者有其他严重情节的，构成侵犯著作权罪：（1）未经著作权人许可，复制发行其文字作品、音乐、电影、电视、录像作品、计算机软件及其他作品的；（2）出版他人享有专有出版权的图书的；（3）未经录音录像制作者许可，复制发行其制作的录音录像的；（4）制作、出售假冒他人署名的美术作品的。

以他人作品牟利的，都可以认定为"以营利为目的"，如销售；以在他人作品中刊登收费广告、捆绑第三方作品等方式直接或者间接收取费用的；通过信息网络传播他人作品，或者利用他人上传的侵权作品，在网站或者网页上提供刊登收费广告服务，直接或者间接收取费用的；以会员制方式通过信息网络传播他人作品，收取会员注册费或者其他费用等方式。

"未经著作权人许可"，是指没有得到著作权人授权或者伪造、涂改著作权人授权许可文件或者超出授权许可范围的情形。"未经著作权人许可"一般依据著作权人或者其授权的代理人、著作权集体管理组织、国家著作权行政管理部门指定的著作权认证机构出具的涉案作品版权认证文书，或者证明出版者、复制发行者伪造、涂改授权许可文件或者超出授权许可范围的证据，结合其他证据综合予以认定。

"复制发行"，包括复制、发行或者既复制又发行的行为。"发行"，包括总发行、批发、零售、通过信息网络传播以及出租、展销等活动。侵权产品的持有人通过广告、征订等方式推销侵权产品的，也属于“发行”。

根据相关司法解释，以营利为目的，实施侵犯著作权犯罪行为之一，违法所得数额在三万元以上的，属于“违法所得数额较大”；具有下列情形之一的，属于“有其他严重情节”：（1）非法经营数额在五万元以上的。“非法经营数额”，是指行为人在实施侵犯知识产权行为过程中，制造、储存、运输、销售侵权产品的价值。已销售的侵权产品的价值，按照实际销售的价格计算。制造、储存、运输和未销售的侵权产品的价值，按照标价或者已经查清的侵权产品的实际销售平均价格计算。侵权产品没有标价或者无法查清其实际销售价格的，按照被侵权产品的市场中间价格计算；（2）未经著作权人许可，复制发行其文字作品、音乐、电影、电视、录像作品、计算机软件及其他作品，复制品数量合计在五百张（份）以上的；（3）其他严重情节的情形。

依 据

（1）《中华人民共和国刑法》第二百一十七条；

（2）2011年最高人民法院、最高人民检察院、公安部发布的《关于办理侵犯知识产权刑事案件适用法律若干问题的意见》；

（3）2008年最高人民检察院、公安部发布的《关于公安机关管辖的刑事案件立案追诉标准的规定（一）》；

（4）2007年最高人民法院、最高人民检察院发布的《关于办理侵犯知识产权刑事案件具体应用法律若干问题的解释（二）》。

十七、个人或者单位假冒他人专利，可能构成何种犯罪?

答 案

个人或者单位假冒他人专利，可能构成假冒专利罪。

释 义

个人或者单位违反国家专利管理法规，在专利有效期内，假冒他人专利，情节严重的行为，依法构成假冒专利罪。

“假冒他人专利”行为，包括：（1）未经许可，在其制造或者销售的产品、产品的包装上标注他人专利号的；（2）未经许可，在广告或者其他宣传材料中使用他人的专利号，使人将所涉及的技术误认为是他人专利技术的；（3）未经许可，在合同中使用他人的专利号，使人将合同涉及的技术误认为是他人专利技术的；（4）伪造或者变造他人的专利证书、专利文件或者专利申请文件的。

"情节严重"包括：（1）非法经营数额在二十万元以上或者违法所得数额在十万元以上的；（2）给专利权人造成直接经济损失在五十万元以上的；（3）假冒两项以上他人专利，非法经营数额在十万元以上或者违法所得数额在五万元以上的；（4）其他情节严重的情形。

依 据

（1）《中华人民共和国刑法》第二百一十六条、第二百二十条；

（2）2010年最高人民检察院、公安部发布的《关于公安机关管辖的刑事案件立案追诉标准的规定（二）》；

（3）2007年最高人民法院、最高人民检察院发布的《关于办理侵犯知识产权刑事案件具体应用法律若干问题的解释（二）》。

第五节　涉税行为刑事责任风险

十八、个人或者单位逃避缴纳税款，可能构成何种犯罪？

答 案

个人或者单位逃避缴纳税款，可能构成逃税罪。

释 义

个人或者单位采取欺骗、隐瞒手段进行虚假纳税申报或者不申报，逃避缴纳税款数额较大并且占应纳税额10%以上的行为，以及扣缴义务人采取欺骗、隐瞒手段不缴或者少缴已扣、已收税款，数额较大的，其行为构成逃税罪。

逃税罪的构成，根据犯罪行为人是纳税人还是扣缴义务人，有所不同。

对于纳税人而言，构成逃税罪必须要具备两个条件：一是实施了欺骗、隐瞒手段进行虚假的纳税申报或者不申报；二是纳税人逃避缴纳税款的数额达到五万元以上并且占各税种应纳税额 10% 以上。欺骗、隐瞒手段主要包括：采取隐匿账簿、记账凭证，或者在账簿上多列支出或者不列、少列收入，或者报送虚假的纳税申报表、财务报表或者其他纳税申报资料。需要特别强调的是，法律给纳税人逃税行为规定了一条不予追究刑事责任的特殊出路：经税务机关依法下达追缴通知后，纳税人补缴应纳税款，缴纳滞纳金，已受行政处罚的，不予追究刑事责任；但是，五年内因逃避缴纳税款受过刑事处罚或者被税务机关给予二次以上行政处罚的除外。

对于扣缴义务人而言，构成逃税罪必须要具备两个条件：一是实施了欺骗、隐瞒手段，不缴或者少缴已扣、已收税款；二是数额在五万元以上。与纳税人相比，法律对扣缴义务人规定的犯罪成立条件更为宽泛，只有数额的要求，没有占应缴税款比例的要求。此外，法律也没有给扣缴义务人提供不予追究刑事责任的特殊出路。

依 据

（1）《中华人民共和国刑法》第二百零一条；

（2）2010 年最高人民检察院、公安部发布的《关于公安机关管辖的刑事案件立案追诉标准的规定（二）》；

（3）2002 年最高人民法院发布的《关于审理骗取出口退税刑事案件具体应用法律若干问题的解释》。

十九、个人或者单位虚开增值税专用发票、用于骗取出口退税、抵扣税款发票，可能构成何种犯罪？

答 案

个人或者单位虚开增值税专用发票、用于骗取出口退税、抵扣税款发票，可能构成虚开增值税专用发票、用于骗取出口退税、抵扣税款发票罪。

释 义

个人或者单位违反国家税收征管和发票管理规定，为他人虚开、为自己虚开、让他人为自己虚开、介绍他人虚开增值税专用发票，用于骗取出口退税、抵扣税款发票，其行为构成虚开增值税专用发票、用于骗取出口退税、抵扣税款发票罪。

增值税专用发票，是指国家根据增值税征收管理的需要设定的，兼记价款及货物或者劳务所负担的增值税税额的一种专用发票。出口退税、抵扣税款的其他发票，是指除增值税发票以外的，具有出口退税、抵扣税款功能的收付款凭证或者完税凭证，如农产品收购发票、废旧物品收购发票、运输发票等。

“虚开”是指：（1）没有货物购销或者没有提供或接受应税劳务而为他人、为自己、让他人为自己、介绍他人开具增值税专用发票、用于骗取出口退税、抵扣税款发票；（2）有货物购销或者提供或接受了应税劳务但为他人、为自己、让他人为自己、介绍他人开具数量或者金额不实的增值税专用发票，用于骗取出口退税、抵扣税款发票；（3）进行了实际经营活动，但让他人为自己代开不实的增值税专用发票，用于骗取出口退税、抵扣税款发票。

根据相关解释，虚开数额在一万元以上或者致使国家税款被骗数额在五千元以上的，即可成立本罪。

依 据

（1）《中华人民共和国刑法》第二百零五条、第二百一十一条、第二百一十二条；

（2）2014 年最高人民法院研究室发布的《最高人民法院研究室关于如何适用法发〔1996〕30 号司法解释数额标准问题的电话答复》；

（3）2010 年最高人民检察院、公安部发布的《关于公安机关管辖的刑事案件立案追诉标准的规定（二）》。

二十、个人或者单位虚开增值税专用发票或者虚开用于骗取出口退税、抵扣税款的发票以外的其他发票，构成何种犯罪？

答 案

个人或者单位虚开增值税专用发票或者虚开用于骗取出口退税、抵扣税款的发票以外的其他发票，构成虚开发票罪。

释义

个人或者单位，违反国家税收管理法律，虚开增值税专用发票、用于骗取出口退税、抵扣税款发票罪以外的其他发票，情节严重的，其行为构成虚开发票罪。

虚开发票罪开具的发票，是指除了增值税专用发票，用于骗取出口退税、抵扣税款发票之外的其他发票。“虚开”是指：（1）没有货物购销或者没有提供或接受应税劳务而为他人、为自己、让他人为自己、介绍他人开具发票；（2）有货物购销或者提供或接受了应税劳务但为他人、为自己、让他人为自己、介绍他人开具数量或者金额不实的发票；（3）进行了实际经营活动，但让他人为自己代开不实的发票。

虚开增值税专用发票，用于骗取出口退税、抵扣税款发票罪以外的其他发票，涉嫌下列情形之一的，应予立案追诉：一是虚开发票一百份以上或者虚开金额累计在四十万元以上的；二是虽未达到上述数额标准，但五年内因虚开发票行为受过行政处罚两次以上，又虚开发票的；三是其他情节严重的情形。

依据

（1）《中华人民共和国刑法》第二百零五条、第二百一十一条、第二百一十二条；

（2）2011 年最高人民检察院、公安部发布的《关于公安机关管辖的刑事案件立案追诉标准的规定（二）的补充规定》（公通字〔2011〕47 号）。

后　　记

《科技工作者法律实务手册》（以下简称《手册》）在编写过程中得到了中国科学技术法学会的大力支持。中国科学技术法学会成立了课题组，分别由各领域中理论水平高和实践经验丰富的专家进行撰写，并由权威专家进行审稿、知名编委把关。根据成员的专业优势和实务特长，刘瑛担任课题主持人，负责总协调、编写方案的制订、统稿，并撰写前言、第二章（第二节），黄敏负责撰写第一章（第一节至第四节）、第四章（第一节、第二节），赵克南负责撰写第一章（第五节），卢秋羽负责撰写第二章（第一节）、第四章（第三节、第四节），付继存负责撰写第二章（第三节、第四节）、第三章（第一节至第五节），陈雄飞负责撰写第五章（第一节至第五节）。《手册》出版还得到了中国声学学会、中国汽车工程学会、中国电工技术学会、中国通信学会、中国公路学会、中国化工学会、中国药学会、中国知识产权研究会，清华大学成果与知识产权管理办公室、北京理工大学技术转移中心，中国科学院科技战略咨询研究院、交通运输部科学研究院、工业和信息化部科技司技术基础处、中国科学院声学研究所等单位的大力支持。在此，谨表衷心感谢。

由于科技活动涉及的法律、法规、政策等内容广泛、时间跨度大，且科技政策术语表述与法律术语表述之间存在差异，以及与科技活动相关的诸多法律问题相互联系、相互依存等因素，《手册》还存在某些需要解答的问题被遗漏、问题解答得不够细致、部分问题的释义和法条难免有重复之处、法条列举不够完整等，不当之处，实难避免，恳请各界专家和读者鉴谅指正。

编著者

2018 年 9 月